"粤派教育"丛书　熊焰　高慎英　于慧　主编

◎ 广州市卓越小学校长培训工程研修成果

校长学习力之二
——我眼中的名校成长基因

刘娟 编

版权所有　翻印必究

图书在版编目（CIP）数据

校长学习力之二：我眼中的名校成长基因/刘娟主编．—广州：中山大学出版社，2020.3

（"粤派教育"丛书/熊焰，高慎英，于慧主编）

ISBN 978-7-306-06648-0

Ⅰ．①校… Ⅱ．①刘… Ⅲ．①中小学—师资培训—文集 Ⅳ．①G635.12—53

中国版本图书馆CIP数据核字（2019）第124613号

XIAOZHANG XUEXI LI ZHI ER

出 版 人：	王天琪
策划编辑：	张　蕊
责任编辑：	谢贞静
责任校对：	梁嘉璐
封面指导：	李冬梅名教师工作室
封面设计：	林绵华
责任技编：	何雅涛
出版发行：	中山大学出版社
电　　话：	编辑部 020-84111997，84113349，84110779
	发行部 020-84111998，84111981，84111160
地　　址：	广州市新港西路135号
邮　　编：	510275　　　　传　真：020-84036565
网　　址：	http://www.zsup.com.cn　E-mail：zdcbs@mail.sysu.edu.cn
印 刷 者：	虎彩印艺股份有限公司
规　　格：	787mm×1092mm　1/16　15.75印张　350千字
版次印次：	2020年3月第1版　2020年3月第1次印刷
定　　价：	45.00元

如发现本书因印装质量影响阅读，请与出版社发行部联系调换

总　　序

　　教育与文化总是相伴而行、共荣共生的。与文化相比,教育的内涵和外延要更明晰具体。可以说,文化是一种内涵非常丰富、外延又极其宽泛的社会现象。人类在长期的社会历史发展过程中,形成了不同的大文化圈,大文化圈中又存在着许多的小文化圈。某个特定文化圈中的文化既保持着所属大文化圈的共同特质,又具有鲜明的民族特色和地域特色,置身其中的人类既创造文化,也深深地受文化的滋养与约定。当代著名作家梁晓声在解读"文化是什么"时,用四句话涵盖文化的内涵品质——文化就是"植根于内心的修养;无需提醒的自我;以约束为前提的自由;为别人着想的善良"。可以说,文化之根漫润教育之根,文化对教育具有巨大影响和价值引领。

　　作为省属师范类高校,广东第二师范学院在中小学教师和校长培训领域有着诸多思想理论和实践模式创新。在党和国家高度重视教育问题、多次强调发展教育的重要意义的形势下,基于对广东基础教育的责任感、使命感,广东第二师范学院教师研修学院研究团队最先提出基于岭南文化的"粤派教育"理念,努力为广东教育发声。为了进一步改革创新、奋发进取,坚定粤派教育的文化自信,提炼粤派教育的成功经验,创新素质教育的广东范式,建设南方教育高地,以新的更大作为开创广东基础教育改革发展新局面。教师研修学院于2018年分别在肇庆和广州番禺举办了粤派教育高峰论坛,产生了开创性的效应。在这样的背景下,以挖掘岭南文化之根、探寻滋养教育的动力之泉、从文化视角看教育的现实样态与应有之义为宗旨的"粤派教育"就非常值得从理论和实践两个层面进行深入的分析与探究。

　　这里,有三个关键词需要澄清,即"文化""化""教育"。"文化"乃是"人文化成"一语的缩写。此语出于《易经·贲卦·象辞》:"刚柔交错,天文也;文明以止,人文也。观乎天文,以察时变,观乎人文,以化成天下。"按照《现代汉语词典》(商务印书馆,第6版)的解释,"文化"就是指"人类在社会历史发展过程中所创造的物质财富和精神财富的总和,特指精神财富,如文学、艺术、教育、科学等"。"化""教化"和"化育"三个词的意义大体相同,就是"感化、滋养、养育"。由此看来,教育其实就是一种使人"文"化、在文化的漫润中实现文化认同与文化理解的过程。"教育"做动词时的意思就是:

"按一定要求培养","用道理说服人使照着(规则、指示或要求等)做"。

一

关于"岭南文化"有多种理解,我们可以把岭南的概念想象成"粤派",两个概念可以互换,岭南文化和粤文化有一点儿差别,粤的范围较岭南小,但精神上是一致的。

岭南文化是在兼容中迅速崛起的,有学者认为,岭南文化主要经历了古代、近代和当代三次大的兼容,也出现了三次发展高峰。① 能够称得上岭南文化名片的重要历史人物有:唐代的六祖慧能,明代的陈白沙(陈献章)、湛若水(湛甘泉),清末民初的康有为(康南海)、梁启超、孙中山等。

历史上岭南地区被称为"南蛮之地",陈白沙是岭南地区唯一获准从祀于山东曲阜孔庙的文人,故被称为"岭南第一人"。陈白沙原名陈献章,出生于新会县(今属江门市新会区)新会村,他开启了明儒心学的先河,创立了"以道为本,以自然为宗,学贵自得,学贵知疑"的"白沙学说"(或称"江门学派")。后经湛若水的完整化、精致化、思辨化的发展,岭南形成了一个异于正统理学的理学新派——陈湛学派。湛若水,字元明,号甘泉(明代时期的新塘镇叫甘泉都),他师承陈白沙,在"以道为本,以自然为宗"的学说上,提出"随处体认天理"的主张,深得陈白沙的赞赏,陈白沙临终前将其讲学场所——钓鱼台,交与湛若水,以示衣钵相传。

湛若水考中进士,被任为翰林院庶吉士,赴京就任,而王阳明正在吏部讲学。当时王阳明34岁,湛若水40岁。湛、王二人的相遇,对于二人来说,都是人生发展的重要标志事件,并相互成就了对方。王阳明遇上湛若水,成为王阳明研究心学的重要转折点,开始归正于圣贤之学。之前王阳明涉猎广泛,兴趣多样,被湛若水称为"五溺":一溺于任侠之习,二溺于骑射之习,三溺于词章之习,四溺于神仙之习,五溺于佛氏之习。

湛若水与王阳明在维护各自学术主张的前提下,又共同推进明代心学的发展与完善。35岁时,王阳明遭贬,在贵州龙场悟道,悟出"本心"强大,"心即理",内心强大与意志力是最重要的。五年后,王阳明遇赦,他与湛若水誓约终生共同求学,致力于圣学的昌明。50岁时,湛若水回到增城。57岁时,王阳明在广西平定宁王之乱后,到增城与湛若水相见,为湛若水撰写诗文《甘泉居记》。在回浙江余姚的途中,不幸去世。湛若水为王阳明撰写墓志铭。

其实,儒学的这种心学传统并非始于陈献章。在唐代,韩愈感慨"道之不传久矣",提出要维护儒学"道统",当儒学面临佛老之学的冲击时,韩愈坚决

---

① 黄明同:《岭南文化的三次大兼容与三个发展高峰》,载《学术研究》2000年第9期,第98-101页。

拒斥。北宋时期，儒学家不再简单排斥，而是既深入研究佛老学说，又着手重建新儒学。南宋时期，形成"陆王心学"和"程朱理学"两大流派。到了明代，陈白沙上承宋儒理学的影响，下开明儒心学之先河，在中国哲学思想史的发展上，具有承前启后的地位和作用。加上湛若水和王阳明对心学体系的系统化和精致化研究，二人的主张各有侧重，但都致力于彰显和弘扬明儒的心学传统。到了清代，广东南海人康有为同样选择了心学之路。

岭南文化是如何延续、承接中国历史上的心学一脉的呢？一个重要的文化源头就是要探寻六祖惠能的《坛经》。六祖惠能，南派禅宗的创立者，广东新兴人，史称"六祖"，中国禅宗杰出大师。他生于岭南，长于岭南，弘法于岭南，圆寂于岭南。其弟子集其语录编为《六祖大师法宝坛经》，它是南禅顿教形成的标志，是唯一一部中国人撰述而被称为"经"的佛教典籍，曾被列入"中国最有代表性的十本哲学著作"，而惠能本人被欧洲人列为"世界十大思想家之一"，与孔子、老子并列为"东方三圣"。

惠能对岭南心学的影响主要体现在方法论上。他的一个信念就是"自我解脱"。这种自我解脱，有时需要借助外缘的启发，如所谓的禅机、机锋，但关键的一步全靠"自修自悟"。自修自悟，如人饮水，冷暖自知，听别人说千万遍不如自己亲身感受的亲切、深刻。

禅宗思想中国化，首先在于它从生活方式和生产方式上的中国化，禅宗在经济体制上与中国封建社会融洽一致，不劳而食的习惯有所改变，减少了被攻击的口实。其他宗派的寺院经济来源多是靠别人的劳动，与地主和政府有一定的利益矛盾，其发展和生存受到较多限制。在生存竞争中，禅宗的优势更明显：自食其力，可以不受经济来源断绝的威胁，一代一代传下去。修行之人，除了不能结婚生子外，与常人生活没有太多差别。僧人们在日常生活中体悟，在亲身劳作中自修自悟、自我解脱。六祖惠能强调"自度""自悟"的方法论意义被陈献章所吸取。

陈献章融合儒、释、道三教精义，强调"静中养出端倪"，以"宗自然"与"贵自得"为基调，既有庄子"坐忘"的影子，又有佛者"坐禅"的路数，倡导"心在万物上""贵在自得""彻悟自省"。湛若水沿着"宗自然"与"贵自得"的路径，进一步提出"随处体认天理"，鼓励"学贵自得"。

影响岭南文化与教育改革的重要文化之源，就蕴含在强大的心学传统之中。当我们把心学传统与学校教育和人的学习与发展相联系时，就会发现，心学所倡导的"内心强大""意志""自得"和"静悟"等自我修炼和治学方法，对一个人的学习、发展是非常重要的。

由此，岭南文化与粤派教育所强调的第一个纲领，就是想尽一切办法让学生学会"自学"。第一步，要尽可能做到"静"。静能生慧，凝神静气，宁静致远，要安静、沉静、宁静，从身到心。第二步，要努力拓展"能"。丰富知识、提升能力、增长本领、培养多方面兴趣。第三步，要整体感悟，融会贯通，自成体系，"取之左右逢其源"，超越一切具体知识和细节知识。

二

岭南文化的第二个源头就是南洋精神。"闯关东""走西口""下南洋"都是近代中国老百姓外出务工、人口迁徙的重大历史性事件，而"下南洋"是中国近代史上规模最大、路程最远的一次跨国大迁徙，其路途危险程度和谋生的难度远非国内迁徙可比。与"闯关东""走西口"相比，"下南洋"更为壮观，经历的时间更长，历史影响更深远。

中国人下南洋的迁徙历史，打造出中华民族伟大的"迁徙精神"，这是中国人的现实主义、英雄主义和浪漫主义情怀的集中体现，支撑着中国人追求美好生活、跨越任何艰难险阻所需的勇气、信心和力量。回首中华民族的发展史，总是与大规模的人口迁徙纠缠在一起。每当成千上万的人们开始打点行囊、准备远离故土的时候，历史就将从此翻开新的一页。

下南洋的岭南人用自己的勤奋与努力，改变了岭南人的命运。中国人在近代大规模向海外迁移的同时，也将中华文化传播到异域，在侨居地形成以中国为认同取向，以儒家思想为价值体系核心，同时兼容吸收异域文化的华侨文化。在中国文化地图上，华侨文化是岭南文化结构的独特形态，广东"侨文化"特色鲜明，它形成于异国，反哺于祖国，集中体现为敢为人先、爱国爱乡、兼容中西、包容开放的文化特质。

近代岭南文化的兼容性和开放性，带来中国思想文化尤其是岭南文化的又一次大飞跃。康有为融古今中外文化为一体，创立近代中国第一个以变革为主旋律的维新思想体系。孙中山在承传中国传统文化的同时，大量地"撷取"西方文化，从而创立最具时代精神的"三民主义"学说。康有为、孙中山二人由兼容而创立的思想学说，不仅是近代岭南文化的丰碑，而且是近代中华文化最高成就的体现，岭南文化正因此而取得主流文化地位。

康有为提出的"三世说"，即据乱世；升平世（小康社会）；太平世（大同社会），构筑别具特色的大同理论。康有为在继承中国传统文化的同时，又大胆地吸取东方与西方各国文化之精华，熔古今中外文化于一炉，树起了中国文化向近代转换的丰碑，建造了近代社会变革斗争的强有力的理论武器，其影响远远超出岭南而及于全国乃至世界。康有为与梁启超组成"康梁学派"，推崇"心学"，推崇《春秋》，重新发现"三世说"。

康有为的"三世说"对岭南文化与教育改革具有重大的意义与价值。他认为据乱世、太平世和升平世不只是时间概念，还是空间概念，这是康有为独特的发现。

如果用康有为的"三世说"来解读学校教育与学生成长，可以这样理解：据乱世需要的是刚性气质；太平世需要的是柔性气质；升平世居于中间状态，需要的是双性气质。相应地，据乱世需要刚性教育，需要强调体育、劳动、道德与法制的教育。太平世强调柔性教育，强化的是智育、美育、德育等，倾向于浪漫主义教育学派。也就是说，如果在据乱世与升平世阶段，不恰当地实施柔性教育，则很容易从文明走向文弱，例如，宋朝文教政策强调"重文抑武"，历史教训就是发达文化和文明并没有带来国力的增强。升平世要求的是努力奋斗、艰苦创业，同时要有忧患意识。升平世需要的是刚柔相济，倡导"新六艺"教育，即文武双全："智育+体育"；劳逸结合："劳动+美育"；通情达理："德育+情感"。升平世既有据乱世的艰难，又有太平世的追求，要德智体美劳全面发展。教育要同时抓两个方面：一方面，要有文化教育，让学生变得文明，让学生学会游戏，学会享受情感生活，可以称之为柔性教育；另一方面，要有野性教育，要重视体育和劳动，让身体保持一定的野性。通过刚柔相济的教育，让国家保持长期的强盛。

三

如何用岭南文化精神引领教学改革的方向与路径？岭南文化的源头是心学，当我们站在心学立场之上，用岭南文化的风格解读和设计教学改革时，就会发现：处理好知识学习中的情理关系、学思关系和知行关系变得特别重要。在情与理之间，情比较重要；学与思之间，思比较重要；知与行之间，行比较重要，这不仅包括学生行动，还要参与真实的社会实践活动，更重要的是体验职业生涯规划，用生活志向和职业理想带动学生学习。

基于心学立场的教学改革的方向与相应路径主要有以下三个方面。

第一，激发自信与自学的兴发教学。注重情感教学，整体探究学习，生涯教育与自学。让学生自信，这是情感，"情"通则"理"达；让学生自学，这是思，以"思"促"学"；生涯教育是行，用"行"兴发出"自学"和"自悟"。由此，粤派教育的典型特征之一就是，想尽一切办法让学生自信；想尽一切办法让学生自学；想尽一切办法让学生自食其力。

第二，动静相宜，劳逸结合。睡眠是最好的静修，《黄帝内经》把充足的睡眠当作头等大事，认为"心藏神""肝藏魂"。白天的意识行为尤其是"聚精会神"的意识行为一直在耗神、费神，使得心神或灵魂处于被驱使的劳役状态，只有进入睡眠之后，"神"才成为主角。"静坐"接近于睡眠，是人在无法睡眠时让自己暂时处于类似睡眠的催眠状态。"静"可以让躁动的生活重新归于从容淡定。从这种意义上讲，睡眠比运动和学习更重要。动生阳，静生阴。吃饭运动生阳气，睡觉休闲生阴气。动静相宜、劳逸结合的理想状态就是，从容不迫，张弛有度。

第三，勇毅果敢，意志力强大。人是否强大，主要指人的精气神、意志力是否强大，身体强壮、知识丰富、能力高超并不等同于意志力强大。孟子倡导"浩然之气"、讲"天将降大任于斯人也，必先苦其心志，劳其筋骨，饿其体肤，空乏其身……"，陈白沙提倡"心在万物上"，等等，都是强调一个人只有内心强大、志向坚定，才能拥有强大的意志力，才能成就最好的自己。

置身于粤派教育中的学校、校长、教师和学生，需秉承岭南文化精神，弘扬心学优秀传统，致力于教育实践改进，深化学校教育研究，凸显粤派教育特色。广东第二师范学院教师研修学院结合广东省与广州市"百千万人才培养工程"名校长、名教师培养项目，提出编写校长和教师培训成果系列丛书，并将其命名为"粤派教育"丛书，一方面期望凝聚广东中小学校长、教师优质资源，深化岭南文化与"粤派教育"的系统化研究，生成"粤派教育"理论内涵与实践范式，让"粤派教育"发出应有的声音；另一方面旨在总结、研讨和探究粤派校长和教师专业成长路径，开启粤派校长和教师成长密码，探寻培养"一大批新时代好校长、好教师"的路径，"创新体制机制，激活一批校长和教师"。

遵循习近平总书记"讲好中国故事"的指示和要有"文化自信"的启示，教师研修学院在汇编粤派教育丛书时力求突出区域文化特点，讲好广东校长和教师成长的故事，要求校长和教师总结提炼自己的教育主张、办学特色或教学风格。同时，组织相关专家就案例写作进行系列化指导、整体讲座、分组评审、分科答辩等，期望校长和教师在写作过程中，探寻自我成长的规律、路径、特点，以此振兴杏坛作为，为其他校长和教师"六下功夫"和夯实专业素养提供范例，也为建设广东教育高地、培养德智体美劳全面发展的社会主义建设者和接班人略尽绵薄之力。"粤派教育"整个丛书大体分几个系列，以校长/名师/骨干教师群；区域/项目/学科/幼儿园等为分类线索。设总序，突出粤派教育和岭南文化特色；设分册序，内容包括项目介绍、与总序的衔接回应、板块导读语、供稿教师姓名罗列（按内容顺序）；等等。

"教师系列"分为学段、学科、区域，各分册独立成书，采用教师叙事研究方式，致力于找寻一些规律性的所谓"粤派教育"的优势特色。各分册既保持统一体例，又允许呈现自己的特色。体例主要以学科板块的形式呈现，每个学科板块包含5～8位教师的成果，同时分为5～8个学科板块，每个学科板块包括以下几个方面：

(1) 导读语：教师肖像、教师成长要素、学科特色及教师风格归类小结。

(2) 名师成长档案：自拟主标题，以"我"的成长历程为蓝本，在成长中，生活、求学、教学所在地域风俗文化对自己的影响，在文化认同的过程中如何处理文化冲突与文化理解。凸显教师的成长要素和关键事件：文化浸润、热爱学习、勤于实践、重视研究、善于反思和注重写作。

（3）学科教育观：自拟主标题，由"我的教学风格解读、我的教学主张与他人眼中的我"整合完善而成。可添加真实的教学案例、教学过程材料等补充说明。如助力学生成长、课堂教学改进、师生关系培育等。

（4）育人故事：自拟主标题，以学生喜欢的教育方式为主线，讲述"我"与学生的故事，如激励学生、指导学生个体学习或班级管理智慧等。

附录——教学现场与反思（"我的教学实录"，增加本节课的自我反思）。重点反思三个方面：一是课程（文化，含地域文化）资源开发与教学设计；二是课堂教学对话与教学生成；三是教师教学风格与教学艺术。

"校长系列"根据学段、区域、任务驱动，既保持统一体例，又允许各分册呈现自己的特色。主要通过行动研究、叙事研究、案例研究，致力于在以下几个方面找到一些规律性的所谓"粤派教育"的优势特色：校长成长的地域文化影响，校长关注、思考、研究的主要问题，校长的办学思想、教育哲学，学校改进实践的关键要素与路径等。根据校长专业发展阶段和成果类别，主要从"校长学习力——我眼中的名校成长基因""校长思想力——办学思想的探寻与凝练""校长行动力——学校改进与教育实践创新"三大子系列呈现粤派教育和岭南文化的特色。

本套"粤派教育"丛书努力做到三个超越：第一，超越教学风格或管理风格，打造粤派教育；第二，超越课堂教学或办学经验，展现教育智慧；第三，超越常规培训成果体例，凸显启发性和可读性。

本套丛书之以所以能够成书，得益于各方力量的聚合和支持。首先，感谢广东第二师范学院闫德明教授，本套丛书"教师系列"的体例设计有所选择地采纳了其主编的"我的教学风格"丛书的基本框架，并在此基础上进行了创新。其次，感谢华东师范大学刘良华教授，其对粤派教育的开创性研究成果被充分运用到本套丛书的顶层设计之中。最后，感谢长期以来关心支持教师研修学院培训工作的领导、专家和同事，感谢各位主编和供稿的广大中小学校长和老师的辛勤付出，感谢中山大学出版社的鼎力支持。

"粤派教育"丛书编写组

2019年3月

目录 CONTENTS

学校特色发展规划的实践策略与启示/1

第一章　规划学校特色发展/3
第二章　基于案例的规划学校特色发展的实践策略/9
第三章　规划学校特色的启示与反思/29
第四章　结语/37

当代中小学文化建设的实践探索与启示/39

第一章　中小学文化建设的探析/41
第二章　中小学文化建设的实践探索经典案例解析/44
第三章　启示与反思/58

统整项目课程的实践探索/63

第一章　研究统整项目课程的缘起/65
第二章　统整项目课程的经典案例解析/70
第三章　统整项目课程的开发与实施策略建言/94

小学校本课程开发相关热点问题的案例研究 /101

第一章　引言 /103
第二章　文献综述 /104
第三章　小学校本课程开发相关热点问题的案例研究 /112
第四章　结语 /132

引领教师专业发展的实践探索与思考 /141

第一章　教师专业发展的重要性与影响因素 /143
第二章　引领教师专业成长的经典案例解析 /148
第三章　教师专业成长与发展的建言 /170

探索城镇化进程中小学教师专业发展的有效途径 /175

第一章　城镇化进程中小学教师专业发展的探索背景 /177
第二章　城镇化进程中小学教师专业发展有效案例解析 /181
第三章　城镇化进程中小学教师专业发展的实践与反思 /205

当代公办小学教师团队建设的实践探索和启示 /211

第一章　当代公办小学教师团队建设探析 /213
第二章　当代公办小学教师团队建设的经典实践案例解析 /216
第三章　启示与反思 /235

学校特色发展规划的实践策略与启示

案例小组名单

小组负责人：刘　叶　广州市天河区员村小学

成　　　员：乐理明　广州市天河区骏景小学

　　　　　　萧国标　广州市白云区良田第二小学

　　　　　　吉庆燕　广州市花都区新雅街新雅小学

　　　　　　卢新蕾　广州市白云区新兴白云小学

　　　　　　陈志仔　广州市南沙区顺平小学

指 导 教 师：贾汇亮　钟经廷

第一章　规划学校特色发展

 规划学校特色发展的依据

《国家中长期教育改革和发展规划纲要（2010—2020年）》提出："树立以提高质量为核心的教育发展观，注重教育内涵发展，鼓励学校办出特色、办出水平，出名师，育英才。"《教育部关于推进中小学教育质量综合评价改革的意见》（教基二〔2013〕2号）提出："推动中小学提高教育教学质量、办出特色。"义务教育学校特色发展是深化教育教学改革、深入实施素质教育、落实学生核心素养培育的必然选择，是学校丰富内涵、优化管理、弘扬文化、提升核心竞争力的重要途径。

对学校而言，学校发展规划是指一所学校根据国家或者地区教育发展战略计划的要求，结合自身条件，确定学校未来三至五年内要达到的主要目标和发展途径。制定和实施学校发展规划是实现学校发展的途径和手段。办学特色是一所学校整体办学思路或在各项工作中所表现出来的积极的与众不同的特性，是一所学校在长期的教育实践过程中所创造和积淀下来的一种办学风格和文化传统。因此，特色战略定位一经明确，学校就要围绕着特色发展方向，确定特色发展规划的基本原则和操作程序，厘清特色发展规划的主要内容并撰写成文，经多方审核后全力组织实施，把"想法"变成"做法"，实现既定特色发展目标。

 规划学校特色发展的意义及价值

（一）学校特色发展的意义及价值

《国家中长期教育改革与发展规划纲要（2010—2020年）》指出："把改革创新作为教育发展的强大动力"，"创新人才培养体制、办学体制、教育管理体制，改革质量评价和考试招生制度，改革教学内容、方法、手段，建设现代学校制度"。这就要求我们在学校工作中树立创新意识，分析、研究本地域特点，积极探索适合自身发展的学校管理模式。也就是说，学校办学要有自己的特色。

1. **学校特色发展是教育发展的客观需要**

随着改革的深入和社会的全面进步，经济社会发展对人才的需求日益呈现出多元化的特点，这就要求学校教育的目标不能只停留在升学率、抓单纯的智育方面，必须根据地域特色和学生特点，促进学生的全面发展和全体学生的成才。要实现这一目标，就要求教育管理者从办学理念层面入手，对学校管理进行探索，努力寻求适合本地、本校、生源特点，促进全体学生成为不同层次人才的教育管理办法，形成自己的特色。

学校特色发展也是教育创新的基本要求。党的十九大报告中提出："创新是引领发展的第一动力。"创新就是发展，创新就是生命力。作为培养人才的教育工作，更是对创新有着特别的要求，只有创新型的教育，才能培养出创新型的人才。建设有特色的学校，正是适应了这一要求。

2. 学校特色发展是学校自身竞争、生存、发展的需要

学校特色乃学校生存之本、发展之基。一所学校没有了特色，就缺乏了灵性；没有了活力，就缺失了品位。只为办学而办学，无为而治，被动而治，学校的社会贡献率、社会认可度必然低下，这样的学校在竞争越来越激烈、要求越来越高的形势下，终走向淘汰的边缘。特色的营建是一个浩大的工程，它或者经年累月，或者渐次累积，但一经生成，便能以其勃发的姿态发挥其作为学校发展的黏合剂的作用，成为学校宝贵的无形资产。

3. 学校特色发展是提高教育教学质量重要途径

党的十九大报告中指出："要全面贯彻党的教育方针，落实立德树人根本任务，发展素质教育，推进教育公平，培养德智体美全面发展的社会主义建设者和接班人。"发展素质教育，应把提高学生素质作为教育工作的出发点和落脚点。这要求我们在学校管理过程中，不能把智育作为检验和评价教学质量的唯一标准，要针对本地域特点和学生的个性特点，设定教学目标，开展教育教学活动。建设特色学校，正是从地域、学生特点出发，确定特色项目，形成学校特色的。因此，特色发展，是推进素质教育的重要途径。

4. 学校特色发展是把校园文化建设引向深入的关键手段

校园文化是一所学校精神风貌的集中反映，它对启迪学生的智慧、开阔学生的视野、优化个性人格等都具有重大而深远的影响。特色发展，有利于提升学校的文化内涵。建设特色学校的基础是选定特色项目，特色项目的确定必然要与本地域、本学校的实际相结合，而校园文化建设本身就是结合本地本学校的特点提炼出来的。建设特色学校，必然要与校园文化建设的成果相联系，对校园文化建设进行拔高的升华。

（二）规划特色发展的意义及价值

英国著名的教育管理研究专家布伦特·戴维斯和琳达·埃里森所著的《学校发展规划》的扉页中写道："学校如果没有规划，必将导致失败。"学校的特色发展不是无源之水，必须结合历史、地域、人文的特点，学校管理者对学校未来发展进行新思考和新探索，从而规划出发展蓝图并按步实施。

1. 规划学校特色发展是按照上级教育行政部门要求管理学校的重要基础

规划学校特色发展不仅是学校自身发展的需求，更反映了国家对教育的根本要求。国家教育法律法规、方针政策为学校制定规划提供了总体依据。任何一所学校想要有好的发展，首先必须建立在严格遵守国家教育法律法规的基础上，学校任何的发展设想都不能想当然地进行，都必须保证学校的各种举措都处于"法律"的正常轨道之上。无论是在国家、地方及学校三者之间，还是在学校依法办学和自主办学两者之间，规划学校发展都能起从中起到一个纽带的基础作用。制定特色发展规划，让学校真正能够在法律法规可允许的范围内进行自主创新，让学校在了解、认识国家教育法律法规的基础上，实行自主办学。

2. 规划学校特色发展是学校合理利用有效资源，自主整合办学条件的前提

学校规划特色发展，其目的是设定一个大家通过努力就一定能够实现的奋斗目标。在现有的学校资源中找到一个可进行持续发展的某一点，选择可操作的实施方法，让学校的人力、财力、物力等达到最佳配置，并让其能够得到最充分地合理利用，从而使学校管理的各种功能都能够得到充分发挥。规划发展就是这样，通过系统的、合理的、可持续的、有步骤的工作，向着预期设定好的目标推进，直到最终实现。可以看出，制定一份合理可行的学校特色发展规划，能够让学校在实施规划的过程中逐步完善学校自己的"校本管理"机制，促进学校依法、有序、自主的发展。

3. 规划学校特色发展是学校教师积极按照既定目标前进的手段

规划学校特色发展，可以让学校师生明确集体的行动纲领和"工作蓝图"，可以通过对共同奋斗目标的有效设定来体现全体师生的根本利益。从这个意义上说，学校特色发展的规划是学校可持续发展的灵魂。当一所学校有了符合自身发展的且通过努力能够实现的前进方向，就能够以此来点燃全体教职工共同奋斗的热情，能够增强全校师生的凝聚力，让大家带着主人翁的心态去努力工作。这种精神正是学校目标实现的一个有力保证。可以这么说，合乎情理地规划特色发展，让所有人都能找到与之对应的工作目标，学校也就有了一种坚强的、不可或缺的、热情的发展力。

4. 规划学校特色发展是上级部门了解、指导和服务学校工作的重要途径

随着目前地方政府职能的转变，教育行政部门要真正从"办学校"转到"管学校"，实现宏观管理的一个重要方面，就是要从以具体工作管理为主转到以学校发展规划管理为主。也就是说，学校应在制定发展规划的时候和上级教育主管部门进行沟通，让上级部门了解学校发展规划的总体目标，并进行相应的指导。符合上级部门教育教学工作要求的规划，是值得肯定和推广的；反之，若和上级部门的要求有相违背的地方，则学校需要重新制定规划。学校发展规划其实也就是一个上级部门和学校领导团队两方面思维的一个碰撞，是两方面加深相互了解的过程。学校能够更深刻地理解上级部门的工作思想，上级部门也能了解学校发展或者说学校开展该项工作的意图。

5. 规划学校特色发展是学校与社区交流、合作的基石

教育本身是一项系统而复杂的工程。社区教育在现代的教育理念中开始显现出越来越重要的作用。只有学校与社区共同配合，才能形成有效的教育合力，全面促进学生的发展。因此，在规划学校发展的时候，必不可少地会出现社区的身影。学校所在社区的地理环境、自然环境、人文环境等都会对学校的发展产生一定的影响。可以说，规划学校发展是包括社区在内的所有成员形成共识的结果，它能帮助学校和社区在沟通中相互融合，帮助学校和社区共同开发各种教育资源，帮助社区参与对学校工作的管理、监督和支持，也能保证社区对学校工作的支持。以大连市东港第一小学为例，该校建校仅有三年，办学之初，学校结合当地政府提出的"打造成'高起点、高质量、有特色、现代化'的名校"的要求，结合学校地处高新开发区，家长普遍素质高但无暇顾及孩子教育，孩子自我意识较强的特点，确立以培养"觉悟孩子"为目标的"行知教育"办学特色，通过有组织、有目的、有计划的教育活动的开展，给学生创造丰富的实践机会，让学生在具体的生活体验中自主觉醒、自主感悟，建立"行知教育"生态环境。学校的定位、特色发展方向得到了社区、家长的广泛认可，周边的众多单位自觉地成为学校的"觉悟培养"共建单位，家长积极参与学校各项"觉悟培养"实践活动中，孩子在学校中快速成长，学校也仅花了三年时间就成了当地的名校。

6. 规划学校特色发展是学校内部自我监控的量化标准，是上级部门对学校督导检查的客观依据

《教育部关于进一步加强中小学校督导评估工作的意见》（教督〔2012〕9号）中指出："健全规章制度，依法规范办学。""重点督导学校制定学校章程和发展规划。"由此可见，学校特色发展规划是上级部门进行督导考核工作中的一项重要内容。一方面，在规划的实施过程当中，学校需要有来自外部的监督和调控，即上级教育督导部门要对学校的办学情况进行督导评估，这就需要其了解学校的实施情况和发展情况，从而对学校的发展水平和办学水平做出客观的评价。另一方面，学校内部也有自我监控和自我评价的监督机制——学校究竟有没有在发展，是小步前进还是大步前进，这也需要一个衡量的标尺。定期对照发展规划所确定的目标、任务和措施来检测工作的进展情况及其成效，就可以很好地回答这两方面的问题。因此，学校发展规划就成为学校外部监督和内部自我监控的客观标准。

当前规划学校特色发展实践中存在的问题

随着社会多样化的发展，教育改革的不断深入，走特色发展之路已经成为当前中小学改革与发展的必然趋势，有关特色发展的研究也逐渐成为专家、学者研究的热点。经过十多年的理论研究和实践探索，我国中小学特色发展研究取得了丰硕成果，但也存在一些不足，需要相关人员继续努力，以期取得更加丰硕的成果，从而推动我国中小学特色发展的顺利开展。

特色发展是一项长期的系统工程，需要理论支撑，需要实践创新，需要付出智慧和艰辛。不少中小学在这方面做出了有益探索，取得了效果，促进了相当多的学校成长与发展。但也有一些中小学在特色发展的探索中存在误区和问题，概括说来，表现在以下五个方面。

1. 以点带面，以偏概全

学校的特色教育面向的是每一个学生，使每一个学生在这种教育的内容、手段、方式下取得全面的发展，具有整体性与全局性。学校的某一个项目或者局部取得一定的成绩，或者在某个学科或项目竞赛力获得一些名次，不能说是特色教育。切记，特色学校不是由零散的成绩堆积起来的，也不是由分散的总结整理起来的。

2. 急功近利，忽视过程

特色学校创建是一项基础性工作，其艰巨性和长期性决定了不可能一蹴而就，只有具有高度负责的敬业精神，通过孜孜不倦的探索，坚持不懈的追求，才能实现。这一过程没有捷径可走，急于求成，过程虚无缥缈或只说不做，说多做少，最终都不能形成特色，反而浪费管理资源和成本。

3. 邯郸学步，亦步亦趋

特色教育必须依据学校自身的历史底蕴、文化传统、发展方向来确定其内容、途径和方法，必须时刻想到自己的现实条件和可能性，不能机械模仿或照搬。这并不是说不去学习和借鉴别人的经验、做法，而是别人成功的经验、做法，不一定适合我们。世界上找不到两片完全相同的叶子，只有准确定位，放大优势，才能走出一条适合自己的新路子。

4. 三心二意，失去本质

一些学校在特色学校创建过程中，没有形成明确的目标和方向，什么都想抓，篮球竞赛抓体育，独唱、独舞、独奏比赛抓艺术，作文征文比赛抓习作，书法比赛抓写字，都想把这些办成自己的特色教育，没有弄清特色教育与常规性教学的内在联系和本质区别，眉毛胡须一把抓，不是牵一发而动全身。须知，常规性的工作是学校的基本工作，而特色教育是在基本性工作上的一项综合性工程。

5. 缺乏认同，推进迟缓

特色学校的创建必须凝聚学校、家庭、社会三方面的教育力量，而凝聚这些力量的前提是让三方接受和认同创建的内容、途径和方法。有的学校创建特色缺乏科学的论证和广泛的征询，由校长或圈子里的人简单敲定，然后制定方案，贯彻落实，强势推进。在校内，教师被动接受，疲于应付；在校外，家长不知怎么配合。创建速度缓慢，一些所谓的硬性措施甚至削弱了师生积极性。

第二章　基于案例的规划学校特色发展的实践策略

笔者进行了两年的卓越校长班学习，走访国内不同城市多所学校，无一例外，这些学校都具备鲜明的办学特色。每所学校在规划学校特色时的思路不同，路径不同，都善于挖掘学校的潜在优势，并将其转化为显性优势，形成学校特色。

 特色定位策略——办学理念的规划

特色办学理念定位是学校发展规划的个性表达，是要为学校找到适合自身的特色发展之路，是为学校如何创建特色进行的一种规约和谋划，是学校特色发展的前置核心问题。办学理念体现了学校对教育的理想、信念与追求，是学校历史发展的积淀，是学校办学的指导思想，是师生文化价值观的核心体现，更是学校特色内涵发展的精神统领，直接影响和决定着学校的整体风貌和育人效益，在学校特色发展中占据着指导思想和发展方向引领的地位。因此，在学校特色发展规划的办学理念定位确立上，我们切不可凭空臆造，而是要从学校发展的历史、现实以及所处的外围环境等多个层面和维度深入分析、摸清家底，科学准确地对学校特色发展理念进行打磨、推敲和诊断定位。结合学校特色发展规划案例描述和分析，学校特色办学理念的规划定位策略可有以下三种。

1. **基于"地域文化"和"时代要求"的横向定位规划**

地域文化包括地区特色、社会环境、传统文化特色和社区成员素质等，是构建学校特色文化理念的"社会土壤"。学校管理者应善于从众多的潜在社区文化特色中寻求突破，确定切实可行、符合校情的特色发展定位，同时最大限度地争取社区物质和精神上的积极支持，为学校特色发展战略的实现奠定坚实的基础。其中，深圳市龙华新区书香小学的"书香教育"特色理念定位即是如此确立的。

深圳市书香小学是龙华新区成立后兴建的第一所公办学校，2012年9月正式开办，是一所具有岭南风格、庭院式、花园式的学校。学校位于深圳二线拓展区南端、地铁四号线民乐站对面，北接全国重要铁路枢纽——深圳北站。随着龙华新区的成立、深圳北站的开通、地铁时代的来临，大龙华版区经过三十多年的快速发展，社区建设日臻成熟，生活、工作环境日渐完善，吸引了大批优秀人才筑巢入住。书香小学服务片区以书香门第、万科·金域华府、星河盛世等诸多高档小区、别墅区为主，社区居民多为公务员、教师、医生以及各行各业的成功人士，整体素质高，对优质教育资源需求强烈。作为龙华新区的第一个民生项目，新区和办事处领导高度重视，寄予厚望，投入近亿元，高标准地将书香小学办成龙华新区的示范学校、窗口学校，明确指示书香小学办学理念、教学设施一定要处于全区领先水平。加之书香小学背靠原生态的连绵群山，毗邻梅林关口，既与繁华都市近在咫尺，又有着世外桃源般的安逸舒适。湛蓝的天空、清新的空气、安静的花园、祥和的街市，是宜居之地，也是宜读之地。高雅的环境需要与之相适应的一流校园，书香弥漫、幸福满园成为校园文化理念的预期。鉴于书香小学独特的优势，即命校名为"书香小学"，并以"书香教育"为学校价值文化基因，率先提出"书香致远、幸福成长"的办学理念，赋予了"书香校园""幸福教育"新的内涵，确立了以"腹有诗书气自华"为校训，以"最是书香能致远"为校风，以"粉笔无言写春秋"为教风，以"读书万卷始通神"为学风，努力让校园文化凸显"书香味"，学校管理追求"书香味"，德育工作讲究"书香味"，课堂教学富有"书香味"，课题研究突出"书香味"，特色教育彰显"书香味"，着眼于学校的特色内涵发展，为师生的一生幸福奠基。

2. 基于"历史传承"和"文化重塑"的纵向定位规划

不同的办学历史和学校传统是形成办学特色的重要资源，不同的教育理解和教育哲学是形成办学理念、办学目标、培养目标的基础，因此，在学校特色发展规划中，管理者要善于关注学校的历史文化传统，敬重学校的文化积淀，用"文化重塑"的勇气和智慧，从学校历史传统中重新发现、解读和建构学校的教育思想和文化理念，并从中确立既符合学校历史文化传统又符合时代精神和教育改革发展需要的特色办学理念定位。其中，百年老校宁波市江北区实验小学的"崇德教育"特色办学理念定位即是优秀范例。

宁波市江北区实验小学前身为创建于1844年的宁波女塾，至今已有175年的发展历史。自1847年创建为崇德女校以来，学校一直奉行"崇德"办学宗旨，尽管不同时期加入了新的元素，如20世纪80年代的校训"乐学、善学、求真、求实"和21世纪初的校训"知礼、勤勉、扬善、节俭"，但始终坚持以德为先。在建校170周年之际，学校回顾自身发展的三个重要阶段：崇德女校、槐树路小学、实验小学，梳理不同阶段所追求的学生核心素养：崇德、向上、创新，充分依据新时期党的教育方针，全面考察新时代实验小学学生的特质，重塑"崇德教育"文化传统，重新将"崇德致远、笃行致知"确立为校训，将其作为学校办学的指导思想，以培养具有"崇德致远、笃行致知"品格的学生为己任，百年不动摇，持续提升崇德教育品质。重新将"崇德力行、追求卓越"确立为办学理念，将其作为践行校训的行动指南。"崇德"指的是崇尚德泽润心，立德树人；"力行"指的是以行为本，知行合一；"追求卓越"是希望学生、老师、学校通过身体力行，做最好的自己。此特色办学理念进一步凸显了校训精神的崇德魂、重行动，表达了对学校教育的远大志向和奋斗决心，体现了实验小学教育者对教育事业的新追求。当前，铸就温情校园、成就崇德学子、树立"崇德教育"品牌的发展愿景与奋斗目标，正让这所百年老校在新时代里焕发出新的生机和光彩！

3. 基于"教育哲学"和"优势自省"的反观审视规划

教育哲学的提炼与形成是特色学校建设的关键，它是一所学校区别于其他学校的精神内核，它决定了每所学校外显行为的区别。作为独立的组织文化共同体，学校内部必须具有体现本校特色的教育哲学，而这种哲学观也决定着学校的发展方向。因此，每所学校都可以从教育管理者独特的办学思想着手，也可以从学校原有的教育优势着手，寻求学校的特色文化理念定位和切入口，并且把这种特色定位发展为一种办学优势，最终成就办学品牌。其中，深圳宝安区坪洲小学高端特色定位"开放教育"发展，为一所新校的快速崛起并成为品牌名校谋定了方向，抢占了先机，赢得了赞誉，学校迅速成名，师资优质发展，学生幸福成长，不失为一个优秀特色定位和发展规划推动现代化品牌学校打造的成功范例，值得学习和借鉴。

深圳市宝安区坪洲小学于2010年7月开工建设，2011年9月正式投入使用，是区委、区政府2011年"十件民生实事"之一，总投资达4393万元。学校位于西乡街道坪洲片区宝源路与海城路交汇处，毗邻宝安新中心区，是一所区教育局直属小学。开办坪洲小学源于宝安区教育局要着力打造一所深圳市首批高品质的"智慧校园"，学校的发展定位即为高端、高起点。委派在国内外有一定影响力和知名度的专家型校长、全国优秀校长、广东省特级教师、深圳市首批名校长工作室主持人、自创"开放式教育"的流派已在国内有一定影响力的张云鹰出任首任校长。学校发展目标为高位、高品质、特色品牌化，这对一所新开办的、周边生源情况不太理想的学校来说，既是机遇，也是挑战。

对坪洲小学这所新校而言，如何在当今追求个性、崇尚特色、不断创新的多元教育发展形势下，发挥好新校高端定位的优势和先机，找到适合自身特色文化的品牌发展之路，迫在眉睫。虽然坪洲小学是一所新校，但张校长却是一位对优秀传统文化特别是易学颇有研究和造诣，且具有丰富学校管理、教学科研、教师培训工作经验的名校长。基于良好的国学等传统文化素养可为学校特色文化的构建发挥优势，基于在担任上一所学校校长时自创的"开放式教育"已在省内乃至国内有一定的影响力，张云鹰校长在梳理、反省自身办学思想和已有教育优势的基础上，确立"以'正'治校，让智慧做主人生"的办学文化理念，重新确立"开放教育"哲学思想和宣言：学校没有"围墙"，课程没有"边界"，教学不是"灌输"，儿童就是"儿童"，立志办一所办"学校有灵魂，教师有思想，学生有主见，家长有信心"的现代化品牌学校，以培养"有德行、有智慧、有情趣、有气质"的文明都市人为育人目标，确立"蒙以养正、文明以健"为校训，"求真向善、尚礼臻美"为校风，"教起于思、开而弗达"为教风，"学起于悦、活而有序"为学风，创造性地将"开放教育"实践并丰富发展为"开放的管理""开放的文化""开放的德育"等六大开放模式，遵循着"名校长培养名师，名师培养名生，名生成就名校"的路径着力打造学校的特色文化品牌，提升学校的核心竞争力。张云鹰校长鲜明的个性文化特质、办学思想及丰富的教育实践经验成果为坪洲小学特色发展定位奠定了坚实的基础，为新校迅速崛起实现高端、快速、特色品牌发展架起了桥梁，注入了无限的发展动力和生命活力。

 文化规划策略：校园文化的规划

文化是民族发展的原动力，教育作为文化传承的载体，其对国家发展有着至关重要的作用。小学作为教育的起点，承担着未来我国文化的走向，也是我国未来人才培养的重要支撑。改革开放至今，我国诸多校园逐渐开展文化建设，对学生的思想、道德进行培育，成果斐然。基于此，笔者就以各地小学进行案例分析，明确当下存在的问题，并对顺平小学校园文化特色发展进行路径规划，以期提升校园文化建设的整体水平。

1. 校园文化的定义

校园文化，主要指在校园内构架的文化。一般来说，校园文化可分为精神文化、环境文化以及行为文化等。其中，精神文化是核心，也是校园文化发展的重要支撑。校园精神文化是由学生的思维特性和行为方式构成的文化。我们常说的校园文化主要分为两部分：其一是建筑类文化，也就是物质文化；其二是精神文化。因此，校园文化不仅包括园区设计、景观布局、绿化建设等，还包括学校内部的校风校训、人文风俗、规章制度等。健康的校园文化，不仅能够引导学生朝着积极上进的方向发展，还能够促进学生形成正确的人生观和价值观。因此，建设优秀的校园文化是每一个学校都在研讨的课题。

2. 基于校园文化、文化特色、发展定位的规划案例

（1）宁波市江北区中心小学校园文化研究。

一是校园文化整体规划。江北区中心小学创建于1912年，建校至今已有百余年历史，著名的书法大师沙孟海以及外交名家李储文都曾经在这片土地上学习。多年来，政府以及学校都十分重视学校的文化建设工作，为学校配置了很多先进教育设备以及敬业爱岗的优秀教师。为了提升学生的品格，学校提倡体育教育作为先导，不断推动素质教育发展。江北区中心小学将"排球"作为文化建设的特色，充分利用了名人名言，在校园建筑以及路标等环节都标注了名人事迹或名言警句，给学生以鼓舞。

二是文化特色规划。校园文化建设不仅要以专业教育为主，还要为学生营造舒适的学习氛围。绿化建设是江北中心小学建设校园文化的一项重要特色。为了让学生在生态景观当中陶冶情操，江北中心小学将大量资金投入校园绿化当中，如今，校园内到处布满鲜花，红色、紫色、黄色的鲜花与绿色的苗木交相辉映，一片生态之美牵引师生在不知不觉之中产生爱护花草的心理。数字化也是江北中心小学建设校园文化的一项特色，其利用网络教学平台为学生开设心理咨询课程，教师也在平台上发表文章，让学生在课堂之外也能接受文化的熏陶。

三是学校文化建设未来规划。如今，江北中心小学正处于文化建设的摸索阶段，其依然坚持以建设先进、实用且创新型的校园文化为主要原则，积极督促师生参与校园文化建设，为学生举办读书会，让学生参与文化艺术活动，在教学楼大厅安放文化建设意见箱，鼓励学生勇敢说出自己的看法，从而让校园环境更加和谐。

（2）大连中山区中心小学校园文化规划。

一是校园文化整体规划。大连中山区中心小学位于大连市的中山广场，学校建设于1946年，具有70多年的发展历史，属于现代化学校的典型代表。学校坚持"以人为本"的教育发展原则，响应国家素质教育的号召，积极推进以"科技创新"为主的科技教育内容。从"八五"到"十五"，学校不断丰富科技教育内容，将其打造成为校园特色文化之一。

二是文化特色规划。为了更好创建校园文化，打造一流校园，学校不断对校园文化建设工作进行改革和创新。如今，中山区中心小学已经以建设"人文校园""生命校园"为主要目标，将"人文"作为校园特色，积极发展人文精神，创造人文关怀环境，以"生命"为文化特色，让学生在该种校园文化当中感受到生命的价值。

三是学校文化建设未来规划。学校斥资规划校园文化，学校着重设计了教学楼大厅以及走廊。在大厅当中安放很多名人画像，并在画像下方概述了名人事迹以及名人名言。走廊位置则以雕刻的形式针对不同楼层设计了不同文化主题。第一层楼主要展现"以礼待人"，文化内涵主要教导学生学会理解；第二层楼则是以"放飞梦想"文化主题，结合了文字、雕刻以及摄影等多种方式，为学生营造积极校园文化环境。

（3）苏州新苏师范附属小学校园文化规划。

一是校园文化整体规划。新苏师范附属小学位于姑苏盘门附近，建设于1913年，最初为女子师范学校，至今发展为师范附属小学。学校在校园文化建设方面主要以"阳光文化"为校园文化的核心，积极举办各种校园文化活动，期望学生能够在参与活动过程中感受阳光故事，形成积极向上的人格品质，向社会展现阳光形象。

二是文化特色规划。新苏师范附属小学不断开展校园文化活动,组织学生在课余时间参与洒扫活动,让学生在活动当中学会帮助他人,学会做一个讲礼节、守信用的学生。学校也开办了艺术节,让学生在艺术节当中分享自己经历或者知道的阳光故事,并选出"礼仪星使",为学生树立学习榜样。

三是学校文化建设未来规划。如今,学校领导越发重视文化建设,为校园文化建设积极构建物质基础,建设网络平台,让学生及教师可以在平台当中发表自己的文章和对阳光故事的看法。学校还安排教师组织学生家长参与阳光故事的演讲,将温暖的故事写在笔下,作为宣讲实例,播撒到学生和家长心中。学校安排各种教育活动,期望学生能够通过参与活动展现自己的个性,展示自己的优点,让学生充满生命力,也让教师充满活力。在多样化的活动当中,师生更加热爱劳动,也更加热爱运动,对生活的情感也将更加浓烈。

3. 对三所小学校园文化的分析与思考

从上述三所小学能够看出,学校在校园文化上正积极努力地发展,但通过笔者了解,上述学校在校园文化仍然存在问题,下面为笔者针对上述三所学校进行的思考。

(1) 环境建设虽精细但缺乏特色与活力。校园的文化建设,要想达到以环境育人之目的,就需要建设整洁、文明、优美的环境,打造浓郁的校园文化。但部分学校虽然看上去格调、布局相对优雅合理,的确起到了净化、绿化、美化作用,但不论是从校内张贴的名人警句格言,还是教室内桌椅的摆设方式,都缺少其独特的文化特点。

(2) 活动虽多但缺乏有内涵的文化活动。校园精神文明的建设内容,主要体现点就在于文化活动这一领域,部分校园开展的文化活动虽然很多,但其内容大多采取说教型活动,多层次的校园文化以及文化内容、文化特点都没有被体现出来。这些活动不论是从学生的交际、表达能力,还是从参与意识、改善知识结构等任何一个出发点来看,都没有对学生起到高效的培养作用。

(3) 投入虽大但文化建设"软硬件"不均衡。在校园建设工作中,不仅仅是对校园物质、设施、环境美化等有形校园的建设。这项建设实质上分为两部分,以上的有形设施可称为"硬件",而"软件"则是以校风建设为代表的,如群体精神、意识、作风、规范以及凝聚力等精神层面的无形建设,二者合一才可称为完整的校园建设工作。在当今的校园中,投入的钱财不少,但普遍都在重视校园的"硬件"建设上,如个别的校园管理者,聘绿化专家设计校园绿化,请专家设计教学楼等,过多地将资源投入有形的校园建设中,而轻视"软件"这类无形的精神力量建设。

4. 顺平小学校园文化对比（与上述三所学校的文化比对分析）以及特色发展规划

（1）顺平小学校园文化分析。

笔者根据对上述三所学校的问题的分析，以顺平小学校园文化建设为例，对校园文化建设规划进行了客观性分析。详细如下：

校园文化建设时需要注意培养学生树立正确的人生观以及思想价值观。由于小学生的心智与思想尚未成熟，这时亟须学校对其进行正确的培养。学校可以通过建立图书角以及尊老爱幼做好事组织来丰富校园文化，不仅可以提升学生的课外知识水平，还有利于培养学生树立正确的品德修养。同时，由于我国的小学生普遍尚未养成良好的日常行为规范，在进行校园建设时需要具有一定的导向功能，不仅要做到规范小学生的课堂做法，还要帮助学生养成良好的行为习惯。另外，在进行校园文化建设时需要注重培养学生的凝聚力。加强学校的凝聚力可以提升全校师生的凝聚力，从而更好地催人上进。在对顺平小学进行文化建设时，可以组织一些类似于拔河、三人两足跑以及跳大绳等团体活动，以游戏的方式来提升小学生们对凝聚力的理解，从而提升顺平小学的整体团结力。因此，顺平小学在进行校园文化建设时需要详细地考虑到学生亟待提升的方面，并做到有针对性地建设校园文化，从而建设具有顺平小学自身特色的校园文化。

（2）顺平小学校园文化特色发展规划。

顺平小学积极响应我国教育部的号召，并创新以往校园文化的建设方式，采用以下三种方式对校园文化的发展进行了全新的规划。

首先，顺平小学是一所规模不大的农村学校，学校以"顺应天性，和谐育人"为办学理念，致力打造"顺和教育"特色，培养"立德、立新、向真、向善"的顺平学子。学校在校园文化特色发展规划中，树立极具学校特色风格的文化精神思想，构筑了"人顺和、事顺利、物顺眼"的校园文化发展规划目标，对以往的办学思想进行创新，并增添了育人方面的思想教育，从而更好地培养学生树立正确的思想价值观念。顺平小学在进行文化建设时还融入了当地的自然景观和特色的风韵。顺平小学地处于广州市南沙区，该校在进行校园文化建设时最大限度地开发了当地的特色文化，并选用适合当地种植的香樟树和书本图腾进行校园景观建设，象征着书香满校园，也象征着学校朝气蓬勃，充满生机。

其次，顺平小学在进行校园文化建设时开展了丰富多彩的校园集体活动，从而培养学生的参与意识以及竞争意识。学校领导为了展现21世纪小学生的活力与生机，并积极响应党的十九大号召，开展了新时期工匠精神、劳模精神的知识问答以及具体实践，小学生可以在校园内可以帮助其他学生解决课上的难题，在课余生活中做尊老爱幼等好事，以此充分发扬劳模精神和工匠精神。竞赛的裁判老师可以对学生的课上以及课余活动进行观察，评选出最具工匠精神以及劳模精神的小学生，给予一定的物质奖励，从而树立学生的榜样带头作用，并激发其他学生帮助同学、尊老爱幼的积极性，以此来更好地促进顺平小学校园文化特色发展活动的有序开展，体现当地小学的表率作用。

最后，顺平小学构筑了较为完善的发展愿景。学校用先进的办学理念来构筑发展愿景，激发师生进取精神。同时，学校依据发展状况，对愿景、使命、组织结构进行思考，把构筑发展愿景贯穿于管理的全过程，激发全校师生对未来发展的憧憬，增强全体师生的自豪感、责任感和使命感。另外，学校还完善了办学理念和办学目标，围绕发展的总体目标，在建设高素质的教师队伍上下功夫，在优化教学教育管理上做文章，以此来为顺平小学校园文化建设的整体提升提供参数依据。

校园文化建设并非一蹴而就，需要较大人力、财力、物力的投入。这就需要前期做好科学的规划，并逐渐完善过程。顺平小学亦是如此，其应以班级文化为基础，从教师文化到校园文化，全方位建设校园文化。只有不断地探索，融入科学性、创新性，才能更好地推动校园文化的整体建设。

课程规划策略：学校课程建设

2017年10—11月，一个多月的时间穿行在南北有代表性的城市——深圳、宁波、苏州、大连，近距离感受不同地域不同学校的发展策略。蹲点在广州、深圳，学校给人一种似曾相识的感觉；行走在有文化底蕴的江南宁波、苏州，感受到有如江南的柔水文化；蹲点在北方的海边城市大连，感受到北方教育的严谨和规范。课程是学校特色发展与文化变革的核心元素，走访多所学校，重点对南北不同学校的课程规划做了关注，特别是在课程结构这一视角，有更深的了解与思考。

1. 四所跟岗学校的课程亮点

在学校的发展和实践过程中，要提高办学特色和提升办学品位，就应高度重视在学校生态中居于核心位置的课程建设环节。跟岗的几所学校，基于自身的办学宗旨和发展愿景，形成了各有特色的校本课程规划（表1）。下面，着重从课程结构这一视角进行对比分析。

表1 四所跟岗学校的课程结构分析

跟岗学校	东莞松山湖小学	深圳南头城小学	宁波海曙中心小学	深圳荔园小学
课程名称	全人课程	古城大美课程	致知力行课程	多元教育课程
结构	"五个一":一手硬笔好字,一些文雅气质,一种探究习惯,一门兴趣爱好,一项健身技能	"五美"品质:良好的品德素养,丰富的人文素养,健全的体育素养,尚美的艺术素养,创新的科学素养	力行"五质":"健"行,"善"行,"智"行,"美"行,"雅"行	多元课程培养具有"好习惯,好性格,好身体,好品味,好思维,广视野,厚底蕴"的阳光大气、才情兼备的荔园学子

（1）东莞松山湖小学学校"全人课程"建设规划特色。在课程结构方面，东莞松山湖中心小学以生命哲学为基础，基于生命意蕴，运用"整合与联动"的方法和思想，构建起"融通式"的"全人课程"（表2）。其中，拓展型课程由综合实践、地方及校本课程整合而来，是对基础型课程的延伸和补充，指向学生的个性化发展。主要内容包括：①一手硬笔好字。课程资源为语文同步写字教材《天天练》。②一些文雅气质。课程资源为中华经典诗文读本《含英咀华》。③一种探究习惯。课程资源为《做上学》。④一门兴趣爱好。课程资源为《纸艺》《葫芦丝》。⑤一项健身技能。课程资源为大课间活动手册《文武秀》。

表2 东莞松山湖小学课程结构分析

基础型课程				拓展型课程					体验型课程	
语文	数学	英语	科学	一手硬笔好字	一些文雅气质	一种探究习惯	一门兴趣爱好	一项健身技能	品德主题活动	校园节文化
音乐	美术	体育	信息技术							

（2）深圳南头城小学的"古城大美课程"建设规划特色如图1所示。

（3）宁波海曙中心小学的"致知力行课程"建设规划特色如图2所示。

（4）深圳荔园小学多元教育课程特色。荔园小学立足孩子们的综合素养的提升，提出了多元教育的课程建设，这已成为学校发展的新视角、新思路。多元课程培养具有"好习惯，好性格，好身体，好品味，好思维，广视野、厚底蕴"的阳光大气、才情兼备的荔园学子。课程多元、主体多元、评价多元、生动活泼的教育新生态初步形成。

"五美品质"——古城少年的核心素养

深圳南山区南头城小学

"对于核心素养,学校应当有自己的表达,发出自己的声音……学校表达实际是学校的创造。学校表达的主题,就是寻找核心素养落地的力量。"——《中国教育报》9月19日第3版《核心素养的中国表达》

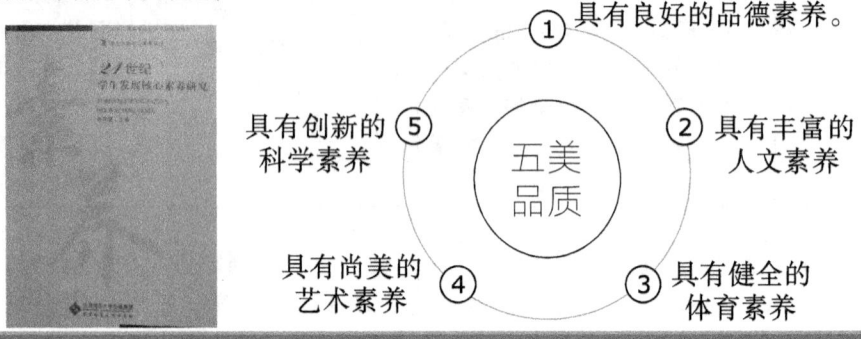

图1 "五美品质"的内涵

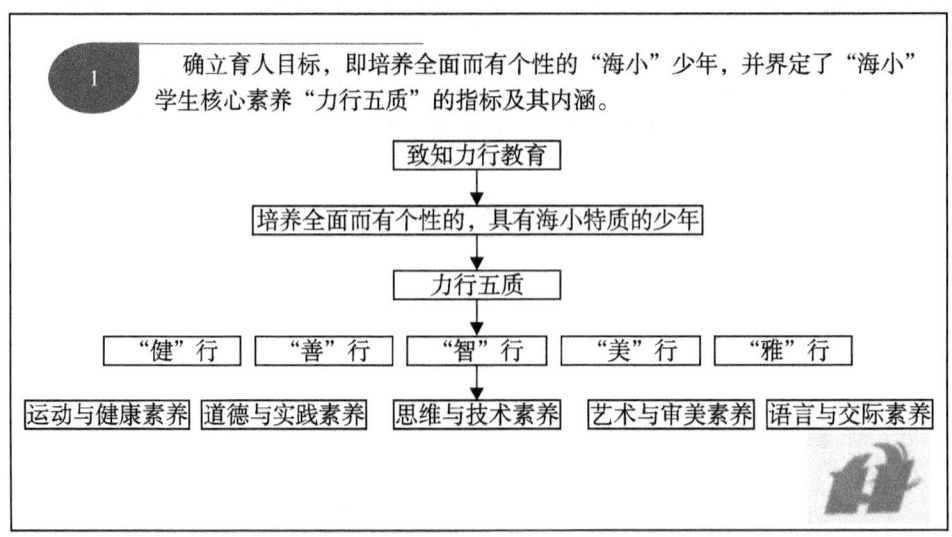

图2 宁波海曙中心小学的"致知力行"示意

2. 四所学校的课程结构的比较思考

无论是敢为人先的南方的前沿深圳教育,还是文化底蕴深厚的南方宁波教育,首先,在课程建设中,始终把学生的发展放在首位。从四所学校的课程结构来看,这四所学校都在关注学生的身心健康,用丰富多彩的课程来塑造学生的"身"和"心"。其次,关注课程建设,既重视"智"的教育,又重视"艺"的发展，都在从一个完整的人，全面的人的发展着眼，为学生的终生发展奠基。

具体评价如下：

（1）松山湖中心小学的"全人教育"课程建设的启示。这不仅仅是单一地开展了校本课程开发。从"基础型课程"到"拓展型课程"，乃至"体验型课程"，他们已经建立了一个洋溢着生命活力的三位一体课程体系。他们富有"全人教育"思想智慧，在生命整体性理解的基础上进行课程的顶层设计，同时又以脚踏实地的态度，将一个个课程理想具体化为教学实践，解决了综合实践活动、地方课程、校本课程的不可操作性问题；解决了品德与生活、品德与社会、班队活动的实效性问题；解决了体育、音乐、美术学科教学"博学无术"问题；解决了教师唯分数论问题；解决了教师创新课程的思想方法问题。

（2）深圳南头城小学的"大美古城"课程建设的启示。课程建设依托地域资源。学校利用一墙之隔的南头古城的历史文化资源，将校内外资源整合为课程资源，这值得借鉴。该校以课程开设来提升全体教师能力。

（3）宁波海曙中心小学的"智知力行"课程建设的启示。"做中学"和"学与思"的结合体现了海曙小学的课程建设的思路导向。知与行的结合，重在于行的课程设计使孩子学会利用百年老校的古迹文化，进而提升了课程的文化和使用价值。

（4）深圳荔园小学的多元教育课程的启示。智能有多元，教育必须多元。为孩子提供多元的教育课程，其实就是培养孩子的多元智能。这为孩子今后的发展奠定了多元的根基，这是面向孩子未来的课程设计和思路。

3．对案例学校课程建设规划的想法

（1）课程要关注"实"与"活"的结合。

课程结构的设计要将"实"与"活"相互联系。尽管学校的课程体系做得相当完善和系统，有的是请专家把关做出来的，从科学和逻辑上非常专业，有的学校做得比较"实"。比如，东莞松山湖小学用"五个一"活动来实施"全人教育"，这值得肯定，但笔者认为，"全人教育"不只是"五个一"，这只是学生培养的一部分。"全人教育"首先要关注儿童，让其"先成人，后成才"。只有把这一关键抓住，才能使孩子成为一个全面健康发展的人。

求多求全，不如做牢做实。纵观四所学校的课程结构，有的是"全人"，有的是"多元"，但相对"五质""五美"而言，笔者以为，后者更适合学校操作和实施。做实课程，做实课堂，才能发挥课程对学生的培养目标。比如，笔者学校的课程就立足学生的"三种"能力：道德、能力、情意，由此引发的体系结构就可以把学校课程对孩子的核心要素的培养落到实处。后面再详述。

（2）课程结构要立足校本位。

比较四所学校的课程结构，在面面俱到的基础上，有的学校没有明确的办学理念，有的似乎是校训，有的是办学理念，因此在课程结构上，没有看到他们有意识地与学校的办学理念的契合。这样的课程结构如空中楼阁，没有理念的支撑，走不远，也走不动。比如，宁波海曙小学的"致知力行"中提出的"五美"，东莞松山湖小学的课程的"五个一"，从内容上在讲校训，但这一校训的背后是一个什么样的理念在引领学校的发展，单从课程结构上看，这一结构可以符合很多的学校，因为没有自己学校的烙印。学校位于东莞松山湖高新区，其学生来源主要是高新区的家庭，对于这样的社区人群的孩子，应该有着鲜明的高新区的现代素养的要求，把高新区对未来人才的需求作为学校课程设置的一个重要考量方面。

宁波海曙中心小学的历史文化更为厚重，学校大楼地下埋藏着千年古迹，校园围墙旁是千年的唐塔，一路之隔是全世界私人藏书馆排名前五的"天一阁"。这样的历史文化底蕴，在学校的课程结构中没有得到有意地体现。尽管学校关注一个人的发展的五个方面，力行"五质"，但作为有着历史文化底蕴的学校，要把学校的课程与地域的历史文化有机结合起来；作为有这样的历史文化学校，还应该把中华传统的文化、书香文化和历史文明纳入学生课程结构，借助地域的文化传统和历史场馆让学生深入感受，从古代到现代，以此培养既有深厚文化底气，又有现代气质的新的海曙学子。只有采用这样的课程结构思想，学校的课程才能既有海曙小学的文化特色，又有现代发展的生命力。

(3) 课程规划的实践——以骏景小学为例。

A. 生本理念下小学课程体系及课堂模式探索与实践。

著名教育家夸美纽斯曾提出："找到一种教育方法，使教师因此少教，但是学生可以多学；使校园因此减少喧嚣、烦厌和无益的劳苦，独具闲暇、快乐和坚实的进步。"这样的教育境界正是骏景小学生本教育所追寻的理想教育。从2002年9月开办至今，骏景小学已有33个教学班，在校学生近1400人。在十余年的生本教育实践探索中，学校始终坚持以人的发展为核心，以生本教育理念为旗帜，以课堂教学改革为切入点，带动课程、方法以及与之相适应的教育评价体系和管理方法等的彻底变革，走的是顺应时代发展，让教育植根善慧、激扬生命的特色办学之路。

B. 生本理念下小学教育的课程目标与原则。

为让课程创新既有思维的含量、智慧的含量、情感的含量，又有文化的含量，骏景小学设定的课程目标是生成新知、形成技能、培养情感、激发思想。

学校的课程设置解决的是用什么方式培养人的问题。骏景小学坚持"小立课程，大做功夫"的生本教育课程观，主张把核心性的学习还给学生，在学习的核心处即在学生的思想发生处、知识形成处、能力成长处、情感涵育处做文章。该校认为，教育中只有有了人，教育的最大价值才能体现。因此，在课程建设上树立两点意识：一是只有课程吸引学生，才能让学生享受学习带来的欢乐；二是要引导教师和学生真正从基于教科书的教与学走向基于课程资源的教与学。

骏景小学坚持课程"三化"原则。一是课程本质化。为避免课程走入繁、难、偏、杂的窠臼，需对现有课程进行本质化的改造，即整合课程、化繁为简。强调抓住学科教学的根本，如语文课程的根本在于推进大阅读；数学课程的根本不在题海，而在于学生思维方式和思维习惯；英语和其他学科的根本在于形成活动。倡导学科三问：语文推进阅读了吗？数学抓住根本了吗？英语和其他学科形成活动了吗？让课程虽简单却承载丰富。二是课程活动化。人的回归是教育改革的真正条件，我们努力把教转化为学，把学转化为活动，让学生成为学习的主人；让学生在自主的整体的活动中，促进思想，增长智慧。三是课程综合化。打破学科之间的森严壁垒，让课程回归学生的生活和经验；使学习也不局限于课堂，把自然、社会、自我作为课程资源开发的基本来源，生活处处皆课堂。

C. 学校课程组成。

学校课程由基础型课程、拓展型课程和研究型课程构成，如图3所示。

基础型课程强调促进学生基本素质的形成和发展，体现国家对公民素质的最基本要求。基础型课程由各学习领域中体现共同基础要求的学科课程组成，是全体学生必修的课程。关键词是基本要求、全体必学。

拓展型课程以培育学生的主体意识、完善学生的认知结构、提高学生自我规划和自主选择能力为宗旨，着眼于培养、激发和发展学生的兴趣爱好，开发学生的潜能，促进学生个性的发展和学校办学特色的形成，是一种体现不同基础要求并具有一定开放性的课程。关键词是开放性、个性化。

拓展型课程由限定拓展课程和自主拓展课程两部分组成。

限定拓展课程主要由综合实践学习领域的学校文化活动与班团队活动、自我服务与公益劳动、社区服务与社会实践等各类活动，以及国家规定的各类专题教育组成，是全体学生限定选择修习的课程。

自主拓展课程主要由基础型课程延伸的学科课程内容和满足学生个性发展需要的其他学习活动组成，是学生自主选择修习的课程。

具体阐述如下：

基础性课程：在国家课程的基础上增设的国际象棋、围棋课程进入一、二年级课程课表，书法课程进入一至五年级课程课表。

拓展性课程：全体学生在不同年级参加的（走读广州）拓展性课程。

选修性课程：不同学生根据自己的兴趣、特点自主选修的课程。

学校共有选修性课程45门。校内教师20门课程；家校大讲堂课程，外聘教师4门课程；外聘机构合作5门课程；班级自聘16门课程。主要包括：a. 音乐舞蹈类（合唱A团、合唱B团、琵琶、管弦乐A团、管弦乐B团）；b. 体育竞

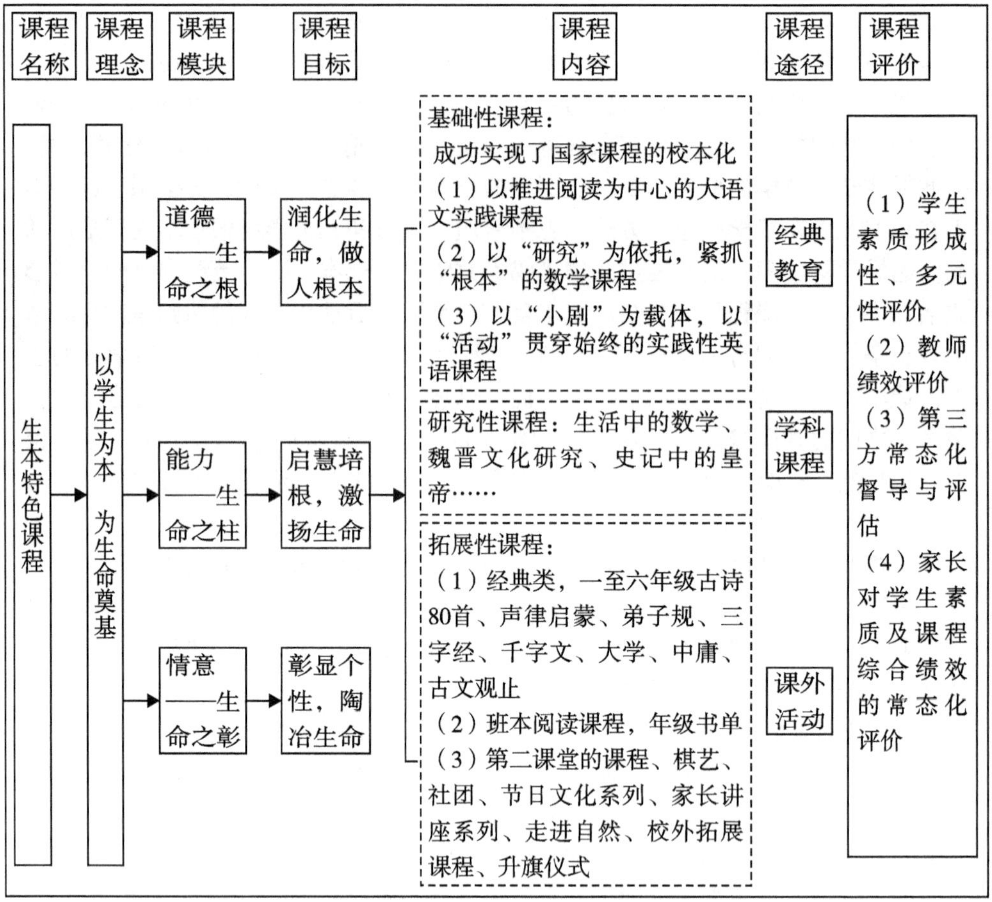

图3 骏景小学的课程体系

技类（羽毛球、乒乓球、女子篮球、男子篮球等）；c. 艺术发展类；d. 科技创新类（小小科学家）；e. 阅读选修课（中英文绘本阅读课、英语阅读课、疯狂英语）；f. 文化类的自选课（朗诵、语言类主持人）；g. 研学实践类（走读广州、食育课程）。

综合性课程：融合综合性学习、研究性学习，实践性学习、活动性学习、互动性学习的大课程。综合课程的表现形式多种多样，如班级合唱节、体育节、艺术节、科技节、春游、秋游、节日庆典、开学礼、毕业礼等。

（四）德育规划策略：德育特色打造

德育是一所学校的特色发展的重要体现，特色学校非常重视教育、教学、科研、管理的德育职能，呈现学校的德育管理顺畅、德育队伍精良、德育方法创新、德育途径广泛、德育资源优化的工作局面。因此，在特色学校建设过程中，学校管理者应当通过系统分析学校发展的历史传统、深入挖掘学校特色，在学校办学理念指引下，确立学校办学目标。

1. 挖掘学校潜在特色

（1）文化领域。

弘扬中华传统文化，如浙江宁波镇安小学国学经典教育，推出"启智怡情"国学文化课程、"养正毓德"德育国学课程和"修身养性"国艺活动课程三大体系。学校编纂了一套小学中文读本，上下两册分别对应低高年级段。以国学文化育人，一方面，国学蕴含着丰厚的爱国主义、民族精神、伦理道德、人类理想等内容；另一方面，基础教育阶段是学生思想、品行、文化、世界观和价值观的萌芽和奠基阶段，在孩子天性未染之际，善言易入，善心易导，善行易养。学校把握先入为主的原则，把中华优秀的文化种子和社会主义核心价值观种子播撒在孩子们的心田，植入孩子们的脑海，潜移其气质，默化其思想，养正其品行。同时，小学阶段是记忆的黄金阶段，国学里面有很好的文化基因，让儿童从小接受"精粹的文化酵母"，厚实学生的文化底蕴，以国学文化反哺学科教学，来滋养学生的道德、文化和才艺素质。

（2）社会领域。

公民意识教育。学校通过教育部重点课题《依托传统文化实施现代公民教育提高德育实效性的实践研究》，着力探讨学生在社会中将仁爱及社会责任作为自我生命存在的意义，并以仁爱和责任为基础，发展协调自我与他人、自我与社会、自我与组织、自我与国家、自我与自然、自我与人类整体发展关系的能力，获得自我发展的社会空间和方式。和谐人际教育。学校开展"传承礼文化发展学生健康社会自我的校本课程研究"，探索礼文化教育与国家课程、地方课程、校本课程、班本课程、班队活动的整合。从"家庭""学校""社会"三个人际交往领域，构建和谐人际关系，让学生参与建设"和谐家庭""和谐学校""和谐社区""和谐城市"的具体实践。

（3）环境领域。

环境保护与污染防治。将前沿科技成果资源转化为课程。学校以"室内空气质量与健康"为基础，进行"室内空气质量与健康"课程开发。

（4）经济领域。

绿色学校建设。开展以"建设绿色、低碳、环保校园"为主题的"金点子"征集活动。学生从太阳能利用、雨水回收、绿植养殖等方面，对绿色学校建设提出了意见和建议。节约生活方式。开展"图书漂流"（图书交换阅读）、"淘米水二次利用"等主题活动，倡导节约型生活方式。

2. 小学德育环境建设

走近浙江省宁波市镇安小学高高矗立的新大门，两边是一幅出自《笠翁对韵》的名联："元亨利贞，天地一机成化育。仁义礼智，圣贤千古立纲常。"门楣上悬挂着"甬城国学堂"五个大字，一尊孔子雕像正对着大门。教学大楼红砖白墙、古色古香，立柱上、走廊旁是《三字经》《道德经》《论语》的经典名句。

对于校门口的名联，顾秋红校长阐述了自己的理解和认识。天地有"元亨利贞"这四德，才化生了万物，人类靠德行才能延绵存在于天地之间，可谓"德立乾坤"；人有"仁义礼智"四端，犹其有四体也。也就是说，人有"仁义礼智"四德，才是心智健全、人格健全的人，因此，"立德树人"很重要。悬挂此联，表明学校是重要的育人场所，教育的真谛是培育有德行的人。

国学中蕴含着取之不尽的道德素质的教育内容，蕴含着丰富的做人做事的道理，是培养有道德、有中国文化气质的未来公民很好的文化载体。此联和校门外墙的"童蒙养正""立德树人"等两块牌匾充分显示了顾校长的办学精神和理念，她希望学生在优秀传统文化的潜移默化中调整价值认同和行为倾向。

3. 德育校本课程学习安排

学校以国学精神为内涵构建校园文化特色，寓传统文化于环境之中，使校园成为一本立体的、会说话的传承国学经典和养正毓德的教科书。通过"走廊文化""墙面文化""柱子文化""阵地文化""网站文化"等让学生在"被动"浸润中欣赏传统文化之美，体会国学魅力，从而自觉融入并调整自己的言行举止，潜意识地调整价值认同和行为倾向。

国学文化的教育和传承是一项系统工程，教育理念、内容、方法、形式、评价等都要进行系统的研究与构建。为了探索一条符合未成年人身心发展规律和教育规律的实践之路，学校将社会主义核心价值体系的教育与国学精粹典籍等教育内容有机结合，妥善处理国故之学与国粹之学的关系、传统性和时代性的关系、传承和创新的关系，注重国学教育的内在精神。

此外，学校抓住课堂教学主阵地，加强课程建设，以提高国学教育的育人功效。不仅要"启蒙学习"，更要"养正践行"。从立德树人的高度，以提升青少年道德素质为核心，坚持"古为今用"，坚持与养成教育相结合，与现代公民教育相结合，让学生在体验中践行，将国学精粹精神内化于心，外化于行。

镇安小学的国学启蒙教育实践与研究，并不仅仅局限在经典诗文的诵读上，更不是复古搞形式，而是站在"童蒙养正，立德树人"的角度，传承中华民族博大精深的文化，并以此培养"尚雅崇信，笃行创新，既具浓郁民族情怀，又具有国际视野"的现代小公民。用"中国的文化"，以"中国的教育"培养"中国人"。学校对"中国人"的阐释是热爱中国并能为之奋斗的中国公民。

"文化而润其内，养德以固其本。"镇安小学学生中不断涌现"明星义工""责任之星""孝德之星""一元慈善家"等一大批美德少年；教师成为浙江省师德楷模，班主任团队成为宁波市"做有道德的人"巾帼文明岗；"低碳家庭""书香家庭""家训实践先进家庭""孝德家庭"等不断出现，文明礼仪之花已在镇安小学悄然绽放。全校没有一名班干部，班里的安全交给了"安全小法官"，黑板报有"美宣小义工"，清洁工作靠"卫生大管家"……大小事情人人有责，学生的社会责任感、奉献精神在实践中慢慢滋养。

4. 小学德育特色规划案例

我们在广东省内外跟岗的小学都是当地的优质小学，学校都各具特色，真正做到为学生的发展服务，学生积极参与实践活动，学校的特色教育成为教育的常态，这些学校的共性是规划了具有人本化、生活化、科学化的德育工作体系。

一是目标鲜活，贴近实际。德育目标不是脱离现实社会生活而制定的"纸上谈兵"，而是通过制定切实可行的德育目标，采取相适应的措施和方法，培养学生良好的行为习惯，提高学生的思想品质。由于各地经济发展不同，小学在制定德育目标时要把当地经济发展和学校所处的位置及生源的社会情况联系在一起，实现德育目标为学生的健康成长发挥作用。如江苏金阊实验小学的生源多为进城务工或经商人员子女，家长本身的素质和要求、家庭的状况等因素决定了学校在制定德育目标时就要考虑把此类学生的品德教育和行为习惯养成的差异作为一项重要的内容。要从基础做起，对这种学生按照《守则》和《规范》提出最基本的德育目标，同时还要将学校本身特色的内容融会贯通，才能有助于此类学生的健康成长，使学校的德育工作取得实效。又如辽宁大连桃源小学以爱国主义教育为重点，贯彻落实《中小学开展弘扬和培育民族精神教育实施纲要》，把弘扬和培育以爱国主义为核心的民族精神作为新形势下青少年思想道德教育的重要内容，充分利用重大节日、重要事件和重要人物纪念日，结合当地的民族文化、历史名人、革命传统等教育，开展系列活动，学校要着重落实好"四个一"，常抓不懈，即每周开展一次班级主题教育活动，每周举行一次升降国旗仪式，每学期组织一次参与社会实践活动，每学期组织一次以上全校性主题教育活动。

二是结合校本，整体规划。曾被誉为深圳特区的"窗口学校"和"实验性、示范性"学校的深圳小学，两度获得市政府颁发的"办学效益奖"。学校研发的《廉洁教育读本》《国际知识教育》等教材，开展的"素质教育的教和学策略""多媒体组合优化作文教学实验""小学语文'四结合'课题实验""小学语文阅读教学实验"等课题在市、省，乃至全国均有较大影响。深圳小学的德育规划从20世纪90年代提出办"三名学校"，即育名生、出名师、创名校，到21世纪初提出办深圳市"试验性、示范性学校"，从生态教育规划学校的特色发展，以生态哲学整体论的世界观和方法论为指导，从教育理论和教育实践两方面入手全面优化教育生态，从而构建一种先进的、科学的、高效的、优质的，确保学生、教师和学校三方共赢的教育。深圳小学规划的现代生态学校具体目标是"十态平衡"，即健全的体态，健康的心态；规范的形态，丰富的个态；民主的教态，自主的学态；科学的神态，人文的情态；共赢的状态，发展的势态。

三是全员管理，形成合力。辽宁大连桃源小学依托"幸福"教育成为当地特色学校，在德育工作的开展中，立足常规，突出重点，坚持全面育人，在深化管理模式上亮点突出。德育工作实行"两线两制"，一线是党支部──→政教处──→年级部──→班主任、团委学生会──→学生，另一线是校长──→教导处──→教研组──→教师──→学生。落实教职工"一岗双责"制度，明确教职员工的育人职责，落实全面育人；加强年级部值周和学校值周管理制度，评选"红旗流动班级"。建立家校合作制度，定期召开家长会，向家长及时反馈学生思想状况和行为表现，同时，认真听取家长对学校的意见和建议，形成教育合力。

五 管理规划策略：学校管理特色

1. 案例学校管理规划特色情况

从跟岗学习的多所学校中，笔者选取深圳滨河小学、深圳西湾小学、浙江宁波广济中心小学、江苏吴中区苏苑实验小学和大连西岗区八一小学等五所学校做管理特色规划的研究。这几所沿海城市学校在办学过程中充分体现了我国改革开放的成果，体现出经济基础决定上层建筑的哲学原理。这些学校在学校建设过程中取得非常优秀的成绩，值得我们学习与借鉴。几所学校的管理特色规划见表3。

表3 五所学校的管理特色规划

学校	办学理念	学校文化	特色项目	校本课程
滨河小学	和美教育	和美：环境、管理、课堂、教师、少年	书香、健康、数字化校园	人文、科学、艺术、身心、实践、生活礼仪
西湾小学	和德教育	教育生态研究与实践，"八化"模式和教育国际化	教育生态校园文化，家长义工，学生社团培训，国际化	基础性、拓展性、选择性三大类

续表3

学校	办学理念	学校文化	特色项目	校本课程
广济小学	为孩子的终身发展打下广济底色	仁爱，明善	广济宽广、明亮底色课程，创客课程	启智、厚仁和培勇课程
苏苑实验小学	七彩童年	书得浸润，睿智儒雅	主食与副食——三条校本课程"跑道"	成长跑道，快乐跑道，悦读跑道
八一小学	让生命之花绽放	军人的元素	教师项目培训，素读	国防教育

这五所学校在现代先进教育思想指导下，在长期的教育教学实践中不断发挥自身的优势，形成独具个性的、符合教育规律的、区别于其他学校的办学模式。

2．对案例学校管理特色规划的思考

（1）学校管理特色规划需关注学校的主体。

从研究者的身份来看，以高校及教育科研部门理论工作者为主，缺乏本校一线教师的广泛参与。高等学校及教育科研部门理论工作者的研究大多停留在理论层面，并不针对中小学特色创建中出现的问题，抽象地从理论上进行研究。这样的研究是以理论的建构和发展为中心，而不是以实践中的问题为中心，从而使已有的研究成果和中小学实际相脱节，教师们普遍反映在参考文献上学到的方法、措施只能停留在书本上，远不能走进中小学特色建设的实践。

从参与研究的学校一线教师所属地区来看，发达地区多，落后地区少，城市学校多，农村薄弱学校少。对中央教育科学研究所"普通高中特色办学实验研究项目"的300余所中学进行了统计，其中东部地区占总数的74%，中部地区占14%，西部地区占12%。笔者认为造成这种不平衡的原因还是认识不足。有些人认为特色学校建设是那些办学条件好的学校的事，落后学校建设不了特色学校。诚然，经济条件、师资条件等是特色学校建设的重要条件，但却不是决定条件。傅国亮教授认为每一所学校都是一所潜在的特色学校，每一所学校都可以发展为特色学校。问题是有没有认识自身的个性，有没有优化自身的个性。特色学校建设恰恰是薄弱学校由"弱"变"强"的重要途径，江苏省泰兴市洋思中学、山东省杜郎口中学的发展历程充分证明了这一点。

（2）学校管理特色规划需关注的内容。

一是特色学校的概念亟待明确。对于特色学校的概念，目前官方还没有明确的提法，理论界依然停留在概念的争鸣上，尽管近几年对特色学校概念的研究取得了新进展，但认可度有待进一步提高，这严重影响和制约了特色学校研究和建设的进程。

二是研究的内容高度集中在特色学校建设的重要性、途径和措施等的论述上,存在研究重复、缺乏新意,表层化、缺乏深度等问题。例如,很多研究文献都提到了校长在特色学校建设中的重要作用,但多是从"是什么"的角度浅层次地谈其重要性,很少有文章从"怎么办"的角度谈究竟如何才能发挥校长在特色学校建设中的作用。

三是缺乏对特色学校评价的研究,以评促建是学校发展的重要策略,但目前对特色学校评价的研究不多,精品更少。尽管一些地方制定了一些评估方案和标准,但由于缺乏理论的指导,不少评估方案和标准存在缺陷。

(3) 学校管理特色规划需关注学校本身。

根据笔者之前参与的特色学校评估工作,各学校必定存在这方面或那方面的缺点,但都存在一个共性的问题——校本课程。

新课程改革并不绝对要求各个学校都要有自己的校本课程,是"根据情况而定"的。可是实际情况是几乎每一所学校都没考虑师资状况和学生实际的课程负担,编了很多校本教材,这些课程教材缺乏深度,一开始就被束之高阁,仅供上级检查和外界参观时当作"门面"来炫耀。

校本课程所起的作用和产生的意义是有限的,但对学生的校园生活、兴趣爱好、发展倾向、潜能开发等方面的影响则是无法估量的。对于一个儿童来说,课程究竟意味着什么?

南怀瑾先生把儒家、佛家、道家分别喻作粮食店、杂货店与药店。于是笔者认为,其实,国家课程就是粮食店,而校本课程则是杂货店。不吃粮食,我们不能活下去;不用杂货,生活淡然无味。粮食是必定要吃的,国家课程是必须要学习;杂货总是要用的,但可以自己选购,校本课程的第一特征就是选择性。因此,在学校课程建设中,我们应该将主要的精力放在国家课程的校本化实施上,这就好像"主食"要好好打理,"副食"也要搞得"花哨",这样有利于学生营养结构的均衡,从而促进学生的可持续发展。

国家课程相当于"主食",而校本课程则只是"副食","主食"所产生的影响远远大于"副食",但"副食"的力量是不可或缺的。还有个比喻,国家课程是"本",校本课程是"末",因此"本""末"不能倒置。

第三章 规划学校特色的启示与反思

创建特色鲜明的品牌学校是时代的呼唤，规划作为其中不可或缺的部分，是关系到学校全局建设和长远发展的根本性决策，是基础和起点，是实现可持续发展的前提和保障。笔者深度跟岗、深入了解多所学校的特色规划，有以下启示。

 找准特色办学理念的规划定位

对每一所学校的特色发展而言，特色战略规划在学校特色内涵发展过程中具有方向性、先导性的重要引擎作用。其中，特色办学理念的规划定位是一所学校或办学者整体办学思想和办学理念的特性彰显，是一所学校在长期教育实践过程中创造和积淀下来的办学风格和文化传统的体现，更是指导和决定一所学校能否实现特色发展的前提和关键。因此，找准特色办学理念的规划定位对学校的特色发展至关重要。

结合前文所述的内容，刚开办的新校和转型升级的老校均可根据自身的校情选择合适的特色办学理念规划定位策略来确定特色发展之路。例如，新建学校可从"地域文化"和"时代要求"的宏观维度来全新规划定位学校特色办学理念，如深圳市龙岗新区书香小学的"书香教育"、广州市花都区新雅小学的"新雅教育"；百年老校可从"历史传承"和"文化重塑"的历史纵向层面来规划定位学校特色办学理念，如北京市清华附小的"成志教育"、宁波市江北区实验小学的"崇德教育"；新校或老校还可从"教育哲学"和"优势自省"的反观审视中来规划定位学校特色办学理念，如深圳市宝安区沙洲小学的"开放式教育"、大连市西岗区东关小学的"崇真教育"。此外，各学校在找准特色办学理念的规划定位时还应重点考虑两个因素。

1. **全方位进行 SWOT 分析，准确把脉学校特色办学理念规划定位**

确立学校的特色办学理念规划定位，需要围绕学校发展的 SWOT 回答三个基本问题：要做什么？为什么做？怎么做？具体地说，"要做什么"就是"要办什么样的学校"，是学校在公众心目中的形象期待，是学校师生家长发展的共同愿景；"为什么做"就是"为什么要办这样的学校"，是办学育人的价值取向，是行动背后的目的追求；"怎么做"就是"怎么办出这样的学校"，是达成目标的行动方案，完成任务的保障措施。如新雅小学，在全方位分析学校特色发展的 SWOT 的基础上，紧紧依托属地的云峰翡翠、机场经济开发区和科创梦想小镇等文化和产业资源，充分挖掘"玉之五德"（仁义智勇洁）和高新航天航空、声光电技术、绿色金融之创新元素等地域文化和产业特色，充分依托属地生源多为高新技术人员和知识分子子女的资源优势，切实结合未来中国对既有优秀传统美德又能务实创新且具有国际视野、能肩负起中华民族伟大复兴使命的现代化人才的迫切需求，综合分析提炼出"雅正"和"创新"，将这两个词作为学校核心文化的价值取向，规划定位了以"尚德求新，雅正至善"为顶层特色办学理念的"新雅教育"，致力培养"求真创新、德高气雅的新时代君子"，努力办好一所既传承中华优秀文化又放眼世界未来的现代化学校。

2. 学校特色办学理念的规划定位要注意处理好继承与创新的关系

学校管理者要善于关注学校的历史文化传统，敬重学校的文化积淀，用"文化重塑"的勇气和智慧，从学校历史传统中重新发现、解读和建构学校的教育思想和文化理念，并从中创新确立既符合学校历史文化传统又符合时代精神和教育改革发展需要的特色办学理念定位。如宁波市江北区实验小学前身为创建于1844年的宁波女塾，自1847年创建为"崇德女校"以来，学校一直奉行"崇德"的办学宗旨。在建校170周年之际，该校回顾了其发展的三个重要阶段：崇德女校、槐树路小学、实验小学，梳理了不同阶段学校教育价值追求的核心：崇德、向上、创新。重新考量新时代实验小学学生特质，重塑"崇德教育"文化传统，重新规划定位"崇德力行，追求卓越"为办学理念，建设具有"温情而有国际范"的实验小学，进一步凸显了崇德魂和行动力，表达了学校对培育新"崇德学子"的远大志向和创新追求，让这所百年老校在新时代里焕发出新的生机和光彩！

 彰显校园文化的效应

校园文化建设的核心内容和深层结构是学校的校风、文化生活、人际关系和心理氛围的综合。校园文化建设以内隐外显的模式感染着受教育者的思想观念、道德行为、个性塑造、综合素养，潜移默化地影响着受教育者对价值的追求，甚至能在不知不觉中影响受教育者走上社会后的职业观念和审美意识。通过上述案例研究，笔者认为可以从以下几个方面彰显校园文化对小学特色发展规划的促进作用。

1. 校园文化建设必须彰显出学校的办学理念

一所学校有特色，办学理念必须有特色。办学理念是为学校可持续发展创造条件的，也是为学生终生发展奠定基础的。办学理念是学校发展的总目标，是致力于关注学校、教师、学生的共同发展。学校师生必须有一个共同的价值认同，只有在学校全体成员共同的价值观下，一所学校才真正拥有校园文化，因此，在学校建设中校园文化是为办学理念服务的,没有科学而稳定的办学理念是无法构建科学而稳定的校园文化体系的。正是基于这样的认知,校园文化建设必须将办学理念摆在最高位,必须将办学理念作为最终的出发点和归宿点,在校园文化构建过程中必须注重办学理念的树立和宣扬,彰显出学校的办学理念。

2. 校园文化建设必须软件硬件一手抓

校园文化建设包括硬件环境建设和软件环境建设,其终极目标在于创设一种氛围,以陶冶学生情操,构建学生健康人格,全面提高学生素质,因此,忽略任何一方面的建设都是不完整的,校园文化建设必须软件和硬件一手抓。对于硬件环境建设,我们可以通过设立主题文化区,让校园文化格局更加科学和合理。例如,在办公区设立以"师德"为主题的"师德文化区";在教学区设立以"礼仪"为主题的"礼仪文化区";在活动区设立以"健康和运动"为主题的"健康和运动文化区";在树林花圃区设立以"爱护环境"为主题的"绿色文化区"等。通过建设主题文化区,让校园文化更具规划性和主题性,努力实现让每面墙壁、一草一木能"说话",彰显特有的文化渗透功能和育人功能。对于软件环境建设,学校要本着"以学校的发展为中心,以教师的发展为基础,以学生的发展为目的"的宗旨,在精神文化建设方面重点抓好以下几个方面工作:一是铸造师生认同的学校价值观,建设师生精神家园;二是创设读书氛围,营造书香校园;三是以丰富的活动为载体,推动学校精神文化建设。

3. 校园文化成效必须体现自己的特别之处

一所学校,尤其是一所充满活力、富有特色的学校,要建设校园文化,必须有所长。要建设优秀的校园文化,必须要在结合本校园实际的基础之上,根据学生素质、原有的基础以及本土实际,发展本校园的办学特色。体现自己的特别之处,应该明确以下几点:一是师生具有明确的价值认同,共建师生精神家园;二是创新思路促进学校发展,凸显特色构建文化品牌;三是加强制度文化建设,体现规范与关爱。

  构建特色课程体系

美国课程论专家菲利浦·泰勒指出:"课程是教育事业的核心,是教育运行的手段。没有课程,教育就没有了用于转达信息、表达意义、说明价值的媒介。"学校如何建设并完善课程体系,笔者有以下看法。

1. 应"坚守一个信念""形成两种意识""把握三个观念"

在课程建设要坚守一个信念,即关注每一个学生发展。课程建设要形成两种意识,即课程意识和课程体系意识。课程建设要把握三个关键,即体系、结构和价值。构建特色课程体系,一是站在"整体育人"的高度来设计课程体系,二是搭建科学合理、充满活力的课程结构。这项工作可以分五步完成。

第一步，厘清相关课程概念，从课程来源、课程形态、课程领域、课程功能、学习方式、表现形式等方面做分析，界定课程概念，以免出现逻辑混乱。

第二步，把课程内容划分成若干课程领域，如语言与阅读、教学与科技、品德与健康、艺术与审美。

第三步，先把每一领域内容视为一个课程群落，包含许多具体的科目，这就形成横向上的课程"类别"。

第四步，选择多样化的实施方式。考虑到课程实施的时空条件，可以采用长短课、连排课、大课小上、小课大上、主题整合课、兴趣选修、社团活动等多种方式。

第五步，选用适合的评价方式。总体上说，课程结构应当处于相对稳定的状态。当教育背景发生变化，学校资源环境发生变化，新的价值需求出现时，可以对课程结构进行必要的调整。

2. 努力追寻课程体系建设的价值和意义

一个学校特色的核心体现在学校的课程体系设计中，需要我们花相当长的时间去努力探索，课程的最终落脚点是课堂。改革开放以来，我们中小学在课堂教学的变革、创新方面一天也没有停止过，并已取得巨大成就，但是这并不意味着中小学课堂教学改革已经完全到位了。我们的课堂改革就像一场足球赛，经过千辛万苦的努力，终于把这个球夺了下来，但还缺"临门一脚"。现在，新的学习方式在广大中小学的课堂里已普遍使用，学生在课堂中自主活动的成分也大大增加，但还有一股力量在制约着课改，在课堂中习惯性的捆绑式的课堂教学文化也没有彻底根除。只有在课堂中真正意义上把学生松绑了，我们的课堂才有新的希望。

3. 从课程结构的视角提出的几点建议

一是坚守本真。我们始终强调，特色课程体系建设绝不能搞花架子，更不能做迎合潮流的作秀运动，它要求学校领导积极营造"有人性，有温度，有故事，有美感"的学校生态，坚守"本真，本位，本质，本色"的基本原则，实施"从心，真心，用心，精心"的推进策略，遵循"看法，想法，办法，做法"的实践路径，树立"品性，品质，品牌，品位"的衡量标准，实现"底色，本色，彩色，特色"的文化表达，即从始至终要做到"博学之，审问之，慎思之，明辨之，笃行之"。

二是重在务实。实践中，我们发现不少学校开发出了一大批校本课程，但是从整个课程的实施来看，开发出的大量校本课程并没有进入实施阶段，因为在现有的课程体系框架内，课时已经很满了，没有时间和空间来实施这样的课程，导致这些"中看而不中用"的课程只能被束之高阁或仅仅作为学校对外交流的

"装饰"而已。由此可见，学校特色课程体系建设一定要做好课程整合。

三是站高务远。在课程整合中，既要做加法，又要做减法，要从三个维度上对现有的课程做进一步的系统加工处理。首先是课程类型整合。这里包含了国家、地方、校本课程的相关内容、相近内容以及必修课、选修课的整合。要求学校追根溯源，统揽全局，在最高层次上寻求学校课程建设的科学思路，只有这样，才能建构起学校课程体系的基本框架，形成课程体系的顶层设计。其次是跨学科横向整合。把相近学科、相近内容以专题或主题的形式整合到一起，整合以后就会释放出更多的时间和空间来。最后是学科内部纵向整合。这是在课程整合中，最值得去关注的地方，即在相应的学段、时段之内，从一个学科的整体出发，梳理清楚这个学段、学科的核心概念、知识点、重点、难点，然后进行加工、归纳、整合。例如语文学科，这些年社会评价学生在课程里学到的内容不多，但是从学校内部看，又觉得课时不够用，一个很重要的原因就是按照现有的编排方式，学生更累。但是如果用整合的思想，一个学期或一个学年，把同类题材的文章归成一类，找出规律，集中精讲一篇或几篇，把方法交给学生，放手让学生自读，效果应该会不一样。

（四）营造特色德育环境

特色德育不是昔日辉煌，不是历史陈列品，而是传统积淀与传承创新；特色德育不是简单模仿，不是仿制品，而是制造品、生成品；特色德育不是追求时髦，不是人云亦云，而是具有鲜明个性的与众不同。因此，我们把学校特色德育定义为具有的独特性、创新性、科学性、稳定性的德育理念和模式体系。特色德育营造过程是学校德育的自主创新实践过程。

从案例学校可以看出，学校特色德育环境的营造是在某种德育理念指导下的个性德育模式的自主创新的实践活动。这一活动过程一般经由理念指导——资源诊断——目标定位——主题提炼——整体规划——行动研究——营造文化等环节，特色品牌逐渐形成。

1. 理念指导

理念是特色品牌的灵魂。特色德育环境的理念通过特色主题来体现。学校德育特色品牌的营造是在现代德育或教育理念指导下的模式构建和自主创新实践。

2. 资源诊断

在对学校特色德育的各要素和资源进行全面调查与科学分析基础上，找出特色与优势资源，为创建特色德育奠定目标和方向的基础。

3. 目标定位

确定特色德育创建的目标取向，明确其对引导与促进学校优质持续发展的意义和作用。

4. 主题提炼

依据特色品牌营造的主要理念、资源诊断得出的特色优势和德育特色品牌创建的目标定位，进行整合思考，提炼出特色德育的核心理念与主题概念。

5. 整体规划

依据核心理念与主题概念，对特色德育创建进行整体构想和系统设计，制定总体创建思路和实施方案和具体策略。

6. 行动研究

通过开展校本行动研究，落实特色德育创建方案；同时，保障创建活动在科研引领下更科学地达成预期目标。

7. 营造文化

学校特色德育构建的全过程，实质是学校德育特色文化营造和形成的过程。学校德育特色文化，表现为显性的和隐性的、现实的和潜在的、环境的和制度的、行为的和精神的文化氛围和传统，它是学校德育特色形成的标志和最终体现。

德育特色品牌营造是将特色资源、德育理念和时代精神，用教育智慧加以整合的自主创新实践。它的更广泛和更深远的意义在于让更多的学校通过自主创新式的实践行动，走上一条由德育特色品牌向学校优质可持续发展的内涵式发展之路，相信这将是一条越走越宽广的"星光大道"。

 创新学校特色管理

1. 形成独具个性，彰显建设自信

本次卓越校长培训班跟岗学习的学校，如深圳滨河小学、西湾中心小学、浙江宁波广济中心小学，江苏吴中区苏苑实验小学和大连西岗区八一小学等，它们在办学过程中充分体现出经济基础决定上层建筑的哲学原理。现代先进教育思想指导让这些学校在教育教学实践中不断发挥自身的优势，形成的独具个性的、符合教育规律的、区别于其他学校的办学模式。

2. 加强第二课堂与第一课堂的结合度

第二课堂必须有效促进第一课堂，让特色教育与升学教育两者相辅相成，才有生命力。

优质的学科教学是实现教育目标的主要途径，也是学校形成鲜明特色的主要途径。因此，在进行特色学校建设过程中应充分重视学科教学特色建设。这主要包括两个方面：一是建立与特色学校建设相适应的新的课程体系。我们要打破以课堂为唯一形式，以传授书本知识为唯一内容的单一课程结构体系，以社会需要、学科体系和学生发展为三个基本点，构建课内与课外，必修与选修，学科性课程、活动性课程和环境课程并行的主体化的课程模式。二是开展学科教学特色建设。在建立与特色学校建设相适应的新的课程体系方面。

3. 注意建立"三课结合"

一是调整优化学科课程，旨在加强基础知识教学和发展学生特长。在不增加学生负担的前提下，适当调整语文、数学、英语课时，增开语文阅读课、趣味数学、外语阅读与口语表达等学科，促进学生整体素质的提高。二是强化活动课程。建立以"培养个性，发展特长"为目的的课外活动体系。活动课程分为学科类、科技类、艺术教育类、体育活动类。让这些活动课程在培养能力、发展特长、形成特色学校方面发挥积极的作用。三是开发德育等隐性课程。建立起良好的师生关系，使校园内形成民主、平等、和谐、愉快的人际关系，从而加强校风、班风、学风的建设，使校园成为学生成长的乐园。做好校园文化建设，使校园环境优美和谐、整洁典雅，达到陶冶学生情操、净化学生心灵的目的。

在开展学科特色建设方面，学校要鼓励教师发挥特长、形成富有个性化的学科教学特色。学科教学特色是指教师在学科教学思想、教学方法和手段、教学技巧和效果等方面所表现出来的独特个性。它是创建学校特色的一个重要组成部分。学校每年可以通过开展教学公开观摩活动，尽可能地给老师创造条件与机会，让有特长的教师担任主角，充分发挥他们的特长，进而发展他们的特长。

4. 教育科研，是建设特色学校的保证

在特色学校建设过程中，要高度重视教科研工作，重点研究几个问题。一是研究处理好个性与全面的关系问题。学校教育以全面提高学生素质为根本目的，学校特色建设不能偏离这一指导思想。二是研究处理好局部与整体的关系问题。笔者认为，特色学校建设是一个系统工程，它是由系统内部相互依存、相互影响、相互制约、相互作用的各要素组成的。特色学校建设必须着眼于教育整体改革的全局。如果缺乏整体思考，只做几项活动，或改革某一类课程，它们之间是孤立存在的；如果只是建立了一些兴趣小组，增设了一些特长课、选修课，这都是对学校特色建设的误解。因此，建设特色学校必须开展多项改革，并使各项改革组成有机的整体，从而有效推进。三是研究处理好继承与创新的关系问题。学校特色建设不是对过去的办学传统的彻底摒弃，而是在继承中创新，对传统教育中的弊端加以革除，对科学的东西加以继承和发扬。

5. 坚持专家、校际，文化三个跟进

一是坚持"专家指导跟进"。发挥科研部门、师训部门的优势，为特色学校建设注入更多技术含量和发展动力。成立专家团、指导组，深入学校，集中力量，重点突破，帮助学校实施个性化策划，打造亮点，突破难点。

二是坚持"校际互动跟进"。克服"一校一特色，特色各不同"的片面认识，探索建立"几校一特色""多校一特色"的发展格局。鼓励和引导特色相近或相同的学校组成发展"共同体"，通过定期举办研讨沙龙、经验交流、问题会诊等形式，以集体、团队的智慧和力量，对某一特色项目进行集中突破，从而使单一特色提升为区域整体特色。

　　三是坚持"文化建设跟进"。学校特色是学校文化长期积淀的外在表现。重视学校物质文化、精神文化、制度文化建设，将特色文化体现到校园的各个角落、落实到育人的每个细节，使全校师生在耳濡目染中感受到特色、坚守住特色，让特色文化成为影响师生的无形力量大，教学多样化，课外活动丰富以及独特的校园文化。

第四章 结 语

跟岗不同学校，走读南北教育。各校校长的办学思路在趋于同化，都在思考和规划学校的特色发展。一路走来，行思结合，已经有了比较清晰的认识，对比自身学校，如何去规划学校发展，有了更加明晰的方向。通过规划如何引领学校特色发展，有以下思考。

1. 规划要有办学理念

有位教育专家说过，校长对学校的领导不是行政领导，而是要用思想领导学校。这里说的思想就是要有办学主张、办学理念、办学策略、办学规划。首先思考的不只是学校硬件条件的改善，更是通过观察来思考学校办学特色和办学创新的立足点和出发点。校长要善于思考，善于发现，善于总结和提升，对学校的工作用理念去引导，用思想去指引。这样，学校的发展才能是一个可持续的发展，是一个科学和有效的发展。

2. 规划要有顶层设计

校长在办学初期都是忙于事务性的工作，按照上级的指示做些具体的事情，整天忙里忙外，忙完一学期，学校的发展是点上的成绩或成效，没有从整体推进发展。几年或十几年过去了，学校依然如故。但是，我们所看到的这些名校不同，最大的不同点就是名校有一个规划的顶层设计，而普通学校只有计划和具体事务。十几年沉积下来，学校的成名与否就可见一斑了。

3. 校长要会规划学校

"规划"是我们再熟悉不过的一个词，如果一个校长没有"规划"好学校，那影响的是整个学校的发展，甚至是成百上千学生的前途。纵观江浙地区的校长，他们之所以能侃侃而谈，有思想和想法，重要的是他们善于学习、善于吸收、善于转化。校长要会"规划"。

校长是学校的灵魂。校长对学校的作用，很大程度上取决于校长的领导力水平，而校长的领导力水平更直接关系到学校的运营与发展。校长领导力的一个重要体现就是"规划"能力。一名明白的校长，要努力做好四件事：一是找准明确的学校发展定位；二是狠抓师资队伍建设；三是想方设法地宣传自己的学校；四是学会"弹钢琴"，学会分权。

学校规划关系到学校发展的方向，特色发展规划更是一所学校从普通到卓越的路径。从走过和工作过的学校，反思自我，笔者对此有更深的体会。一个校长如果只忙于自己的日常工作，就是一个忙、盲、茫的校长。规划学校应该成为校长的第一任务。

参考文献

[1] 张岚,杨国顺,朱坚,等. 学校发展规划自主评估70问 [M]. 上海:华东师范大学出版社,2012.

[2] 李建强,刘少雪,陈鹏,等. 以规划引领学校发展——上海交通大学2005—2010年发展规划剖析 [J]. 教育发展研究,2005 (3):94-96.

[3] 谢利民. 学校发展规划的制定、实施与评价 [J]. 教育研究,2008 (2):86-89.

[4] 李仁华,梅良勇. 中小学特色学校研究现状综述 [J]. 基础教育研究,2012 (1):13-16.

[5] 傅国亮. 每一所学校都是潜在的特色学校——关于特色学校的七点认识 [J]. 人民教育,2009 (3):20-22.

[6] 陈如平,刘宪华. 学校课程新样态 [M]. 北京:开明出版社,2016.

[7] 乐理明. 我们这样做生本教育:管理篇 [M]. 广州:华南理工大学出版社,2017.

当代中小学文化建设的实践探索与启示

案例小组名单

小组负责人：龚香平　广州市越秀区珠光路小学

成　　　员：蔡英华　广州市黄埔区石化小学

　　　　　　温思党　广州市荔湾区西华路小学

　　　　　　刘海燕　广州市花都区狮岭镇益群小学

　　　　　　梁炽明　广州市番禺区钟村谢村小学

　　　　　　肖永锋　广州市从化区鳌头镇民乐小学

指导教师：于　慧　姚　丹

第一章 中小学文化建设的探析

 中小学文化建设的缘由和意义

根据《教育部关于大力加强中小学校园文化建设的通知》（教育部教基〔2006〕5号）精神，中小学要进一步加强校园文化建设，充分发挥校园文化建设在树立和弘扬社会主义荣辱观中的重要作用，并努力形成常抓不懈的工作机制。

校园文化是学校教育的重要组成部分，是全面育人不可或缺的重要环节，是展现校长教育理念、学校特色的重要平台，是规范办学的重要体现，也是德育体系中亟待加强的重要方面。中小学校园文化通过校风、教风、学风，多种形式的校园文化活动，人文和自然的校园环境等给学生潜移默化而深刻的影响。良好的校园文化以鲜明正确的导向引导、鼓舞学生，以内在的力量凝聚、激励学生，以独特的氛围影响、规范学生。大力加强中小学校园文化建设，对于增强德育工作的针对性和实效性，实施引导青少年树立社会主义荣辱观、加强和改进未成年人思想道德建设这一重大而紧迫的战略任务，培育有理想、有道德、有文化、有纪律和德、智、体、美全面发展的中国特色社会主义事业的合格建设者和可靠接班人具有十分重要的意义。

加强中小学校园文化建设要贯彻党的教育方针，按照全面推进素质教育的要求，以社会主义荣辱观为导向，以中小学生为主体，以建设优良的校风、教风、学风为核心，以优化、美化校园文化环境为重点，以丰富多彩、积极向上的校园文化活动为载体，推动形成厚重的校园文化积淀和清新的校园文明风尚，使学生在日常学习生活中接受先进文化的熏陶和文明风尚的感染，在良好的校园人文、自然环境中陶冶情操，促进他们的全面发展和健康成长。

 中小学文化建设的内涵及基本内容

（一）校风、教风、学风方面的建设

要在规范办学行为、继承优良传统的基础上，遴选和集成社会的先进文化，弘扬主旋律，大力营造优于社会环境的独特氛围，使教育和引导体现在细微之处，体现在师生之间、同学之间相互关怀和关心之中，体现在班级、团队组织的温暖和鼓励之中，体现在高年级同学对低年级同学的爱护和帮助之中。扎实开展师德教育，建设热爱学生、为人师表、教书育人、钻研教法、不断探求的优良教风，倡导教师关注每一个学生每一天的学习生活，及时鼓励学生的进步，及时发现解决每一个学生遇到的困难和问题，让学生在校园都能健康快乐地成长。

学校文化建设中很重要的内容是制度建设。学校经过师生的长期教育实践，总结出了一套行之有效的规章制度，它可以规范师生的行为，学校办事有章可循，有条不紊。制度建设作为一种文化，是师生在教与学的活动中经过长期的实践、总结、提炼而制定出来的，只有反映师生的意愿，为师生共同认可，才能被全校师生所遵守。广义的学校文化是指学校教育教学活动所建立起来的价值观念、行为方式、语言习惯、制度体系、课程设置、教学传统、知识符号、建筑风格、校风校纪等的集合体。

（二）形式多样的校园文化活动方面的建设

要精心设计和组织开展内容丰富、形式多样、吸引力强、调动学生主动参与的校园文化活动。保证学生每天一小时体育活动，重视课间特别是大课间体育活动，使学生既放松身心、增强体质，又增进对同学、对集体的情感。保证共青团、少先队每周的活动时间和条件，注重教育教学活动与团队活动有机结合，支持团队组织发挥自身优势开展好已有的品牌活动，并鼓励结合实际创新活动形式。开展具有民族特色的校园文化活动。开展校园文化活动，要尊重中小学生的身心特点，充分考虑他们的年龄差异、地域差异和个体差异，切合各地实际，既体现知识性、科学性，又突出趣味性、娱乐性，最大限度地调动发挥学生的积极性、主动性和创造性，反对形式主义。

（三）校园绿化、美化和人文环境方面的建设

要把校园建成育人的特殊场所，充分利用校园的每一个角落，营造德育的良好环境和氛围，使校园内的一草一木、一砖一石都体现教育的引导和熏陶。要从本地自然环境和条件出发，学校的校训、校歌、校徽、校标等设计要体现学校特点和教育理念，要充分利用板报、橱窗、走廊、墙壁、雕塑、地面、建筑物等一切可以利用的媒介体现教育理念，引导学生从确立远大志向做起，从增强爱家乡的情感做起，从规范行为习惯做起，培养良好的思想品德。

加强校园文化建设要注意了解和掌握社会文化动态，高度重视各种流行文化对中小学生的影响，及时发现、研究中小学生的文化热点，积极引导，有效地抵制不良文化。

中小学文化建设的功能和价值

中小学校园文化建设是基础教育战线贯彻落实中央 8 号文件的一项长期工作，必须给予高度重视，认真抓好落实。各地教育行政部门要制定本地区校园文化建设的具体规划，并认真组织实施；要广泛开展校园文化建设成果和经验的交流活动，重视发挥新闻媒体的作用，加强舆论宣传，积极报道校园文化建设的典型经验和做法；要特别重视校长和骨干教师在推进校园文化建设中的主导作用，把对校园文化建设的要求作为校长和骨干教师培训的重要内容，使教师都树立加强校园文化建设的工作责任感。各级教育督导部门要把校园文化建设作为学校建设的重要内容，纳入对学校的综合督导评估体系，通过评价机制促进学校校园文化建设。中小学校要制定符合本校实际和特点的校园文化建设实施方案，分步实施，强力推进；要充分调动广大教师参与校园文化建设的积极性、主动性、创造性，加强培训，不断提高广大教师参与校园文化建设的意识和能力，发挥他们在校园文化建设中的示范和表率作用。

校园文化建设是一项非常庞杂的系统工程，还需要不断地进行深化和完善，而且不是一成不变的，是动态的，无论是形式还是内涵，都应该与时俱进，不断充实、融通时代精神的精华。校园文化建设旨在营造校园里的科学精神与人文精神相融合的文化氛围，培养身心和谐、活泼开朗、有道德、有理想的现代学生。校园文化作为人类社会文化与文明的载体，对社会的文明与人类进步起着非常突出的作用。

第二章　中小学文化建设的实践探索经典案例解析

 苏州市××实验学校文化建设的顶层设计

　　江苏省苏州市××实验学校是一所厚重大气、灵动雅致、具有750多年办学历史的老校。学校立足地方人文，提出了"建设厚重大气、灵动雅致的苏式学校""培养修德怀爱、博学笃行的苏式教师""培育崇德尚美、乐学善思的苏式学子"三大目标。学校通过深挖文化历史底蕴，构建学校文化育人的顶层设计，将文化建设摆到战略位置，用文化建设引领学校向纵深发展。该校文化建设的顶层设计与特色主要表现在三个方面。

1. 深挖文化历史底蕴，追求以文育人，以文化人的厚度

　　××实验学校地处区域文化的核心位置，浸润于吴越文化之中，是数百年文脉传承之地。以文育人、以文化人、以德为先的精神在学校代代相传。学校历史文化悠久，姑苏韵味浓郁。古朴雄伟的大成殿，18株百年古银杏，3块百年静默的古碑，见证着代代文人进取的精神，对推动学校文化建设起着不可替代的作用。学校人文传统源远流长，名人辈出。七百五十载风雨历程，七百五十载钟灵毓秀，成就了学校博大精深的文化底蕴。学校秉承校训"德润文光"，依托绵延厚重的文化积淀，延传苏州崇文睿智、开放包容的教育品性和文化精神，滋养一代代学子的心灵和情怀。

　　学校以"德润文光"为核心理念，以追求"大民"为目标，挖掘无限的教育智慧，在中国的儒家原典中探经取宝，取其精华，去其糟粕，培植中国教育根基，弘扬传统文化精华，重塑中华文化优势。以道（志向）、德（行为）、仁（思想）、艺（修养）为彰显"德润文光"的四大支柱，以立德树人、课程教学改革、教师队伍建设、评价系统、文化符号系统等六大工程推动教育教学改革。如今，学校秉承校训"德润文光"，在吴韵旋律中，追求真、善、美和谐统一的教育理想。传统的力量是无穷的，学校文化如果形成了传统，就会成为一股无形的力量，引导着师生的思维方式、生活态度、心理情趣和行为作风。师生会自动地，不用思索地按照学校的思维去思考，去行动。学校文化像一块学校的吸铁石，把师生员工凝聚在一起。学校文化又如一个大熔炉，学校全体师生、家长均会熔化在这个文化传统之中。学校制定了《苏州市××实验学校文化建设纲要》，追求大成，在继承和发扬传统文化的基础上，学校办学业绩显著，获得广泛赞誉，使学校在区域内外具有较高知名度和美誉度。

2. 构建学校顶层"文化系统工程"，促进学校全方位育人的力度和深度

××实验学校将文化建设作为重点工程，从精神塑德、学科润德、"校本"修德、仪式育德、导师养德、携手弘德等六方面进行全方位育人。学校的文化建设力求通过整体环境和规划布局、自然景观和人文景观、经典建筑和教学空间、文化符号设计达到校园环境优化——"天人合一""融古贯今"。在"以人为本"的理念下，深入开展"以校为本"的研究，创设高雅温馨、积极向上、奋发和谐的校园文化氛围，营造诗意的花园、温馨的乐园，建设具有自身特色的学校文化。

3. 学校顶层文化设计下的成效与反思

××实验学校注重"文化系统工程建设"，将意识形态教育、文化育人提升到重要的位置。学校文化发展有继承、创新，办学思想、办学目标、发展愿景、实施战略得到了社会各界人士的广泛认同，也成为全体师生追求的方向。学校业已形成了稳定的、科学的、为全校师生广泛认同的核心价值观，在科学、系统、有序的传承和融合中，产生具有文化格调的示范力、影响力和渗透力，逐步实现学校全面、和谐、可持续发展。

学校文化是学校的灵魂。学校的办学思想、教育理念一旦成为全校师生的共同信念，就会体现在每个师生的价值取向、期望、态度、行为之中，体现在学校的各项活动之中。"文化系统工程建设"在促进学校文化全面提升起着举足轻重的作用。

北京大学杨河教授在谈论关于"价值观教育的内涵与任务"时说："要让孩子做一个有理想，有追求的人，德育工作者首先应该做一个有追求的人。"德育工作者首先要有德育追求与梦想，然后让每一个孩子都有自己的梦想，并努力创设各种条件和机会让每一个学生成就梦想。学校构建的"文化系统工程"，就是帮助孩子实现梦想的保障。

苏联教育家苏霍姆林斯基曾经说过："全部的学校生活都应当渗透人道主义精神。"《国家中长期教育改革和发展规划纲要（2010—2020年）》还指出："要以学生为主体，以教师为主导，充分发挥学生的主动性，把促进学生健康成长作为学校一切工作的出发点和落脚点。关心每个学生，促进每个学生主动地、生动活泼地发展，尊重教育规律和学生身心发展规律，为每个学生提供适合的教育。"当今少年儿童思维的开放性、敏感性、创造性对学校德育主题活动的设计提出了更高的期望和要求。他们渴望知识与力量，渴望与众不同，渴望自立自强，希望获得成功，能够圆梦校园。学校顶层"文化系统工程"的创设，可以促成学生梦想成真，从而为每个学生提供充分发展的机会与展示个性特长的大舞台，帮助孩子在学校丰富多彩的文化主题活动中梦想成真，实现良好品质的培养。

习近平在纪念孔子诞辰2565周年国际学术研讨会上说："优秀传统文化是一个国家、一个民族传承和发展的根本，如果丢掉了，就割断了精神命脉。"同时他也强调，要努力实现传统文化的创造性转化、创新性发展，使之与现实文化相融相通。他在全国宣传思想工作会议上提出，优秀传统文化中包含着中华民族"最深沉的精神追求""最深厚的文化软实力"，可以凝聚和打造强大的中国精神和中国力量。反观当前学校文化建设工作情况，我们缺乏对学校文化建设意义的全面而深刻的理解，学校文化建设的整体性有待加强，系统性有待完善。文化建设的内涵要继续挖掘、提炼。因此，校长要有强烈的文化建设意识、渊博的文化知识、系统的文化教育思想，尤其是校长的文化理念、目标追求，对教师、学生的起着导向作用。只有建设系统、完整的文化教育体系，才能改变"万人一貌""千校一面"的办学状况，才能办出学校特色，形成自己独特的校园文化，从而达到"文化化人"的教育效果。

二 大连市××小学文化环境文化建设与创新

大连市西岗区××小学始建于1923年，占地面积为10320平方米。学校位于西岗区××路上，原名××路小学，是一所有着丰厚教育底蕴的学校。学校周围有一些部队的干休所、疗养院等。学校里的军人后代也占有一定的比例。他们从小接受军营文化的熏陶，体会着作为军人的责任感、使命感。2009年，在西岗区教育局的整体规划下，重点将××小学打造为西岗区具有现代军营文化的品牌特色学校。

1. 以核心理念引领，铸精神品质巨人

××小学把握时代脉搏，以内涵发展为主旋律，着重打造以"军营文化"为载体的国防教育特色学校。学校以"培养学生的远大理想、忠诚思想、责任意识、拼搏精神、顽强意志、良好品行"为办学目标，以"磨砺心智，履行责任"为校训，以"不抛弃，不放弃"为校风，秉承"军魂引领成长，让每个生命在这里绽放"的办学理念，引进了军队优良传统，借鉴军营优秀文化，把军队优良传统教育与现代教育理念、国防教育有机地结合起来，加强学生素质教育。围绕办学理念，学校着重培养"有责任、有能力"的一代新人，把军旅传统优良作风渗入学校的方方面面。联合国教科文组织为21世纪提出"learning to be"（学会生存）口号，学会生存成为当代社会及未来世界对人的要求。××学校打造"军营文化"，旨在帮助学生培养具有健康的体魄，养成自主的个性，培养抗挫折和勇于解决问题的能力，形成不怕困难、坚毅顽强的意志品质，增强对社会的适应，提升其生存能力。鼓励孩子体验团队生活，参加社会公益活动，学

会与人相处、关心他人、关注周围生活，培养博爱之心和一定的责任感。思想引领行动，精神行为渗透校园，契合"八一"，把军旅情怀融入学校生活，充分体现出军旅作风，强体健、练心志、锻能力，不懈追求国防特色教育的新篇章。

2. 优化校园育人环境，提升校园文化品位

俗话说："学校无闲处，处处能育人。"学校在环境文化建设中力争做到让每一面墙壁都会说话，让每一条楼道都富有生命力，让每一个设施都具有教育功能。环境文化属于静态文化，它的影响力在于能让人从直观感受中获得一种价值的定向指引，这种显性的外张力是一种蓬勃的力量。××小学在追求军营文化中通过环境文化建设来凸现学校的内涵发展，有力彰显学校的特色。

例如，××小学在"军魂引领成长，让每个生命在这里绽放"的理念下，深入开展国防教育、责任教育、情怀教育，构建一个爱学习、讲诚信、会合作、知拼搏的校园文化氛围，营造诗意的花园、温馨的乐园、严明的军营，建设具有自身特色的学校文化。校园环境文化建设按三军军营来设计，每层楼都充满军营文化气息。一楼的主题是海军，以深蓝色打底，呈现的是海军文化的气息。楼梯正面墙是一幅大型的海军战舰图，楼梯墙上的相框形状是舵轮，相框里的照片都是学生环保艺术节中原创的环保诗歌。二楼的主题是陆军，主打颜色是军绿色，呈现的是陆军文化的氛围。楼梯正面文化墙上是十大元帅的介绍，陆军军事武器的介绍以及英雄事迹等，课室走廊过道是学校"小五星"活动的一角，张贴着学校开展的丰富多彩的活动，有"小五星"军训、"小五星"运动会、"小五星"军歌比赛、"小五星"环保艺术节等。三楼的主题是空军，主打颜色是天蓝色，呈现是空军文化的内涵。

3. 此处无声胜有声，一景一物皆有情

美国教育家布莱森说："任何一所学校环境都在默默地对师生发表演说，而且师生的确会注意它，并不知不觉地接受熏陶和影响。"学校作为教书育人的地方，校园环境是校园文化最为直接的体现，校园中的每一座建筑、每一处景点都成为一种思想的传递，一种文化的表达，优美的校园环境总能以"无声胜有声"的育人效果，熏陶感染着师生，丰富净化着师生的灵魂。

环境文化是通过一系列有序的整合，在核心文化的引领下，建立起一个有机的系统，不断引领学生成长。校园环境文化在育人的功能是多方面的，是多功能的载体。

第一，凝聚功能。校园环境中的标志性建筑、雕塑、景点、画廊、陈设，到处沉淀着学校的军营文化传统，蕴涵着学校历史发展脉络，成为学校文化象征的意义符号，成为吸引、激励学生团结奋斗的文化形式和文化象征。

第二，导向作用。学校是以文化育人、以文化立人的，学校的校史室、成果陈列室、优秀教师、杰出校友的宣传展示廊，作为学校特有的文化育人的要素，

学生从中找到学校历史的轨迹、发展的成就和自己崇敬的军中楷模，建立起学校荣誉感，促使学生成为充满进取激情的强者。

第三，熏陶功能。校园环境文化的熏陶功能是综合的。校园风物、文化设施、绿化景观等既是校园环境的硬件和基础工作，又是陶冶师生情操的因素。物质环境通过直接作用于人的感官而影响人的精神状态，在充满和谐、理性、温馨的校园物质环境中，校园的建筑、设施、绿化、装修，学校的一草一木、一砖一瓦、一情一景，都能够陶冶学生品性和心理，学生在美观、优雅和文化内涵丰富的环境中生活，可以养成健全的人格和高尚的品德。

回归教育的本质。作为优势学校，××学校秉持"军魂引领成长，让每个生命在这里绽放"的办学理念，着眼于学校的高位发展、内涵发展，着力推进军旅特色环境的打造，以国防特色育人。

独树一帜的军旅文化宛如春天里的奇葩在××校园里绽放，开发军事题材的校本课程，橄榄绿的军装与文明的举止成为××一校园内的亮丽风景。以军旅文化为特色，将八一精神发扬光大。具体措施如下：

（1）精心设计军旅环境。学校环境是奠定军旅校园文化的基础。

（2）营造军旅文化氛围。组建少年军校、军乐团、国旗班；成立合唱团，每年举办红歌会；师生统一穿着准军服；开展以英雄命名班级活动。

（3）开展军旅特色活动。这一活动应常态化，即要求学生每年读一本红色经典，讲一个军旅故事，唱一首红色歌曲，体验一次军旅生活，参加一次公益活动，三年培养一项特长，等等。

（4）八一精神诠释内涵。融文化主线于八一精神中，即教工课堂上充满激情，工作中充满智慧，同事间充满信赖，事业上充满梦想，生活上充满阳光；学生学习上充满乐趣，困难前充满坚毅，问题中充满思辨，同学间充满友谊，行为中充满文明，人生中充满梦想，青春里充满活力。八一人就应该有永不言败的坚强意志和朴实无华的人格操守及敢为人先的强者气度。

各班级开展了唱军歌大赛和展演活动，并且推出了"小五星"模拟军营行走模式的一系列训练程序。不但有班级示范、模拟训练以及集体展示等几个环节，举办了"小五星"军事书籍博览馆，而且开发了"八一小五星"军乐团等近50门特色课程。××小学军营文化特色的打造，让孩子们从学校的硬环境和软环境中感受到军营文化给他们带来的终身受益的影响。秉承八一精神，培养文韬武略人才，弘扬中华传统，用特色育人，是××学校的最大亮点。

"承载传统，融合现代，磨砺心智，铸就军魂，力求培养学生具备过硬的品质、过硬的体魄、过硬的习惯、过硬的学业、过硬的修养"是××小学军营文化的核心理念，也是学校的精神文化建设的核心。学校从一年级新生入学就开始进行部队式的队形队列的学习、训练，慢慢形成习惯，每天大课间活动的军训练习，集队集会的进退场、上下课的打铃声都是军队的集结号，无处不体现军人的严明作风和严谨的纪律。要求每位老师每学期都要当一天兵，在军训中体会军人的责任感与使命感。尽管一天的军营体验不足以改变什么，但老师能感受到作为祖国的建设者和守卫者的责任与使命。学校通过队形队列和行进分列式的学习、操练等方式来训练学生的体能，磨炼意志，组织学生到军营参观，让学生走进军营，学习体验军人的各种摸爬滚打的方法，并将这种技能方法融合到学校的大课间活动当中，成为学校的品牌特色。举办形式多样的军事科普活动来丰富、拓展学生的知识面，如军事知识竞赛、军事趣味体育会、军事模拟演习行动等。此外还邀请军队的上级领导来学校指导军营文化建设，并将来访的图片、签名等资料作为校园文化的一个亮点来布置，师生的自豪感、荣誉感倍增，也提升了学校的知名度。

学校在教育管理方面，坚持以人为本，以项目管理为依托，实现精细化管理，注重在管理中实现快乐发展，让师生享受生命、享受生活、享受学习，使学校成为全体师生的精神家园。在队伍建设方面，努力抓好干部和教师队伍的建设，通过中层以上领导回归本学科上课，成立教师专家组，培养骨干教师和学科带头人，实施梯队建设等措施，培养出一支具有较高人文素养和专业水准的教师队伍。在学生培养方面，通过成立学生社团，培养一批乐于读书，具有较高信息素养的学生群体，构建一个爱学习、讲诚信、会合作、知拼搏的校园文化氛围。

近年来，在全面推进素质教育的进程中，××小学以一流的教育质量树立了自身的品牌形象，先后被评为全国素质教育实践基地、大连市英语口语试点学校、大连市三八先进集体、大连市环境艺术化示范学校、大连市德育示范学校、大连市未成年人思想道德建设示范点校、大连市特色目录学校。学校的办学声誉不断提高，得到社会和家长的广泛认可。

4. 案例反思

环境是学校的基本活动场所，是师生生存与发展的具体时空。校园环境建设是一项包括社会学、美学、心理学、建筑学、教育学在内的综合性工程，其价值层面在于在满足环境基本使用功能的前提下实现文化育人、素质立人的教育价值。它所营建的氛围体现着学校的办学目标、方向和理念，是学生得以生存和健康发展的物质空间。每间学校都有其独特的社区环境、历史传承及文化底蕴。因此，我们要站在时代发展的制高点，根据自己的实际情况，做好学校环境文化建设的整体规划，充分考虑校园的景观性、标志性、人文性，体现学校独特个性和文化精神，从校园美化且具有学校特色的角度出发，追求整体布局合理，周密考虑各类建筑设施的组合与配置、人文景观与自然景观的有机配合、空间的疏密有致等。注重儿童立场，做到色彩与构图和谐统一，力图创造一种清新明快、赏心悦目的视觉效果，使师生一走进校园，心旷神怡之感便油然而生，处处呈现浓厚的育人氛围，从而发挥出环境育人的功能，体现出学校精神、学校特色。

深圳市南山区××学校的课程文化建设与探索

一所学校深化课程改革的过程，是这所学校提升课程领导力的过程，更是这所学校的文化生成过程。本文以深圳市南山区××学校（后文简称南山区××学校）为例，研究其如何基于课程改革而焕发文化活力，培育健康完整人才。

（一）学校课程文化建设的背景与理论

南山区××学校创办于2002年，隶属于深圳市蛇口××教育集团，校园占地面积为1万平方米，建筑面积为7860平方米，是一所环境优美的学校。

1. 应多样需求，建设课程文化

南山区××学校建设学校课程文化，主要应学校课程改革的需要、学校优质发展的需要、学校文化建设的需要。

其一，建设课程文化是学校课程改革的需要。在多年课程改革的实践中，南山区××学校进行了有力的探索，既能追求国家课程的高质量实施，又能进行地方课程的有效实施，还能积极地展开校本课程的特色化开发。同时，在这一过程中，南山区××学校也在逐渐生成课程文化，焕发教师的课程领导力。新时期发展的新机遇与新挑战，对南山区××学校在课程文化建设方面也有了新要求。学校必须致力于高质量的课程文化的建设，以实现学校课程改革的高质量推进。

其二，建设课程文化是学校优质发展的需要。南山区××学校能够实现培养"健康完整人才"的教育追求，意味着学校迈步于优质发展之路上。课程是学校培养人才的关键载体，因此，南山区××学校需要致力于学校整体课程的建设，在立足于课堂教学改进而展现国家课程与地方课程校本化实施的价值方面，在立足于特色课堂与活动开展而展现校本课程特色化开发的价值方面，不断有创新性作为，进而以优质的课程培养"健康完整人才"，并在这一过程中逐渐生成校本化的课程文化。

其三，建设课程文化是学校文化建设的需要。学校文化是一所学校校园环境所体现的文化意蕴和学校共同体成员在长期教育教学实践中所积淀并创造出来的，为大家所认同与共同遵守的价值观、行为准则、行为模式的总和，它的核心是学校成员所具有的思想观念和行为方式，它对学校成员的发展具有导向功能、凝聚功能、规范功能。课程文化作为学校文化的重要组成部分，学校每个成员都浸润于学校的课程之中，这意味着南山区××学校更需要建设高品质的课程文化，以展现学校文化的魅力。

为此，开办至今，南山区××学校以学校优质、教师精彩、学生幸福为发展愿景，围绕"为培养健康完整的人奠基"的办学目标，积极整合学校的文化资源、地域资源和特色育人资源，深化课程改革，构建了多元化的学校课程体系，形成了学校的教育个性，取得了优异的办学效益，培植了"提升综合素养，享受全人生活"的学校课程文化，发挥了以学校课程文化引领学校特色发展的价值。

2. 依据理论指导，建设课程文化

课程文化是南山区××学校文化建设与发展中核心构成部分。从课程养人的视角看，课程文化决定着师生的行为模式与认知习惯。南山区××学校"提升综合素养，享受全人生活"的课程文化建设依据"素养发展"和"全人发展"的理论，旨在提升学生综合素养的课程，引领学生成长为健康完整的人才。

其一，基于"素养发展"的理论。随着我国新课程改革的推进，各学科都注重学科素养的提升，学校课程文化建设也越来越注重学生综合素养的提升。2016年9月，中国学生发展核心素养研究成果正式发布。中国学生发展核心素养以培养"全面发展的人"为核心，分为文化基础、自主发展、社会参与等三个方面，综合表现为人文底蕴、科学精神、学会学习、健康生活、责任担当、实践创新等六大素养，具体细化为国家认同等十八个基本要点。各素养之间相互联系、互相补充、相互促进，在不同情境中整体发挥作用。为方便实践应用，将六大素养进一步细化为十八个基本要点，并对其主要表现进行了描述。南山区××学校以素养教育为建设学校课程文化的理论基石，就是要从中国学生发展核心素养出发，针对本校学生年龄特点分解各学段学生的具体表现要求，进而进行学校的整体课程开发与实施，并在提升学生综合素养的过程中促进课程文化的生成。

其二，基于"全人发展"的理论。当人的全面潜能得以充分激发时，人将在道德、情感、知识、体魄、审美、独立思考、创造力以及公共精神等方面都有利于得到均衡发展，这正是教育的终极目的。这种教育就是"完整人"的教育，是以促进人的整体发展为目的的教育。全人教育是一种教育哲学，涉及教育的目的和价值问题，也是一种教育实践，涉及课程的开发与实施的具体问题。南山区××学校以全人教育为建设学校课程文化的理论基石，就是要视学生为生命整体性发展的主体，使学生在心灵、情感、身体及社会性、创造力、艺术的需求等各方面获得发展，逐渐成长为"健康完整人才"。

也就是说，南山区××学校以"素养发展"和"全人发展"理论为指导，建设学校"提升综合素养，享受全人生活"的课程文化，要给予学生的是一种综合素养得以不断提升的学习生活，是一种给予学生向健康完整人才之路上奋进的学习生活。

（二）学校课程文化建设的做法与策略

多年来，南山区××学校运用价值理念不断引领师生发展，在课程文化建设的实践中，整体构建学校课程体系，重点研发特色课程，努力营造有利于健康完整人才成长的特色化校园，以正确的价值观引领师生不断追求卓越。

1. 围绕"健康完整人才"，建设课程文化

为了培养出"健康完整人才"，该校在整体规划学校课程的基础上，以国家课程校本化和校本课程特色化来全面建设学校的课程文化。

其一，寻找价值立足点，科学规划学校整体课程。该校以"为培养健康完整的人奠基"核心目标为引领，着力沉淀"民主、务实、创新、愉悦"的校园文化，着力打造"有方法、会等待、乐求知"的教师队伍，着力培育"健康完整"的学生，努力实现学校优质、教师精彩、学生幸福的发展愿景。在课程建设和实施中，该校通过整合学校的文化资源、地域资源和特色育人资源，构建多元化的学校课程体系，形成学校的教育个性，真正实现以课程文化引领学校特色发展。

其二，依据课程适应性，全面优化国家课程的设置。南山区××学校按照国家课程的内容、课时和要求执行落实，通过顺序的调整、重组，内容的删减、增补等方式，补充国家课程的不足。例如，通过整合语文与生活（整合语文、思想品德、书法）、数学与实践（整合数学、综合实践）、英语与阅读（整合英语、心理）、科学与技术（整合科学、信息）、艺术与审美（整合音乐、美术）、运动与健康（整合体育、卫生健康），达到优化的目的。

其三，基于需求多样化，有效开发校本的特色课程。南山区××学校教师根据自身特长开设相应学科拓展课程，如书法课、舞蹈课、纸花制作课、彩虹编织课，古诗文诵读，名著阅读，特色汉语，数学思维体操，琵琶乐队，数字油画，机器人，初级电脑，创新科技，球类，等等。实行每周五下午第二节课走课制度；利用家长资源和聘请专业人士来校开设课程，让多彩的艺术、体育校本课程等助力多元智能。该校把课外特色活动进行有机整合，开设了丰富多彩的校本课程和特色社团，开展丰富多元、适合学生个性发展的活动。在开发过程中，该校通过对教师反复进行"理论学习""专题探究""活动实践"等方面的校本培训，教师通过广泛阅读，调查走访、实地采风，搜集相关图片、数据、影像资料、撰稿编写等，对大量的信息进行反复的构建和重组，这一系列富有创造性的工作极大地激发教师的潜能，真正意义上实现了教师由"教者"到"编者"的转变。通过多样化校本课程的开发与实施，教师队伍的整体素质得到提高，一部分中青年教师迅速成长为省市级名优骨干，加快了教师专业化成长的步伐。

2. 聚焦"国际理解教育",建设课程文化

为了培养的"健康完整人才"是"面向世界"的,该校多年来一直致力于"国际理解教育"课程的开发,并逐渐形成了相应的品牌特色,生成了相应的课程文化。

其一,注重国际理解教育的资源整合。南山区××学校所追求的"国际理解教育"课程,其基本理念是"以人为本,各美其美",倡导"根在中国:我是深圳人,我是中国人;路在脚下:我自信自强,追求卓越;志在明天:我面向未来,走向世界"。课程体系所涵盖的国际理解课程成为学校发展中的一个核心课程。该校整合多样教育资源,基于地域资源特色的校本课程开发,为多元课程体系的构建注入了活力。其依托蛇口国际生态圈的资源优势,在国际理解教育成功经验的基础上,优化国际课程,拓展国际合作项目,培养师生跨文化交往能力。其在课程开发时,更多关注了学校外部可用资源,利用地域资源来开展校本课程的开发。

其二,加强国际理解教育的学科渗透。南山区××学校将国际交往所需要的知识、技能渗透于有关学科的教学之中,突破学科界限,加强学科整合,实现多点渗透,各学科形成合力,使未来意识、国际意识植根于学生心灵深处,引导他们开阔视野,掌握技能。在英语必修课的基础上,聘请外籍教师来校任教,让学生接受外教口语课的学习。利用外籍家长资源,开设第二外语供学生选修。

其三,加大国际理解教育的交流合作。南山区××学校通过实施"国际理解教育"课程,着重培养和提高学生的国际素养,促使学生丰富对本民族文化的认知,尊重并理解别国文化,掌握跨国交际技能,自觉养成世界美德,主动担负起"全球公民"的责任和义务,谋求人与自然、社会和谐相处之道。该校充分挖掘教育国际化课程的有利因素,利用身边国际教育资源,不断扩大与外国学校的文化交流,先后与深圳韩国国际学校、SIS 蛇口国际学校、QSI 国际学校等开展交流活动;开展走出去,部分学生留学加拿大温哥华,与香港狮子会何德心小学开展交流活动,继续加强与香港何德心小学交流活动,参加香港每年度的教师发展日活动。每年组织学生参加境外现场英语夏令营,感受国外教育文化;开展与海外华文学校的文化推广项目,通过培训、互访、捐赠图书等方式传播中华文化。多次参加"香港回归"杯英文话剧比赛和美国式夏令营;开展引进来,接待海外友好姊妹学校代表团,来自德国、泰国、俄罗斯等国的学生来校开展异国文化讲座等,提高了学校知名度,加快了建设国际化学校的步伐。该校开展国际理解课程,编写并出版了六门国际理解课程教材:《高诵身边语》《经典伴我成长》《七彩节日情》《万水千山走遍》《轻轻的一声叮咛》《与名人面对面》,有效提高了学生的国际素养,促进了教师专业发展,也助力了学校发展。这类课程最大亮点就是注重地域资源的整合,真正实现了"人无我有""人有我精"的境界，反映学校充分挖掘区域资源，让地域资源与学校教育融合起来，既是社区资源，又是教育资源；既是课程资源，又是课程形态；既囊括了区域文化特征，又渗入了学校文化底蕴。

（三）学校课程文化建设的成效与反思

一所学校深化课程改革的过程，是这所学校提升课程领导力的过程，更是这所学校的文化生成过程。课程是实现育人目标的最主要载体。南山区××学校立足于校本实际情况，从育人目标出发，积极开发课程、建设课程文化，其成功经验值得分享，其不足需要改进。

1. 凝练学校课程哲学，规划学校整体课程

学校课程哲学是学校成员在学校教育哲学引领下所信奉的课程思想。有什么样的课程哲学，就有什么样的课程文化建设方向。在办学理念引领下，南山区××学校一以贯之地以此统领学校的课程改革，讲究国家课程的校本化开发和校本课程的特色化开发，并能够聚焦于"国际理解教育"品牌项目，进行课程文化建设，形成了良好的办学效益，生成了独特的学校文化。

可见，以办学理念为引领，以学校课程哲学为指导，从育人目标出发，对学校整体课程进行构建，并注重对国家课程进行校本化开发，注重对校本课程进行特色化开发，是学校提升课程领导力、建设课程文化首先要做到的。

2. 完善学校课程组织，监控课程实施过程

学校课程组织健全，才有利于学校课程实施过程的监控，才有利于学校课程文化的有效建设。南山区××学校的行政组织机构健全，各位校长分管相应的科室部门，每一个科室都分工明确，这使学校整体运作良好。多年来，学校课程文化建设水平不断地迈上新台阶，与此是分不开的。

该校的课程改革已经多年走在深圳市同类学校的前列，这与学校对课程组织的建立与健全也是分不开的。但是，学校在健全课程开发组织方面的具体做法，还需要进一步考察，尤其是在监控课程实施过程方面的具体操作。

3. 推进学校教学改革，生成学校课程文化

教学是课程实施的主要渠道。教学改革的不断推进也意味着学校课程文化的不断生成。在教学改革方面，南山区××学校近年的成效体现在以下四个方面：一是落实了教学常规，加强了课堂教学效能建设；二是深化了常态"磨课"，促进了课堂教学质量的提高；三是加强了质量监控，促推了学生个性化发展；四是实施了多元评价，构建了多元化的学生发展格局。

南山区××学校在推动教学改革方面，能够做到有计划、有做法、有研究，从而创造了自己的高效教学经验，形成了校本化的课堂标准，凸显出课堂教学的改革经验，生成了轻负高质的课程文化。

4. 建设学校课程团队，提升教师课程领导力

强化课程团队的建设，能够有效保障课程领导力的不断提升，而课程领导力的提升则是课程文化生成的具体体现之一。

南山区××学校在建设课程团队方面，主要体现如下：一是滋养课程管理智慧，提高了课程团队的凝聚力；二是实行教师研训考核一体化制度，提高了课程团队的领导力；三是鼓励教师自组课程团队，开发特色课程，提高了课程团队的研发力。

随着教师课程领导力的提升，南山区××学校以优秀的课程文化培育出优秀的学生。这足以说明，南山区××学校立足于校本建设课程文化，培育时代新人的经验是值得学习借鉴的。

宁波市海曙区××小学的地域文化传承与创新

（一）学校：人文积淀

宁波市海曙区××小学（后文简称海曙区××小学）办学的历史已经超过百年，是当地办学规模相当大的一所集团化办学的学校，在海曙区当地具有极高的威望与影响力，社会的关注度十分高，深受学生与家长的喜爱。学校地处市政府所在的市中心范围，地理位置十分优越，与学校一墙之隔的是历史悠久的唐代古塔，与学校隔路相望的就是赫赫有名的天一阁公园、中山文化公园、月湖公园，还有近在咫尺的鼓楼遗址、南塘老街、老滩外街等，这些都是中国历史留给宁波人不可缺失的精神食粮，也是对宁波年轻一代影响颇为深远的文化因素，更是对宁波年轻一代的一种鼓励与鞭策。在历史的滚滚长轮中，这些都将成为不可复制的文化基因，是宁波引以为豪的历史印记。

（二）校园：文化传承

在海曙区××小学百年办学的历程中，自始至终地采用"致知力行"的办学理念。在发展的重要节点上，张学门校长与他的继任者高瞻远瞩，为学校更进一步的发展与提升定下了基调。

1. 定调——确立"致知力行"

学校的第一任校长张学门先生认为：从宏观上说，在中国古代哲学的认知理论中，行动是获得知识的方法，是朴素的唯物主义的观点；而从微观上说，穷理以致其知，反躬以践其实，则是一种具体的教育教学上的行为方式。因此，在百年的办学过程中，从学校的第一任校长开始，"致知力行"的办学理念便得到确立，能够一直运用下来，并在这漫长历程中不断地加以深化与完善。因为有了对

"致知力行"的决议，××小学已经拥有了足够的"阳光与水分"，也开始了固有的坚守与勇敢的尝试。

2. 发展——普及推广"致知"

为了更准确地对宁波的历史进行温习，也为了更迅速地对新生一代打下宁波固有的烙印，××小学开始了构建自己的课程体系——"致知力行"系列课程，进一步明确学校的育人目标，即培养全面发展而独享个性的核心素养，其组成分别为运动与健康、道德与实践、思维与技术、艺术与审美、语言与交际这五种。与此同时，学校根据核心素养的差异，在基本要点、课程目标及具体要求上均做出详细的可操作的行动指南，让"致知力行"课程有章可依循，有例可参考。

在构建"致知力行"核心课程的同时，也注重辅助课程的研究与开发，对核心素养进行更多方面的促进与维护，对学生个性进行完善与修正。如"善行"的课程目标，就是要求该校学生必须懂规守礼，感恩诚信，责任担当，而根据这个目标，更是明确规定了每一个年级的课程具体目标以及学生行为序列。因此，我们明显可以看到，该校同学犹如鲜花一般，既有温文尔雅的一面，也有积极主动的因子。这不正是与"致知力行"课程相辅相成的最好体现吗？

3. 深化——内涵丰富"力行"

在美丽优雅的校园里，宁波的名片无处不在。每一个楼层，每一个角落，如安静的流动书吧、杰出校友的字字善言、我行我秀的人生奖赏等，都一一体现了该校对宁波历史名片的熏染与传承，以及对学生的鼓励与关爱。

在五行课程的内涵丰富方面，该校所做的努力让人十分佩服，是这一次学习过程中笔者感受最明显的收获；学校从中得到了课程改变的甜头，该校学生也得到了更好的素养锻炼与个性发展。如在"善行"的活动课程里，根据不同年级不同学生的个性差异，分别开展辅助课程以及主题活动，对核心素养的内涵进行最大限度的完善与修正，低年级为关于热爱宁波港的主题活动，中年级为关于发现宁波美的主题活动，高年级为关于创造宁波美的主题活动，这些都是一个个大胆而又积极的尝试。通过主题的开展与深化，学校、老师以及学生从中所得到的精神实质，是简单说教无法达成的。这既是对宁波历史文化的一种理解和尊重，也是对宁波优良传统的一种信念和坚守，更是对学生的一种责任和爱护。

（三）反思

宁波代表性的名片其实是非常多的，但其主要名片则是宁波海港、宁波商帮、宁波风景，它们确确实实需要每一个宁波人的努力与付出，也需要一代又一代宁波人的坚持与沉淀。海曙区××小学的金字招牌则是"致知力行"，它需要的则是教育同行们对教育内涵的理解，对人生理想与信念的坚守，更需要的是对教育前景的热切期望与满腔热忱。愿××小学的"致知力行"依托宁波海港的万吨巨轮,借助宁波商帮的支助扶持,乘着东风破大浪驶向远方,创造更美的宁波风景。

习近平总书记曾经说过:"知历史而思兴替,彰往才能察来。"这次的宁波游学之旅,给我们带来了更多方位的思考与借鉴,当地的历史与文化究竟如何才能得到更好的传承,学校的文化建设与资源究竟如何加强开发和利用?这给我们带来了全新的思考与体验,如历史遗迹的启迪,如吴越文化的传承,如综合资源的发挥,确实是每个人的必修科目,并值得参与其中,研究与推广。

第三章 启示与反思

以广州市黄埔区××小学活动育人为例

在文化育人中,活动渗透最为有效,与学校德育工作密切相关。何为德育?德育是教育者将社会道德规范通过道德内化转化为学生个体品德行为的过程。

苏霍姆林斯基说过:"没有情感,道德就会变成枯燥无味的空话,只能培养出伪君子。"学校德育如果不能触动学生的心灵,必然是低效甚至是无效的。

那么,如何把有意义的事情做得有意思,触动学生的心灵?这离不开实践活动,在实践中育人,在活动中润心。回归到学校中,我们以××小学活动育人为例,从学校发展的角度,并结合学校的自身特色,总结出两大品牌活动。

(一)以军校为载体,开展学校国防教育

1. 教育者先受教育

该校位于城乡接合部,国防教育是学校常抓不懈的工作。学校因此曾获得"全国少年军校示范校"的光荣称号。为了使国防教育得以顺利有效地开展,在学校营造一种合力,学校把教工活动、党团活动与国防教育有机地联系在一起,为在学生中开展国防教育打下了坚实的基础。

2. 多种活动并举,国防教育活动潜移默化

该校建立了学校国防教育基地,与区看守所和武警中队、黄埔军校结对子,建立共建单位,聘任优秀警官担任学校国防教育校外辅导员。学校注意把国防教育的内容渗透到各科教学和少先队活动之中,融知识、思想、科学、技能、趣味为一体,进行潜移默化的教育,使学生在国防教育中得到锻炼和提高。首先把国防教育渗透到各科教学之中。该校根据不同学科、不同课文的知识点,把国防教育引入课堂教育,从而激发学生的兴趣。如思想品德课、语文课教材中的一些课文,该校不失时机地把革命英雄主义教育贯穿其中。然后,把国防教育融入到少先队活动之中,并把国防教育纳入少先队活动计划,开展了学生喜闻乐见的各种活动,如组织学生参观黄埔区看守所、武警中队进行法制教育活动、鼓号队送新兵等活动。

随着××小学教育工作现代化的深层次推进,将进一步深入开展国防教育研究工作,突出学校国防教育工作的时效性,充分发挥学生的主观能动性,以学生

为本，开展形式多样的国防教育活动，并注重把国防教育的成果转化为做好学生思想政治工作的原动力。在强化学生国防观念，培养学生国防意识的同时，教育帮助学生树立正确的世界观、人生观、价值观，使学校德育工作不断创新和发展。

（二）凸显学校特色，树立志愿者服务品牌

该校以社会主义核心价值观为导向，以"学习雷锋，奉献他人，提升自己"为宗旨，大力弘扬中华民族助人为乐、扶贫济困的传统美德，倡导奉献、友爱、互助、进步的时代精神，努力营造团结、关爱、平等、和谐的社会氛围，如3月5日是毛泽东同志"向雷锋同志学习"题词纪念日，学校组织队员到社区、敬老院、启智学校开展一些力所能及的志愿服务活动。学校大队部积极让队员们参与省、市团委、少工委相关的活动，如一年一度的广州市红领巾基金会的"献爱心压岁钱"活动、"广州慈善日"活动、"为革命山区捐图书"活动、"红领巾基金捐款"活动、"红领巾跳蚤义卖市场"活动等。

少年军校、志愿者服务品牌是××小学长期历史积淀和文化积淀的产物，是××小学的品牌和巨大的无形资产。它是凝聚和激励学校师生员工进行教育教学改革的重大精神力量，是学校发展的强大内驱力。

（三）立足当前发展瓶颈，着眼未来持续发展

在大力实施素质教育、着力张扬个性的今天，××小学的校园文化建设不但要传承学校的办学特色和其与众不同的个性特点，更要体现在师生的精神风貌、教师的教学风格、学校的课程体系、校园的人际关系、学生的群体形象等方面。结合学校的两大特色，针对学校的现状，笔者提出了以"和"为主题的顶层文化，包括尊重和谐的管理文化、自然和美的环境文化、多元发展的课程文化、自主幸福的教师文化、自律阳光的学生文化和参与成长的家长文化。

该校的校园文化在课程体系、环境育人方面是比较欠缺的。因此，为了秉承学校自身的文化积淀，展现学校办学个性特色，体现时代特征，在传承和实践中不断完善，不断丰富，使学校的文化特色在长期的积淀中逐步明晰、凸现，学校应在文化育人方面做以下改进：

1. 营造自然和美的环境，促进学校内涵发展

创设和美的校园环境。基于"和"的校园文化主题，整个学校的文化建设也洋溢着"和"的气息。学校环境优美，古色古香。走进校园，映入眼帘的便是恢宏的建筑以及充满人文气息的石刻，这些石刻上分别刻有"明德树人""坚苦真诚""和善新美""止于至善"等。

自然环境是"硬环境"的一部分，即校园内花草树木、亭台楼阁、各种设

施及布局等。该校自然环境基础很好,绿地面积占校园总面积的50%,植被品种较多,校园内小桥流水、古亭心语、竹林鸟鸣、长廊闻书、垂柳漫步等景观为校园增添了无限生机和情趣,加固后的教学楼干净整洁,学生的安全也有了保障,红绿相间的塑胶操场为师生提供了良好了运动场地。

打造学习环境,让学习的氛围感染人。学习环境是"软环境"的一部分,我们所说的学习环境是指有利于师生当前学习和终身学习的和谐氛围。我们要打造的学习环境不光指课堂学习,还包括课外探究、社会实践、小组合作、自主学习等多方面的内容。

打造育人环境,让育人的过程感召人。育人环境既需要"硬环境"的保障,又需要"软环境"的支撑,我们所说的育人环境是指促进教师发展、学生成长的各种有效活动。

2. 以"尊重和谐"为主题,打造学校管理文化

营造和谐的文化氛围。教师是学校文化建设的先行者。学校的教师团队职责分明,学校以"爱与责任"为核心加强教师文化建设,让教师赢得社会的高度尊重,感受到作为一名教师的自豪感。提炼总结一套行之有效的规章制度,规范师生的行为,有章可循,有条不紊。

 校园文化建设下校长的责任

习近平总书记曾经用三个"共同"来描绘中国梦的愿景:共同享有人生出彩的机会,共同享有梦想成真的机会,共同享有同祖国和时代一起成长与进步的机会。加强学校文化系统工程建设,将意识形态教育、文化育人提升到战略地位举措就是实现中国梦的重要保障。

一个民族、一个国家最持久、最深层的力量就是全社会共同认可的核心价值观。"中华文明绵延数千年,有其独特的价值体系。中华优秀传统文化已经成为中华民族的基因,植根在中国人内心,潜移默化影响着中国人的思想方式和行为方式。今天,我们提倡和弘扬社会主义核心价值观,必须从中汲取丰富营养,否则就不会有生命力和影响力。"文化是民族的血脉,是人民的精神家园。文化自信是更基本、更深层、更持久的力量。文化育人需要一种载体,需要一种方式,否则文化就变得十分空洞和教条。无论是西方文化,还是东方文化,传统与历史都是其中的重要内容。从中华民族的文化来看,中国拥有五千年历史,每个中国人都应该在中国优秀传统文化的熏陶和规范下成长。

把校园文化做到极致,成就孩子的七彩梦想。校园文化作为一种潜在的教育途径,它给师生提供活动的空间,蕴含着某种哲学和文化的理念,学生置身其间,能激发潜能,表现自我,感悟深邃的文化传统和哲学思想,进而改善行为、陶冶性情、涵养气质。学校育人文化之重要性，从中可见一斑。

参考文献

[1] 秦岭. 学校环境文化建设 [M]. 北京：北京工业大学出版社，2009.

[2] 顾显强. 拓展军营文化的内涵和形式 [N]. 解放军报，2010 - 02 - 21.

[3] 高占祥. 论校园文化 [M]. 北京：新华出版社，1990.

[4] 张宝贵. 关于学校文化建设与学校发展的问题 [J]. 教育发展研究. 2007 (11B)：16 - 19.

[5] 郭思乐. 教育走向生本 [M]. 北京：人民教育出版社，2001.

[6] 张奇. 儿童审美心理发展与教育 [M]. 北京：北京师范大学出版社，2000.

[7] 国家中长期教育改革和发展规划纲要工作小组办公室. 国家中长期教育改革和发展规划纲要（2010—2020 年）[EB/OL]. http://old.moe.gov.cn/publicfiles/business/htmlfiles/moe/info - list/201407/xxgk_171904.html？authkey = gwbux.

[8] 申荷永. 社会心理学原理与应用 [M]. 广州：暨南大学出版社，1999.

[9] 何长平. 现代中小学学校文化建设研究 [D]. 南昌：江西师范大学，2006.

[10] 赵中建. 学校文化 [M]. 上海：华东师范大学出版社，2004.

[11] 顾明远. 论学校文化建设 [J]. 西南师范大学学报（人文社会科学版），2006，32（5）：67 - 70.

[12] 郑金洲，瞿葆奎. 教育文化学 [M]. 北京：人民教育出版社，2000.

统整项目课程的实践探索

案例小组名单

小组负责人：杨洁莹　广州市荔湾区芦荻西小学
成　　　员：李　雄　广州市白云区大冈小学
　　　　　　蔡雅杰　广州市天河区昌乐小学
　　　　　　彭翠桑　广州市黄埔区下沙小学
　　　　　　潘旭鹏　广州市从化区良口镇善施学校
　　　　　　许仲溪　广州市番禺区时代南阳里小学
指 导 教 师：王卫国　陆　蓓

第一章　研究统整项目课程的缘起

随着信息化、知识化时代的到来，教育也相应发生着很大的改变。知识量成倍地增长，新知识快速地涌现，对教师的教学能力、课程的合理安排提出了挑战。课程是学校教育的核心，我国新一轮课程改革提出了加快符合素质教育的课程体系建设的要求，优化课程结构，调整课程门类，更新课程内容，引导学生积极主动学习，以适应社会发展和科技进步。由此也揭开了统整课程的序幕。

 什么是统整项目课程？

课程是指学校学生所应学习的学科总和及其进程与安排。课程是对教育的目标、教学内容、教学活动方式的规划和设计，是教学计划、教学大纲等诸多方面实施过程的总和。狭义的课程是指某一门学科，广义的课程是指学校为实现培养目标而选择的教育内容及其进程的总和，它包括学校老师所教授的各门学科和有目的、有计划的教育活动。所谓统整，通常指在概念上或组织上将分立的相关事物结合在一起或关联起来，使其成为有意义的整体，也就是联结与整合之意。将这样的观念应用在课程上，就成为一种课程组织的方式，希望特定的课程内容能够和其他课程内容建立融合一致的关系，让学生能够把所学的各种课程贯串起来，了解不同课程彼此之间的关联性。

那么统整项目课程又是什么呢？纵观国内外相关文献，人们对统整项目课程的理解主要有以下四种：①统整项目课程即学问和学科的综合；②具体的书面教学计划；③可预期的学习结果或目标；④经验的再产生。笔者在对统整项目课程相关文献进行梳理与研究后，认为统整项目课程是一个具有多种含义并涵盖多种课程实践的概念，不同的研究者和实践者站在不同的层面和视角上来看统整项目课程，对其的理解和实施也是有差异的。这既可从统整的任务、目的、手段、显现形态、课程范式等方面来限定统整课程的内涵，也可从学校课程范式转换、教育哲学角度来理解统整课程。但总的来说，统整项目课程是指经课程项目内容设计的统整，使学生在课程实践中亲身体验解决问题的方法，从而达成经验和知识的统整。

在本文中，统整项目课程的开发是基于"互联网+"的时代特征和社会发展的需求，课程的三个核心关键词是：统整、项目、技术。它们构成了这一课程形态的基本构架。"统整"是指学习内容的组织方式，"项目"是指课程形态，而"技术"是指数字技术的支撑功能。居于这一构架最中间位置的是"人",是人的人格养成和素养的培育。

 统整项目课程实施的时代必要性

统整项目课程是基于互联网思想,针对"数字原住民"即现代儿童的特点设计的以跨学科为特征的开放性课程体系。课程的核心是让学习与生活高度关联,学生在开放的学习环境中解决真实问题。

首先是基于当今时代和未来社会的人才需求。未来社会需要的人才必须具备问题解决、批判性思考、团队协作、跨界交流合作等综合能力。当前,我国主流教育还主要聚焦于知识传授,学生被动接受记忆性知识的"传统线性课程",这样的教育很难培养出未来社会需要的创新型人才。因此,我们需要从脑科学原理、互联时代特点、当今时代和未来社会需求等视角重新思考教育。

其次是需要顺应儿童认知世界的方式。儿童认知世界的方式不是孤立的,而是整体的、生活的、经验的,儿童的学习必须建立在生活和阅读经验基础上。同时,儿童是天生的探究者,他们对未知世界总是充满好奇心,喜欢到真实世界中去感知体验。脑科学研究也表明,知识和技能只有在具体的情景中才会更容易被理解,知识也只有在联系中才能显现它的意义,而且学习不能局限在个人头脑中,必须将问题置身于真实的世界去理解和解决,让学习与生活连接。

再次是基于当前课程改革的现实困境。当前,分科教学是主流,但存在诸多不足。分科教学中知识往往是片段的,缺乏整体性,而且往往只考虑本学科。教师为学生提供的教学内容往往停留在"能够通过考试或只考虑为往后的学习奠定基础"。当前,国际上跨学科学习是改革的主流,跨学科学习必须与实际生活的问题紧密相连,而生活无法被刻意或人为地切割来配合现有科目之间的分割,因此学习不应受分科的障碍,我们需要整体的学习。分科教学让人变得专业,跨学科学习让人发展得更完整,两者需要协同发展。因此,我们需要改变当下的课程形态,构建以主题项目为切入点的连接生活的课程,让学生在一种真实的背景中去学习和运用知识和技能,并借助互联技术提升师生的问题解决能力,从而培养学生面向未来的核心素养。

最后,统整项目课程是一个开放的课程系统,它改变了传统的线性的课程形态,以"统整"的方式,把课程、师生、学习时空、学习技术等核心元素有效地统合起来,其核心是打破学科内容之间以及学科与学科之间的边界,为学生构建一个开放的课程体系。学生围绕复杂的、来自真实世界的学习主题,进行较长时期的基于现实生活的、以学科联动为特征的开放性探究。学生很自然地被放在学习的中心地位,主动学习、个性化学习成为可能。学生面向未来的核心素养在统整式的学习中会得到浸润式的培养。

面对未来，学生需要具备能够适应未来社会发展需求的技能与素养。《中国学生发展核心素养》提出要培养学生面对未来的核心素养，《中共中央国务院深化教育体制机制改革指导意见》中提出的"必备品格""关键能力"，其中"关键能力"中的"职业能力"就是培养学生未来能力。但是，如果仅仅运用了新技术，重构了学习环境，改变了教学方式，而不从课程层面来思考，还是沿用传统的线性课程模式，那么培养学生的核心素养恐怕只是空中楼阁。统整项目课程是以跨学科的方式，让学生围绕复杂的、来自真实世界的主题，在精心的学习设计基础之上，学科教师之间、教师与学生之间协同完成基于现实生活的开放性探究，促进学生主动地对知识进行意义建构，并在真实的情境中潜移默化地培养其核心素养。因此，课程统整将会逐步成为未来课程改革的主流趋势。

广州作为国际化的大都市，教育探索也必将走在全国的前列。如何提高教育质量，课程统整是一个有效的途径。

 统整项目课程目标、内容和形态

随着课程改革的不断深化、知识更新速度的加快和教育价值取向的转变，学校的课程目标更加注重对学生关键能力的培养，因此在学校内开展实施统整项目课程的理念越来越被认同和提倡，统整项目课程的开发实施便应运而生了。借助于统整项目课程这一平台，可以发挥出课程最大的育人功能，丰富学生的学习生活，激发他们学习的欲望，培养学生的创造力，锻炼学生的实践能力，促进学生和学校的发展。主要体现在以下五个方面。

（一）统整项目课程始终以学习者为中心

统整项目课程始终以学习者为中心多角度构建课程模式，目前主要有学科内统整、跨学科教学、跨学科统整以及超越学科的主题统整这四种，每一种课程统整样式都有其内涵特点。学科内统整，是以学科为基点，包括学科内部的横向与纵向统整；基于主题的跨学科教学，是课堂教学中不同学科教师合作上课，用不同学科的表达方式聚焦于同一教学主题，聚焦学科素养的培养，在具体实施中可以由教师共同上课；跨学科统整，是以某一学科主题为切入点进行的多学科统整，不同的学科用不同的学科方式表达，组织形式比较松散自由；超越学科的主题统整，即以某一种综合学习主题为切入点，各学科用学科方式探索，聚焦综合素养提升，在具体实施过程中需要一定的时间，通常以年级为单位，由学校层面主导实施。

(二)统整项目课程的核心是让学习与生活高度关联

统整项目课程的核心是让学习与生活高度关联,倡导在开放的学习环境中培养学生面向未来的核心素养。"互联网+"和"STEM+"是课程中的两大重要元素,阅读是课程的底层支撑。统整、项目、技术是统整项目课程的三个关键词。统整是指学习内容的组织方式,主要聚焦于学科融合和跨学科学习,促发各学科知识之间有意义的关联;项目是指课程形态的变革,力图从程序性课程向项目型课程发展,以项目学习的方式推进课程的实践;技术是指让数字技术与学习直接连接,让数字技术成为师生教与学的底层支撑,让技术贯穿学习的整个过程。我们把这三个关键词融合在一起,是考虑到当下社会背景、教育背景以及未来社会发展的需求,愿景是重塑传统的课程形态,把学习者置于中心地位,让学习与生活联结,聚焦问题解决、批判性思考、团队协作、跨界交流合作等面向未来核心素养的培养。

(三)统整项目课程的多角度开发

主要是从两个视角进行开发:学科视角和主题视角。学科视角主要是聚焦学科目标,联通多学科知识,让学生通过跨学科学习理解知识之间的联系,让他们真切地感受到学科之间不是孤立的,解决问题是需要运用多学科知识的。主题拓展视角主要是基于某个学习主题开展跨学科合作,每一个学科在学习过程中"各取所需",师生在浸润式的学习过程中,聚焦核心素养、关键能力、必备品格培养。统整项目课程的开发是一个系统工程,也是一个不断赋予其新内涵的过程,更是一个不断优化重构的过程。统整项目课程的推进从两个角度进行:自下而上和自上而下。自下而上,即让老师自主行动起来,鼓励老师们进行具有统整意义的草根化尝试和实践。这样的课程开发相对松散,主要尊重教师个体,以及教师个体与个体之间的创新合作,意在激活每位老师的创造力。自上而下则是由学校层面主导的、以年级为单位开展的大型统整项目课程。

(四)统整项目课程的多元实施形态

统整项目课程是开放的课程体系,在具体实施过程中会根据课程内容、课程目标(知识、素养、学科)、学习任务以及学生年龄特点等因素确定课程学习的组织形式,也就是课程在进行的不同阶段采取相应的教学形态来组织学习内容和学习方式。目前教学主要有三种形态:集体大课、分组教学和分科教学。

集体大课是统整项目课程实施的第一课,主要从宏观层面对课程主题的知识层面进行较为系统的学习。分组教学是统整项目课程的核心部分,学生根据大课的学习,选择自己最感兴趣的"小主题"进行学习,新的学习团队是以共同选择的"小主题"重组而成，进行"走班学习"。分科教学主要是基于学科和多学科协同的学习。分科教学比较松散自由，是学科教师在分组教学过程中去发现学科元素，并有效与学科教材或者学科阅读资料统整，以学科的视角进行教学，培养学生的学科素养。

总之，统整项目课程的三种教学形态都有其目标和任务，在具体的实施过程中，我们需要把握各种教学形态的基本任务，在教学设计中始终把学习者置于中心位置，确保学生的主体地位，使学生的学科素养和综合素养在潜移默化中得到培养。

（五）统整项目课程实施中对学生评价方式的转变

评价是课程实施的指南针，评价的方式决定了课程发展的方向和形态。在统整项目课程学习过程中，对学生的学习评价焦点由学生"知道什么"转向学生"能做什么"，通过观察学生在回归真实生活的学习情景中的学习表现、学习制品，对学生进行过程性评价和表现性评价。但统整项目课程基于国家基础课程即学科课程，同样指向学科知识学习目标，测验性评价依然具有其独特的功能，需要在课程实施中得到科学、正确的运用。目前，统整项目课程所实施的评价主要是由开放性评价、表现性评价和过程性评价相融合的多元评价体系。

第二章 统整项目课程的经典案例解析

 南方科技大学第二实验小学统整项目课程现状

（一）课程开设情况

《广东省义务教育标准化学校标准》对学校教育教学有明确要求："学校要全面贯彻党的教育方针，促进学生德智体美全面发展。教育教学应面向全体学生，关注每个学生的健康成长，关注学生的个性差异，因材施教，关心学生身心健康，促进学生充分发展，促进学生养成良好的思想品德和行为习惯。"广州和深圳的学校虽有自己的教育特点，但均应以此为教育教学标准。为了验证领导和实施统整项目课程的实际效果，跟岗学员设计了调查问卷，以三、四、五年级小学生为研究对象，编制一套信度效度良好的，可以测量学生对统整项目课程设置、学习行为、学习方式、课程评价等内容的问卷。我们在深圳南方科技大学第二实验小学随机抽取了三、四、五年级的70名学生，本次调查问卷发了70份，回收有效问卷70份，从课程开设情况、教师反应、学生需求和评价、产生的效果这四个方面进行综述。

南方科技大学第二实验小学统整项目课程有的是学科内部的横向与纵向统整，也有跨学科统整，即以某一学科主题为切入点进行的多学科统整，不同的学科用不同学科方式表达。还有基于主题的项目整合，超越了学科，以某一种学习主题为切入点，各学科用学科方式探索，聚焦综合素养提升。

其一，学校统整课程设有三级目标。课程总目标是科学与人文并重，实践与理论结合；素养目标也是主题课程，目标是开放创新、符合学情；学科目标是科学严谨、基于课标。学校开展的项目型课程则按照"主题—探究—表现"来进行统整式的跨学科学习，学生可以主动地对知识进行意义建构，在真实的情境中培养实践创新能力。各年级课程主题列举见表4。

表4 各年级课程主题

年级	课程主题	课程总目标	素养目标	学科目标
一年级	1. 职业日体验课程 2. 绿色 STEM——全球六大生态与世界文化探索	科学与人文并重	开放创新符合学情	科学严谨基于课标
二年级	1. 多元智能课程 2. 美丽中国课程			
三年级	1. 绿色 STEM——一棵树的价值 2. 绿色 STEM——气象与天气 3. 绿色 STEM——水的世界			
四年级 五年级	1. 文字之道 2. 职业探索课程 3. 茶之道			
六年级	1. 职业规划课程 2. 绿色 STEM——校园周边噪音问题探究			

其二，学校统整项目课程主要从学科视角和主题视角进行开发。学科视角主要聚焦学科目标，联通多学科知识，让学生通过跨学科学习，真切地感受到解决问题需要运用多学科知识。主题视角主要是基于某个学习主题开展跨学科合作，每一个学科在学习过程中各展所长。统整项目课程以年级为单位设计，学生根据兴趣自主选择探究主题。所有的活动，把书上的知识与现实生活中结合起来。

比如，在一年级下学期进行的绿色 STEM 统整项目课程——全球六大生态探索中，课程内容是从科学视角和人文视角了解沙漠、苔原、草原、海洋、热带雨林、温带落叶林等六大生态系统，以及六大生态系统所对应的世界文化。其核心目标是培养学生的科学探究精神和实践创新能力，增强学生的人文底蕴。这需要所有老师共同备课，产生对全球六大生态系统的共同规划，但是不同老师的上课内容与各自的主题有关。这就要求语文教师把课文和与主题相关的内容相结合；数学老师要将主题与统计学、温度结合；英语老师要将主题与英语词汇结合；体育老师则需关注世界各地不同的体育项目。在整个学习过程中，学生是学习的主体，教师工作的重点放在学习活动设计、学习资源提供、学习路径引领、问题解决指导上，学生的六大核心素养在整个开放式的学习中得到培养。

其三，学校在统整项目课程开设上，自编开设课程率达到100%。自课程改革以来，学校非常重视统整项目课程的开发，为学生提供更多的学习空间和平台，立足全面提升学生素质。课程内容不仅要令学生喜欢，更要合理设置、难度相对适中，都能以学生需求为出发点，密切结合学生所需，更贴近生活，让学生积极投入学习，教学效果好。

（二）教师的反应

南方科技大学第二实验小学采取"项目负责轮值"制度，力争让每一位教师的专业素养都能在课程开发与实施中得以提升。

其一是教师协作制。每位教师充分发挥本学科的优势，以协同的方式解决学习问题。问卷显示教师上课和指导都是100%到位，学生喜欢任课老师、积极发言、完成作业等项目认同度达到95%及以上，87%的学生希望教师指导学生提高研究问题的方法与技能。

学校根据课程的协同方式组建了三个教学团队：单一领域教学团队、跨学科教学团队、智能教学团队。单学科教学团队主要由不同年级的某一个学习领域的教师组成，如语言学习领域、数学学习领域等。跨学科教学团队由语文、数学、英语、科常、音乐、美术等不同学科的教师组成。智能教学团队则以个体教师的智能强项为核心，团队的每位教师确认自己的智能专长，担负一种智能课程的规划，相互支持。教师们不仅要全身心投入校本课程的开发实施当中，还要成为课程的设计者、教材的编制者、课程标准的制定者、学生活动的指导者。

其二是实施策略得当。在协同教学的实施过程中，自由组合的团队使团队成员间学科知识、兴趣、视角、经验背景和资格水平上各不相同，这不仅可以提升教学团队的优势，互相取长补短，还可以促进教师个体的专业成长。学校主要采用了两大类教学策略，一类是合作式教学策略，如教学团队教师共同拟定教学目标与计划，对学生进行适当的分组，采用多种方法引起学生学习的动机，在教学活动中采用讲解或者角色扮演的方法，共同观察与记录学生的学习状况，采用多元评价的方式来充分展示与分享学生学习的成果，最后由教师综合及总结。另一类是采用多元智力的教学策略，如头脑风暴、写札记、做中学、音乐欣赏、同伴分享、合作小组、一分钟内省等。

（三）学生需求和评价

南方科技大学第二实验小学统整项目课程的实施不仅有利于进一步激发学生的学习动力，改变学生以往被动学习的局面，更有利于学生个性化发展。

一是激发兴趣。在课程是否激发学生兴趣和调动学生参与积极性上，问卷结果显示94%的学生认为参加统整项目课程学习是一种乐趣。在统整项目课程中，让学生选择自己感兴趣的主题学习是首要任务。在每一个统整项目课程实施前，学校都会通过大量阅读让孩子们对主题课程内容有一个较为深入的了解，在大课中，每个小主题的教师团队向所有学习者介绍本主题的特点，并通过多样化的方式吸引学生。大课之后，学校向学生发起问卷调查，让学生选择自己感兴趣的主题学习。通过数据分析，学校可以精准了解学生的需求。从这些数据可以看出，动手创造是孩子们最喜欢的事情，因此学校在课程设计中需要给孩子们创造更多"动手创造"的空间和机会。

二是个性化需求。调查问卷显示，在对统整项目课程学习效果上，有53%的学生认为统整项目课程使自己的知识面更广，26%的学生认为统整项目课程能提高探究能力，17%的学生认为统整项目课程能提高合作交流能力。学校根据校情、学情，基于学生兴趣、爱好而开设的统整项目课程，能满足学生个性化学习的需要，可见统整项目课程比较受学生欢迎。在课程教学方面调查问卷数据中，学生喜欢统整项目课程老师，包括教师个人授课水平、人格魅力、教育效果、课程本身等。从调查中看到，统整项目课程有趣、好玩、能学到很多新知识才是"教师受欢迎"的主要原因。

在课程学习方式上，98%的学生在课堂上能独立思考问题，体现课程合理设置、难易度合适，从而引发学生的思考，促进学生自主学习、积极思考，也体现了开设统整项目课程对提升学生独立思考能力的积极作用。教师在学习中不仅给学生独立思考空间，也经常组织学生进行小组讨论，学生上课时能积极参与小组讨论，参与面比较广，有利于培养学生合作探究能力。

在课程实践作业上，学生参与社会调查积极率达到97%，可看出学生学习空间有拓展，参与度很高，表现非常积极，能感受到学生对社会实践活动兴趣浓，通过实践调查活动，可以增加社会知识，锻炼学生的交往能力，提升学生的社会适应力和生活能力。

三是家长认同。通过数据分析，南方科技大学第二实验小学了解到家长的需求。南方科技大学第二实验小学统整项目课程的实施需要家长的高度认同与全程参与。家长参与的程度是儿童能进行课程深度学习的关键因素之一，因此，学校的课程设计需要了解家长的需求。例如，在二年级《美丽中国》统整项目课程中，家长对学生能力培养很关注，特别是孩子的合作、探究、解决问题、语言表达等能力培养，分别占73.56%、78.74%、79.89%、71.84%。基于这些数据，学校需要把学生面向未来的关键能力设计在整个课程之中，从而提升学生的综合素养。

四是多元评价。在课程评价方面，问卷结果显示，通过考试评价所占的比例为4%，成果展评、师生共同评价等级所占比例为67%，自己、老师、同学、家长共同参与评价占34%。由此可以看出学生不喜欢考试的评价方式，用成果展评能让学生看到差距，交流提高，共同评价，学校在实施过程中主要是由多元评价、科学评价和趣味性评价相融合的评价体系。

多元评价包括学生互动性评价、家长阶段性评价和教师实时性评价。在课程学习方式上，问卷调查数据显示，同伴互助和小组合作共占52%，这说明学生最喜欢小组合作探究方式，在课程学习过程中，来自同伴的学习和评价也是主要的形式之一，显示同伴互助学习的重要性，课堂效果才会更加突出。

科学性评价是指考量化的评价和过程性成长记录。教师们引领孩子建立"成长记录档案袋"，可以是实物文件夹式的，但更建议使用电子档案，用以收集学生在统整项目课程中通过手写、手工、手绘、拍照、制作等方式形成的学习制品，也收集学生学习过程中的心情、感受、反思。这样的"成长记录袋"既是学生学习的证据，也是学生成长的见证；既是课程实施的具体体现，也是后续课程开发的素材。

趣味性评价包括课程成果展示中设置知识类游戏和课程实施中关注"实质的生成"。学科教师将学科目标先分解再提炼，设计成游戏关卡，然后组织学生和家长了解游戏规则并进行相应练习；之后学生进行选择性命题，教师选择性采用学生命题；最后举行游园活动，家长守关，学生攻关，攻关失败可以在"支援区"请求帮助，学习之后再次攻关。家长参与整个活动，现场直接观察学生的学习态度和学习结果，有利于家长深入了解自己孩子和孩子所处的集体。

南方科技大学第二实验小学统整项目课程开展多元评价，注重学习过程，每个人拥有评价权利，这样更加民主、自主，尊重学生的成果，评价价值品质得到提升。

（四）凸显的效益

强大的课程设计能力、强大的教师队伍、扎实的实施过程、注重儿童体验的课程活动成为南方科技大学第二实验小学统整课程的关键词。以统整的思想、STEM+的课程理念为统领，把数字技术作为学习的沟通媒介和支架工具，构建统整项目课程体系，让学习与生活关联，让技术深度融入课程，凸显"人"和"课程"。

一是提升学习力。在实践中，南方科技大学第二实验小学把"统整"的概念聚焦于跨学科合作与学习，以项目型学习方式推进课程实施，同时数字技术作为核心要素支持师生开展统整学习，提升学生的学习力和教师的研究力。在体现校本课程与国家课程、地方课程培养目标一致性的前提下，根据本校的培养目标和课程资源状况，设置可供学生选择、灵活安排的课程，满足学生多样化发展的需要，改变学生被动接受教育的现状；培养学生自主意识、团队工作、人际交往、合作学习等能力，增强学生的社会意识提升学生的人文科学素养。满足教师专业发展的需要，提供适当的培训，给予教师参与开发课程的机会，改变教师只是既定课程执行者的角色，改变教师仅仅把课程当作教科书或科目的观念，形成一种开放、民主、科学的课程意识，转变教师教育观念和教学方式，加强学科的交叉和渗透，拓展学科知识，改善知识结构。

二是擦亮学校品牌。在保证课程的基础性和统一性的前提下，根据学校的培训目标与现有的课程和资源，独立或合作开发满足学校发展需要的校本课程，形成和体现学校的办学特色。南方科技大学第二实验小学虽然建校仅几年，但其统整项目课程已颇见成效。2017 年该校发起"统整项目课程全国教师培训计划"，全国 20 多个省市近百所学校参与统整项目课程联盟；2015 年、2016 年统整项目课程连续两年入选全国基础教育信息化应用现场会，被教育部作为"互联网+"背景下课程创新案例向全国推广。

南方科技大学第二实验小学统整项目课程实践探析

（一）统整项目课程的顶层设计

1. 基于坚实的理论依据

放眼当今世界教育，学校课程主要有程序型和项目型这两种形态。程序型课程按照"目标—达成—评价"的流程来组织教学，主要聚焦知识传授，让学生被动地接受记忆性知识。我国虽然经历了新课程改革，课程形态和教学方式有所变化，但程序型课程依然是当前主流的课程形态。项目型课程则按照"主题—探究—表现"来进行统整式的跨学科学习，学生可以主动地对知识进行意义建构，在真实的情境中培养实践创新能力。

在我国，程序型课程所带来的弊端已经非常明显。以试卷考试为核心的终结性评价越来越让中国孩子的思想受到禁锢，缺乏创意。北京大学著名社会学教授郑也夫曾指出，12 年中小学教育把人修理成考试机器；《中国青年报》调查显示：98.9% 的受访者深感当下年轻人缺少质疑精神。最能培养学生综合能力的"综合实践活动课程"因为不考试，逐步被边缘化，成为"鸡肋"课程，这对中国教育来说是一件非常悲哀的事情。在发达国家，项目型课程是学校教育的主流课程形态，着力于学生面向未来关键能力的培养，让学生在真实世界中解决问题，提升学生的综合素养与技能。美国提出"为学生生存的时代而学习"，21 世纪的学校应该教会学生运用 21 世纪技能，去理解和解决真实世界的各种挑战。笔者曾有幸代表中国参加第五届"微软全球创新教育大会"，在与全球 300 多名教师交流与竞赛中深切地感受到，在欧美，"协作学习和合作学习"已是学生天然的学习方式，"基于项目的学习"（PBL）是学校最基本的课程形态，"用技术支持学习"是教学中最常用的学习方法。

脑科学和神经心理学的研究也表明：知识和技能只有镶嵌在具体的情境中，

才更容易理解，并且更易迁移；知识只有在联系中才显示出意义；学习不应局限于个人的脑海，必须将问题定位在真实世界中，将个人与生活联结起来。统整项目课程可以将知识与技能置于一种真实的情境中去学习和运用，这是当前需要重点关注的课程形态。

因此，学校课程需要变革和创新，这是时代发展和未来社会的需求，更是人的全面发展和个性成长的需求。学校应该构建开放的统整项目课程体系，让学生在实践中培养其综合素养，促进学生深度学习，以适应未来社会的发展。

南方科技大学第二实验小学的众多创新举措对辖区内的家长和孩子们来说颇具吸引力，使学位需求刚性增长。该校与2013年新成立的南方科技大学（以下简称"南科大"）"联姻"，南科大肩负着"不断探索具有中国特色的现代大学制度，探索创新人才的培养模式"的国家使命；而该校，用其创办人张帆校长的话来说，"创新"是渗透在自身的DNA里的，比如该校全新的办学理念和课程理念等。

从课程层面思考学校变革，从未来社会需求培养学生，是该校不变的追求。学校从课程层面思考"互联网+"时代的课程创新，营造新技术环境下的学习生态，充分发挥互联网的底层支撑作用，构建"统整项目课程体系"，让学习与生活联结，在开放的学习环境中培养学生面向未来的关键能力，让学生在实践中提升核心素养，促发深度学习，以适应未来社会的发展。

2. 缜密优化的顶层设计

南方科技大学第二实验小学统整项目课程的开发是基于"互联网+"的时代特征和社会发展的需求，课程的三个核心关键词是：统整、项目、技术。统整，是指学习内容的组织方式，聚焦于学科融合和跨学科学习，促发各学科知识之间的关联，开展有意义的学习；项目，是指课程形态的变革，力图从程序性课程向项目型课程发展，以项目学习的方式推进统整课程的实践；技术，是指让技术与学习直接连接，让数字技术成为师生教与学的底层支撑，让技术贯穿学习的整个过程。

目前，该校的统整模式主要有以下四种：①以学科为基点的学科内的统整，包括学科内的横向统整与纵向统整；②基于主题的跨学科教学，即课堂教学中不同学科教师合作上课，用不同学科的表达方式聚焦于同一教学主题，聚焦学科素养和综合素养的培养；③跨学科统整，即以某一学科主题为切入点进行的多学科统整，不同的学科用不同的学科方式表达，聚焦于学生学科素养的提升；④超越学科的主题统整，即以某一种综合学习主题为切入点，各学科用学科方式探索，聚焦综合素养提升。关于课程模式，还在不断探索，不断丰富，不过无论课程模式怎样，宗旨不会变，那就是聚焦于学生面向未来的核心素养的培养。

统整项目课程的开发主要从两个视角进行：学科视角和主题视角。学科视角主要是聚焦学科目标，联通多学科知识，让学生通过跨学科学习，理解知识之间的联系，让孩子们真切地感受到学科之间不是孤立的，解决问题是需要运用多学科知识的。主题拓展视角主要是基于某个学习主题开展跨学科合作，每一个学科在学习过程中"各取所需"，师生在"浸润式"的学习过程中，聚焦核心素养培养。

课程推进也从两个角度进行：自下而上和自上而下。自下而上，即让老师自主行动起来，鼓励老师们进行具有统整意义的草根化尝试和实践。这样的课程开发相对松散，主要尊重教师个体，以及教师个体与个体之间的创新合作，意在激活每位老师的创造力。自上而下则是由学校层面主导的、以年级为单位开展的大型统整项目课程。到目前为止，该校形成了以下主题：一年级上学期"职业日课程"，一年级下学期"绿色 STEM 六大生态探索课程"，二年级上学期"多元智能课程"，二年级下学期"世界文化课程"，三、四年级的"职业生涯规划课程"。

统整项目课程的开发是一个系统工程，也是一个不断赋予其新内涵的过程，更是一个不断优化重构的过程。因此，我们需要用开放的视野进行课程开发，这样才能确保理性地进行课程创新。

（二）统整项目课程的实施现状

南方科技大学第二实验小学这个课程是围绕统整、项目、技术这三个关键词，突破程序行课程的"目标—达成—评价"形态，按照项目课程的"主题—探究—表现"流程进行设计。在课程学习过程中，学生自然地处于学习的中心地位，围绕复杂的、来自真实世界的学习主题，进行较长时期的基于现实生活的、主动且个性化的、以学科联动为特征的开放性学习和探究，构建了基于"STEM＋课程"特征的统整项目课程，而学生的面向未来的核心素养在统整式的课程学习中得到浸润式地培养。

南方科技大学第二实验小学在对学校课程改革主要从学习工具、学习空间、课程形态等方面进行重新设计。

1. 重新设计课程的特点

南方科技大学第二实验小学观点是构建统整项目课程，让学习与生活高度关联，在开放的学习环境中培养学生面向未来的核心素养。其中，最核心的元素就是"互联网＋""STEM"，同时，"阅读"成为整个课程的底层支撑。因此，在进行课程设计时，有四个特点。第一是流程再造。从传统的线性课程到现在的统整项目课程，两种课程并行，也就是传统的基于应试的学习和创新的跨学科学习，两种学习彼此融合，并行并进。第二是从课程的视角，主要从学科和主题两个角度进行。第三是在推行的过程中，更多的是教师合作制，需要教师间彼此合作，打破传统的语文老师和数学老师不相往来的现状。第四是实行项目负责制，一个年级一位教师负责，可以培养出专业的项目负责人，提升教师的综合能力。

2. 重新设计创新教与学

（1）学习工具的设计——技术自然地浸润在学习者的学习过程中。在数字时代用数字工具，搭建支架，可以有助于解决没有工具支持下很难解决的问题。这就是要设计工具的原因。那新工具能带来什么呢？新工具让学习分析可视化，可以通过技术支持来看学生们学习的整改过程，老师更多地与学生进行对话交流，这就体现了新工具的互动性、可视化、信息源的特点。在学习日常教学中，我们看到的是"人"和"课程"，技术就像空气，自然地浸润在学习者的学习过程中，凸显人的发展。南方科技大学第二实验小学将信息化引入教与学，推进新技术作为支撑的教学创新，改变教学观念，不仅创新教的方式，更创新学的方式。在各学科整体推进以智能终端、无线互联等新技术运用为特征的课程改革，让新技术作为学习的沟通媒介和学习支架工具，变革学习方式和教学方式，构建数字学习文化。与此同时，学校开发在线课程，构建混合式学习模型。根据小学生特点和学习需求，依据学科课程特点开发在线课程，建立"网络在线学堂"，为学生提供在线学习和线下学习的环境和学习资源，开展混合学习模型探索，创新学习模式。

（2）学习空间的设计——置学习者于中心，按需变换。在学习空间上，南方科技大学第二实验小学改变传统的"排排坐"模式，学习的改变首先是人与人之间的观念要改变，如果学生永远是在教室里"排排坐"，那再好的改革也都会打折。在南方科技大学第二实验小学，教师绝不用电子白板，桌椅随时根据课程学习进行变换，根据不同时期，每个课堂不同的学习方式，班级课桌椅随时发生变化，桌椅随时根据课程学习进行变换。在南方科技大学第二实验小学，每一处空间设计，都是顺应新的学习需要，并与课程深度关联。比如，打破传统的教室布局思维，老师可以根据学习需要设计学生座位，以促进学生学习。"单人单桌"有利于独立思考，"四人小组"有利于组内成员充分表达，"U形座位"有利于展示学生个体，"Wi-Fi"座位及"两人同桌"座位有利于提升学生注意力，"六人小组"圆桌式座位更有利于学生小组合作商讨……每个教室的座位布局都可能不一样。学习场景的设计和学习内容相关联，这样就能提升学生的理解。

（3）课程的设计——加强学科纵向和横向联系，超越学科。目前，南方科技大学第二实验小学统整项目课程具有四种课程模式：学科内统整、基于主题的跨学科教学、跨学科统整、超越学科的主题统整。课程超越课堂视角，让学生进行浸润式学习，不是单纯的某一课的学习，而是一个课程更多聚焦于学生学科素养和综合素养的发展。首先是"大课"形式，全体学生都加入进来，大课的意义在于有利于学生系统学习，帮助学生确定兴趣，然后是分组学习和分科学习。在实际教学中，语文老师用语文的视角去解读，数学老师用数学的方式引导学生理解，科学老师用科学探究的方式去带着学生们探索、发现。在课时安排上，每个课程大致需要 12～14 小时，跨度 5～6 周，每周一天或半天时间进行一个课程。

2. 课程实施策略

统整项目课程主要是以年级为单位实施，由 1～2 位老师担任课程项目负责人，负责课程的设计以及组织年级教师团队实施。我们推行的"项目负责制"的重要目标是"让每一位教师都有成为课程引领者与管理者的机会"。项目负责人是课程顺利实施的中坚力量，既主导课程设计，又组织课程实施，同时直接负责课程经费的规划与使用。项目负责人的成长是立体多维的，课程设计、组织协调、人际交往、问题解决等系列能力在课程实践中得到充分的锻炼。为了让更多的老师能得到系统锻炼，我们采取"项目负责轮值"制度，力争让每一位教师的专业素养都能在课程开发与实施中得以提升。

（1）教师合作制。

统整项目课程是典型的跨学科的课程，需要学科教师之间的通力合作才能完成学习任务，因此我们需要打破传统的学科教师间"不相往来"的现状。"教师合作制"是让学科教师之间或者不同学科教师之间围绕共同的学习目标或主题，紧密合作，每位教师充分发挥本学科的优势，以协同的方式解决学习问题。通俗点来说，语文老师还是教语文，数学老师还是教数学，而不是像其他学校的"全科教学"由一位教师教授多个学科，教师间通过深度的合作进行跨学科学习，完成学习任务。教师合作的方式，需要根据课程的特点来决定。"教师合作制"优势是让教师们基于本学科的教学进行课程的设计开发，教学容易达成，大家都有"安全感"。

统整项目课程是基于真实世界问题解决的课程，问题意识培养是课程学习的核心元素。在具体实践中，课程始终以问题为纽带，以"提出问题—解决问题—提出新问题"的循环策略进行课程学习，用问题贯穿课程学习的全过程，让学生带着问题进行实践探究，培养学生的问题探究能力。基于"问题驱动"策略，在统整项目课程中，我们需要为孩子们创设更多的问题情境。问题的来源需要多元化，既可以来源于学生，又可以由教师根据实际情况提出问题。探究的问题可以来自教材，也可以来源于真实世界。

（2）阅读引领。该校把阅读作为一种自然元素融合在整个学习过程中，并进行精心的阅读设计，让学生的学习建立在经验之上，使学生开展深度而又有效的学习成为可能。在阅读方式上，该校充分考虑儿童的认知特点以及课程特点，以"混合阅读"的思路进行，如群文阅读与整本书阅读、学科阅读与跨学科阅读、数字阅读与纸媒阅读、预设阅读与生成阅读、个体阅读与小组合作阅读等。

（3）技术支持。在统整项目课程中，技术起到了核心的支撑作用，该校让技术与学习直接关联，技术就像空气一样自然地浸润到学习者的整个学习过程，作为沟通媒介和脚手架促进师生的深度学习。

（4）评价反馈。评价是促进课程可持续发展的基础。在统整项目课程中，我们构建开放多元的评价体系，通过学生的学习、教师的教学、家长的参与等多维视角反馈课程学习效果，通过过程性、表现性、开放性的评价体系引领学生进行基于真实世界的深度学习。

3. 课程体系

（1）跨界融合，在跨学科学习中提升综合素养。

该校认为，统整项目课程的核心是打破学科内容之间以及学科与学科之间的边界，为学生构建一个开放的课程体系。在实践中，教师为学生设置相关的学习活动，让学习与生活深度关联，学生面向未来的综合素养在统整式学习中很自然地得到培养。作为一所新型学校，该校以统整的思想、"STEM+"的课程理念为统领，把数字技术作为学习的沟通媒介和支架工具，构建统整项目课程体系，让学习与生活关联，让技术深度融入课程，凸显"人"和"课程"。

在实践中，该校把"统整"的概念聚焦于跨学科合作与学习，以项目型学习方式推进课程实施，同时数字技术作为核心要素支持师生开展统整学习，提升学生的学习力和教师的研究力。

（2）学科视角，在课程重构中促发学习方式变革。

技术支持的统整项目课程作为该校课程改革的统领性课程形态，在具体实施中以学科融合的视角进行课程重构，充分尊重学科特点，考虑学科教师的专业素养，在学科学习中自然地融合其他学科课程元素。

其一，语文学科视角。该校"语文统整项目课程"旨在突破语文学科教学的封闭状态，在阅读的基础上，用主题把语文学习与拓展、外延的各种任务统整起来，把语文学习与社会实践、探究学习和社会对学校的需求统整起来，把语文与其他学科的跨学科学习统整起来。数字技术则深度融入语文统整课程，以支持社会对儿童社会化的要求，提升儿童的语文素养。以阅读教学为例，"文本阅读—实践探究—成果交流"是实施语文统整项目课程的三个重要环节。"文本阅读"是通过一篇或一组课文的阅读，围绕一个主题去理解、品味与把握，使学生获得学习与研究、搜索与浏览、欣赏与评价的经验，并把在深入钻研中得到的经验迁移到整本书的阅读中。学生在举一反三中吸取有用信息，获得学习能力和知识经验。同时，学生在文本阅读中发现问题或者感兴趣的主题。"实践探究"是师生筛选阅读中引发的问题，开展基于真实世界的探究性学习，通过调查、访谈和思考，最终形成对某一问题的认识。在实践中通过跨学科学习，学会以多样化的表达方式进行言语表达，培养问题解决和实践动手能力。"成果交流"是以小组合作的形式通过探究报告或者电子作品制作语文学习的成果。在汇报交流中，学生的写作及演说等能力得以培养。

在语文统整项目课程实施中，数字技术是不可或缺的核心要素。该校充分挖掘数字技术"沟通媒介"和"脚手架"功能，提升学生的学习质量。例如，在"走进夏天"主题单元学习中，冬青老师在"立夏"之日以复习诗歌《二十四节气歌》为切入点，带领孩子们开展"走进夏天"的话题讨论，引导孩子从气候的变化、自身的感受等畅谈自己的观点。在讨论分享之后，孩子们运用可视化思维支架工具——思维导图来呈现自己的观点。孩子们的作品图文结合，看似浅显的语言中洋溢着童真童趣，更有孩子们的个性化思考。从词语到短句，既能看到孩子对夏天的喜好，又能从看到孩子对身边事物的关注。根据思维导图上孩子们感兴趣的内容，冬青老师随即组织学习《夏天是个娃娃》《夏天的雨》《我家的蚊子》等儿童诗。同时，结合人教版小学语文第二册第四单元的文本和《法布尔昆虫记》的阅读开展昆虫研究，探究小动物的生活习性并创作电子绘本。在昆虫研究中，学生在校园里发现了很多蜗牛，于是冬青老师及时引入林良的童诗《蜗牛的风景》。孩子们在诵读童诗中了解真实世界中的蜗牛，很自然地将学习与生活相关联。在这一统整课程学习过程中，思维导图把阅读、写作、探究等活动有机地关联起来，提升了学生的语文综合素养。

其二，数学学科视角。该校以实验课题《数学'信·趣'创新实验》为载体，探索基于数学学科的课程统整。本课题试图重构教学内容、创新教学方法，有效融合新技术，并通过游戏和活动，把数学学习与实际生活相互关联，提升学生数学学习效率，激发学生学习数学的兴趣与自信心。目前，主要从"数学笔记"和"主题拓展"两个角度，将数学与其他学科、数学学习与现实体验探索统整，凸显数学学科属性，提升学生数学学习效率。从效果来看，孩子们非常喜欢这种学习方式，学习效果也很明显。

"数学笔记"是让学生通过绘画或手工等形式来编制数学故事，通过口语来阐述数学问题，用社会化语音技术"啪啪"等软件作为媒介呈现数学思维，即"数学+美术+语言+技术"。在完成"数学笔记"的过程中，学生把那些"听懂的"或"看懂的"数学知识通过图画可视化呈现，让数学思维显性化，并用口语去描述、阐释甚至概括，用儿童的语言把数学知识表达出来。这使学生对数学知识的理解更深刻，同时学生的绘画能力、语言表达能力也得到了相应提升。技术的运用，为数学学习的群体智慧共享搭建了平台。

"主题拓展"是指以教学内容中的某一主题为切入点，设置一系列基于真实世界的数学实践活动，通过跨学科学习和技术运用提升数学学习质量。如，魏老师在一年级下册《有趣的图形》单元学习中，重构了学习内容，以"图形旅行周"为主题开展数学实践活动。通过绘本阅读、生活中的图形、制作电子绘本、认识奇妙的七巧板、绘制主题画等学习活动,把数学与语文、美术、技术统整起来,在多向协同中凸显数学学习效率。

又如,一年级上学期数学第二单元主题是"比较",主要任务是让孩子们在不同情境中学会比较大小、长短、高矮、轻重以及多少的方法。为了让孩子们在课堂学习前对这一主题知识有一定的感性认知,周老师让孩子们在国庆期间与家人一起开展"翻转学习",用多种方式初步感受高矮、轻重、长短、大小的概念,为课堂学习奠定基础。老师鼓励孩子们使用多种比较方法观察生活,发现数学。孩子们在现实生活中进行各种比较,不亦乐乎,有的与爸爸比个子的高矮,有的与妈妈比手指的长短,有的与妹妹比轻重,有的与弟弟的比书包的大小……在真实世界中,孩子们大胆想象、发散思考,突破了教材知识原有范围和探究方法的限制。最后,周老师把孩子们基于生活的数学学习反馈通过 APP "首页"呈现出来。这样,把数学与真实世界、实践活动、亲人间的温情以及新技术运用自然地统整起来,把学习放在特定的生活情境中,有效提升数学学习的趣味性和实效性。

其三,艺术学科视角。该校主要是以 STEAM 的角度进行艺术学科的课程统整,让艺术教师与语文、数学、科学等学科教师联动,彰显艺术学科特点,同时倡导艺术教师积极参与到其他学科的课程统整的创新学习中。

以美术学科为例,王思思老师在上"昆虫"主题的课时,创新地借助了 STEAM 课程理念。这一课集绘画、手工一体,融合多学科知识。在教学中,王老师把其他学科和技术有效融入整个学习,学生结合微视频学习 3D 动画制作方法,并经历了以下学习过程:观看影片《昆虫总动员》—针对影片提问题—科学教师专业答疑—用 Keynote 软件制作"我的昆虫笔记"—二维码分享作品—用黏土捏制昆虫角色—制作 GIF 动画—二维码分享。这一过程很清楚地展示了美术学科与其他学科的有效统整,学生的综合能力得到培养。

又如,二年级数学教师发起了"对称"主题的多学科融合统整,美术教师也参与其中,通过树叶画的形式,让学生进行对称的粘贴创作,创作内容融入语文学科的内容,学生在粘贴绘画中感受"对称美",并用写作与口语表达"对称美",美术教师通过数字故事把孩子们的作品通过互联网分享。

"自然笔记""音乐笔记"是该校推进艺术学科与其他学科深度统整的重要表现方式。借助它们和互联网的传播优势来深化艺术与其他学科的深度链接。在实践中,学生运用五彩的画笔绘制大自然,用画笔去解读科学现象,用语言来阐释自然现象,然后通过 APP 来创作动感十足的配乐艺术作品,并在互联网上分享与传播。"美术+音乐+科学+语言+技术"的深度融合,培养了学生的多学科素养与技能。在运用视频处理工具进行分享时,每一个孩子都想把自己最好的口语表达呈现出来，在优美的音乐伴奏中，用语言去阐释美术内涵、去解读科学原理。同时，设计有意义感的数字故事来彰显学习的丰富性。学生学科综合素养在创感的学习情境中得到良好的培养。

当然，该校不仅从语文、数学、艺术学科进行跨学科统整学习，基于科学、英语等学科的课程统整以及基于主题的课程统整也在探索中。

（三）统整项目课程的评价体系

在统整项目课程学习过程中，该校对学生的学习评价焦点由学生"知道什么"转向学生"能做什么"，通过观察学生在回归真实生活的学习情景中的学习表现、学习制品，对学生进行过程性评价和表现性评价。但统整项目课程基于国家基础课程即学科课程，同样指向学科知识学习目标，测验性评价依然具有其独特的功能，需要在课程实施中得到科学、正确的运用。目前，该校的统整项目课程评价主要是由开放性评价、表现性评价和过程性评价相融合的多元评价体系。

1. 开放性评价

传统的评价方式善于对学生的知识掌握情况进行评价，而不善于评价学生的实际技能、学习过程和方法、情感、态度、价值观等非智力性因素。在统整项目课程实施中，各学科融入了整个课程中，该校通过教师搭建平台、家长设关摆擂、学生闯关攻擂的大型"趣味游园活动"，以开放性的评价方式进行课程中的学科评价。首先由学科教师将学科目标先分解再提炼，设计成游戏关卡，然后组织学生和家长了解游戏规则并进行相应练习；之后学生进行选择性命题，教师选择性采用学生命题；最后举行游园活动，家长守关，学生攻关，如果攻关失败可以在"支援区"请求帮助，学习之后再次攻关。整个活动以考察学生的学科知识学习情况为目标，但运用逆向设计方式，促使学生进行反复练习、提出问题、解决问题，从而不断提升学科学习的质量。家长参与整个活动，现场直接观察学生的学习态度和学习结果，有利于家长深入了解自己的孩子和孩子所处的集体。

2. 过程性评价

传统的评价注重的是对学生结果的评价，忽视了对学生学习过程的评价，而学生的学习过程对学生学习极具意义。因此，记录学生的学习过程、保存学生的成长证据是十分必要而且非常重要的。为了记录学生在统整项目课程中的过程性学习，该校鼓励教师们引领孩子建立"成长记录档案袋"，可以是实物文件夹式的，但更建议使用电子档案，用以收集学生在统整项目课程中通过手写、手工、手绘、拍照、制作等方式形成的学习制品，也收集学生学习过程中的心情、感受、反思。这样的"成长记录袋"既是学生学习的证据，也是学生成长的见证，既是课程实施的具体体现，也是后续课程开发的素材。在课程实施过程中，该校的老师根据自身喜好自由选择QQ群、微信群、语音平台、百度云、QQ视频、邮箱等交流方式进行过程性作品收集和归整。以百度云为例，学生先将学生制品按规定格式命题，提交到指定文件夹；教师登录并进入文件夹检阅作业，根据作业进行课堂教学设计；而学生在"搜索"处输入自己的名字，即可搜索到自己的作业，轻松制作属于个人的"成长记录档案"。

3. 表现性评价

表现性评价又称为真实性评价，强调在真实情境中完成真正的任务。这种评价关注评价的发展性功能，注重评价的多元融合取向，具有全面性、多样性、开放性、多元化等特点。表现性评价是该校在学校层面主导设计和推进的大型统整项目课程的重要评价方式。比如一年级上期的孩子们在"职业日"课程的最后一天开展"职业体验展示活动"。

总之，评价是课程实施的指南针，评价的方式决定了课程发展的方向和形态。目前，该校统整项目课程的评价体系还不完善，在未来的课程实践中，将聚焦学生的核心素养培养，不断优化课程评价方式，提升课程实施质量。

（四）统整项目课程的成效

改革四载，南方科技大学第二实验小学建立了独具特色的统整项目课程理论体系，形成了"六大生态与世界文化探索"等课程体系。统整项目课程以年级为单位设计，学生根据兴趣自主选择探究主题。南方科技大学第二实验小学统整项目课程在为课改积累了宝贵的理论和实践经验的同时，也收到了良好的实际效果，显著提高了学校的教育教学质量。

这种效果表现在南方科技大学第二实验小学在教学活动中所呈现出的鲜明特质，即学生的学习是快乐的，学生的发展是主动的，师生关系是和谐的，包括学业成绩在内的学生综合能力提高得更快，教师专业水平发展得更快，有力促进了学校教育质量的提升。

南方科技大学第二实验小学近四年的课程改革取得了丰硕的成果，伴随着学校教育竞争力的上升，学校的知名度和美誉度也显著提高。为了让更多地区的老师和孩子们能共享优质教育资源，他们一起实践探索，共同成长。南方科技大学第二实验小学联合21世纪教育研究院、蒲公英智库、沪江"互+计划"共同发起的统整项目课程全国教师培养计划，现已有17个省市的63所学校加入，形成了统整项目课程实践的学习共同体。

三 南方科技大学第二实验小学统整项目课程实践探索的启发与思考

（一）统整项目课程培育了学生的核心素养

时代在进步，社会在发展，学生接触的新事物也越来越丰富，课本的内容已经远远不能满足学生的需求，统整项目课程便应运而生了。南方科技大学第二实验小学在学校教育价值理念指导下，将学校个性化课程的各个构成要素重新编排组合，使各个课程要素在统整的动态过程中统一指向学生的核心素养。借助于统整的课程资源，培养学生的创造力，锻炼学生的实践能力，促进学生的发展。其统整项目课程在开展过程中着重研究学生，发现学生的兴趣爱好，遵循学生的身心发展规律，尤其要解决学生发展过程中存在的疑难问题，帮助他们习得具有较高稳定性，有可能伴随一生的素养，让每一个学生的潜能都获得发展。

1. 统整项目课程是学生核心素养全面发展的需要

从上文调查数据来看，94%的学生认为统整项目课程的学习更有乐趣，能拓宽视野，提高发现和探究问题的能力。这是学生"学会学习"的重点素养内容和培养目标。南方科技大学第二实验小学统整项目课程让学生的学习与生活密切联结，在开放的学习环境中培养学生的关键能力，促发深度学习，让学生在实践中提升核心素养，以适应未来社会的发展。南方科技大学第二实验小学的统整课程贴近实际，接地气，适合不同性格、不同基础、不同特质的学生的素养发展，具有较强的包容性和可行性。统整课程让南方科技大学第二实验小学的学生通过各学科的统整，形成新的思维模式并自主构建知识，在过程中掌握学习关键能力，提高对自然、社会、自我的认识，形成初步的创新精神、实践能力、科学和人文素养以及环境意识，符合儿童核心素养全面发展的需要。

2. 统整项目课程能培养学生的自主发展能力，让核心素养落地

南方科技大学第二实验小学统整项目课程内容从碎片走向系统，实现课程体系的重塑。其课程实施方式从封闭走向开放，实现了真实学习。譬如，一年级的"职业日"统整课程让孩子们对职业进行了解、扮演和体验，把握自己将来的择业方向。孩子们一入学就有了对职业的认识和体验。孩子们的学习方式也是全方位立体式的，有绘本阅读，有数据统计，有美术创意，有艺术表演，有生活体验，有思维导图的制作。这些培养了学生的梦想和志向，使他们认识社会上的各种职业，努力学习，为将来自己的爱好、目标而奋斗。同时，也通过职业体验的新颖形式激发学生的创新思维，他们很自然地被放到学习的中心地位，主动学习、个性化学习成为可能。学生面向未来的核心素养在统整式的学习中得到浸润式的培养，这样的课程能够成就学生，让学生的生命在课程整合中持续不断地增值。课程真正满足学生的成长需要，让核心素养落地，真正实现育人目标。

3. 统整项目课程多元智能、混合学习的理念更利于促进学生核心素养的形成

每个儿童都是不一样的，如果都用传统的应试学习，才是真正的不公平。分科教学让人变得专业，跨学科学习让人发展得更完整，两者需要协同发展，但传统的分科教学，知识往往是片面的，缺乏整体性，学科之间没有交流。南方科技大学第二实验小学统整项目课程通过开展有效的统整使教学多元化，学生的知识结构能够成为一个整体，这对培养学生的整体思考能力是非常有帮助的。譬如，三年级的学生通过探索"一棵树的价值"开展项目课程。学生们分成若干组，科学组观察大树，分析大树生长特点，研究树叶的呼吸原理，了解了树在生态环境中的重要地位；技术组通过组装木制模型，用iPad制作动画，探究树木在人类历史中的技术应用；工程组用捡来的树枝树叶制作贴画和小制作，知道了树是生产制作的重要资源；艺术组欣赏并制作与树相关的诗歌、音乐和绘本，感受人们在一棵树上的精神寄托……老师们通过课程重构，学科统整，以学生为主体，鼓励学生提出问题，引导学生从科学、技术、工程、艺术、数学等五个方向研究一棵树的价值，探索大自然与人类生活的紧密关系，培养学生的社会责任感。这既开拓了学生的多元智能，又培养了学生综合思考问题和解决问题的能力。该校统整项目课程从学科视角和主题视角进行混合开发，更有利于促进学生核心素养的形成。

4. 统整项目课程打破学科边界，聚焦综合素养提升

教育流程再造必须从课程重构开始。北京大学尚俊杰教授提出"教育流程再造"，他指出，在移动互联时代，教育流程再造要从四个方面进行：教师角色再造、课程模式再造、学习方式再造、组织管理再造。南方科技大学第二实验小学统整项目课程超越课堂的视角，打破课程、教师、班级、时空边界，凸显学生主体地位，将课程整合有效定位，由知识本位走向能力本位，聚焦学生核心素养。譬如，该校"全球六大生态系统与世界文化探索"的统整项目课程由语文教师杨滢和数学教师周行健带领，学生们先集中了解六大生态系统的概况，再根据兴趣选择小组。在接下来的四周里，海洋组、热带雨林组、热带沙漠组、热带草原组、温带落叶林组、极地苔原组纷纷登场，开始了一场特别的"环球之旅"。在热带草原组里，语文老师杨滢先让学生分享自己搜集的非洲草原动物的相关知识，待解说员上台阐述后，学生可以自由提问，再由动物解说员回答其问题。"为什么狮狮吃肉？"收到同学的问题，解说员马上回答道："因为狮狮的牙齿很尖可以吃肉。"提问与解答后，杨滢向学生讲解食物链、生态系统、营养级等概念，周行健则带领学生通过游戏学习动物的分类方法和统计的基本概念。一节课被拆成两半上，一半是科学内容，另一半是数学内容，某个学习主题开展跨学科合作，每一个学科在学习过程中各展所长。通过各学科的统整，让学生从兴趣出发获取查找信息的能力，并形成思维模式，构建知识结构，从而帮助其丰富知识面，这是"统整项目课程"的优势，最终聚焦学生综合素养的提升。

（二）统整项目课程推动了教师自主协同发展

《中共中央国务院关于全面深化新时代教师队伍建设改革的意见》中就全面深化新时代教师队伍建设改革提出意见："教师承担着传播知识、传播思想、传播真理的历史使命，肩负着塑造灵魂、塑造生命、塑造人的时代重任，是教育发展的第一资源，是国家富强、民族振兴、人民幸福的重要基石。时代越是向前，知识和人才的重要性就愈发突出，教育和教师的地位和作用就愈发凸显。各级党委和政府要从战略和全局高度充分认识教师工作的极端重要性，把全面加强教师队伍建设作为一项重大政治任务和根本性民生工程切实抓紧抓好。"

1. 统整项目课程能唤醒教师追求教育质量的自我意识

为了尝试新的课程统整方案，教师必须抛去传统分科课程的思维与观念、教学方法和习惯，不断思考教学的本质、课程的终极目标、什么该是学生掌握的能力等，这就是专业自主的唤醒，以及对研究意义的改变。南方科技大学第二实验小学建校时间并不长，教师队伍非常年轻，平均年龄只有28岁，是一支充满活力、富有朝气、高素质、有能力的队伍。在校长的感召下，教师意识到当今教育脉络已是全新的世界，旧的课程内容与教学方法已经不管用了，因此这支年轻的队伍愿意去寻找更好的方案，或尝试任何新的东西，让学生能获得更好的学习。南方科技大学第二实验小学老师具有敏锐的问题意识和与时俱进的教育思维，能掌握当前的时代趋势和教育脉动。面对课程改革的冲击，要有一种旧有能力丧失的危机意识，更要有积极自我提升专业能力的成长意识。统整课程就像春风一样唤醒教师的课程意识，点燃教师的课程整合与开发的内在动力。

2. 统整课程成为教师专业自主发展的推手

在课程统整实践行动研究中，南方科技大学第二实验小学教师将零碎的、重复的教材内容加以整合，更加系统地理解和把握教材，他们也可能面临没有现成的教材指引上课，而且必须自行规划全学年或全学期课程。老师们运用各种资源设计探索性的教学活动，弹性安排上课时间，实施多元化评价，充分展示其教育专业自主性，提升自我的专业能力，包括发展统整课程模式、提升课程设计能力、应用多样的教学方法，协同发展多元化评价，以达到课程目标。因此，正是课程统整给了该校教师可以充分发挥专业的大空间，打破各种边界，成为教师专业成长的助推器。

3. 统整项目课程实践不仅推动教师理念转变，也推动了教学方式的重大变革

每个教师既是课程的实施者，又是课程的研究者，更是课程活动的参与者、协作者，这就使教师成为课程实施过程中的调控者和适度的创造者。在实施过程中所衍生出来的问题也考验着教师学科和教学知识的积淀以及系统思考能力，也关系到学科统整指南等科学性、实践指导性，需要在案例实践中不断修正和完善。南方科技大学第二实验小学副校长梁勇指出，"统整项目课程"对教师的挑战在于，建立在真实场景里的教学活动无法磨课，为了让教师充分交流教学方法和课堂体验，学校统整可以帮助教师更加系统地理解和把握教材，在一定的时间内，尽可能多地教给孩子知识，帮助孩子增加效益，减轻负担，把时间还给孩子一部分，让他们去锻炼身体，发展自己感兴趣的特长。周五下午都会安排时间，让老师们解读分组教学的内容。

4. 南方科技大学第二实验小学统整项目课程一改以往传统教学，通过协同研究促进教师协同教学

在课程统整的教学，教师要走出教室，放弃过去单兵作战的习惯和心态参与学校课程的发展活动；或者结合不同专长的教师组成教学团队，进行协同教学，共同担负起课程的规划，相互支持，与他人分享教学经验心得，促进自身专业成长。学校课程的统整及其教学采用分工合作的方式，结合教师群与行政人员，组成教学团队。教师更要穿越学校与小区之间的围墙，充分应用小区资源，让学校与小区、教师与家长成为"合伙人"。在协同研究中教师发展出多面向的协同关系：教师间协同、教师与专家间的协同、师生间的协同等。由于组合的团队成员间学科知识、兴趣、视角、经验背景和资格水平各不相同，因此不仅可以提升教学团队的优势及互相取长补短，还可以促进教师个体的专业成长。

（三）统整项目课程促进了学校快速发展

王利教授在《学校课程领导研究》一书中指出："课程领导应该是一个多层级的动态运行系统，它最终指向学校课程质量的提升、学生身心素质的提高和学习品质的改善以及教师专业的成熟。在学校情景下，课程领导者影响教师参与课程发展的过程，通过这一过程，形成教师参与课程变革的动机，提升教师参与变革的能力，促成学校民主、和谐、开放的教学文化，达到促进学校课程发展和提升学生学习成效的目的。"南方科技大学第二实验小学正是通过重构统整项目课程引领学校实现快速优质的发展。

1. 抓住"天时"顺应课程改革

在课程改革已经推进了十多年的教育领域，"互联网+"已经引发了人们生活方式和学习方式的深度变革，同时给教育带来了巨大的冲击。互联网技术的应用应该进入教育的深处，与学生的学习深度融合，以提升学生的学习力。该校抓住"天时"，从课程层面思考"互联网+"时代的课程创新，营造新技术环境下的学习生态，充分发挥互联网的底层支撑作用，构建"统整项目课程体系"，让学习与生活联结，在开放的学习环境中培养学生面向未来的关键能力，让学生在实践中提升核心素养，促发深度学习，以适应未来社会的发展。学校把"培养学生面向未来的关键能力"作为课程建设的基础，用互联网思维引领课程发展，用互联网技术促发学生的创新学习。

2. 适应"地利"目标定位准确

南方科技大学第二实验小学充分认识自身的优势和缺陷，设计学校发展定位和课程。该校地处国际大都市深圳，也是改革开放的前沿，兼有外语教育市场和条件，外语教育、信息技术教学的学术实践供给力量充足。该校适应"地利"，推进统整项目课程引领学校快速发展。学校的经费条件比较充裕，设施设备先进。更为有利的是，对于南方科技大学第二实验小学，南方科技大学教育科学研究和相关技术研究的强大学术力量和师资力量是其最有力的后盾，也是学校实施统整项目课程的有力保障。

3. 发展"人和"引领专业成长

南方科技大学第二实验小学唐晓勇副校长是分管教学与课程建设的常务副校长，是深圳市十佳青年教师、广东省教师工作室主持人、深圳市教师继续教育课程建设特聘专家、全国中小学计算机研究中心兼职教研员、深圳南山区教科中心教育技术兼职教研员，致力于技术支持的学习变革的实践与研究，多次应邀到全国各地讲学。他与学校整个团队一道，肩负着学校教学创新的神圣使命。该校教师平均年龄为28岁，都是高学历的年轻人。他们干劲足，思维活跃。唐校长重视"人和"，对教师的发展进行了整体规划和设计，从制度建设和基金等方面确保教师专业发展工作。他一直带领教师们探索借助互联网实施统整项目课程。在这个深度融合的过程中，唐校长眼里所看到的，是"人"的发展和"课程"的构建，即聚焦人的发展，构建能培养学生面向未来核心素养的课程体系。

（四）案例的启示——广州番禺区时代南阳里小学课程统整的现状与改进路径

1. 时代南阳里小学课程建设的背景

南方科技大学第二实验小学的经验与启示，也给了广州的小学开展统整项目课程改革有益的借鉴和思考。广州番禺区时代南阳里小学创办于2014年9月，有一支爱岗敬业、勤于钻研、综合素质较高的师资队伍，为学校的课程建设提供了师资保障。作为新开办的学校，该校一直围绕"尊重人、关心人、培养人、发展人"的生态教育观，以培养学生核心素养为出发点，开展课程体系建设的研究。2014年开办之初，学校的课程建设主要体现为个性化社团的拓展型课程模式，偏重兴趣爱好的引导和特长技能的掌握。2015年，学校确定了科技教育特色，进一步明确了现代小公民的培养目标，并以此为导向对课程体系进行了完善和补充，融入了科技、阅读等主题的特色项目课程。2016—2017年，通过对课程统整观的不断学习与完善，学校再次认识到课程建设的内在价值。该校试图通过落实基础性课程的基本要求来提高地方补充型课程的质量，通过建构校本拓展型课程的内容来满足不同学生的发展要求，使国家课程与校本课程在校本目标的指引下有机整合，从而构建学校完整的课程体系，促使教师形成正确的课程观和明确的课程意识，促进学生的全面发展。

2. 时代南阳里小学课程建设所积淀的优势

在课程建设目标方面，该校基于促进教师专业成长和为学生提供个性发展平台两个出发点，设置了以突出"教师主导，学生主体"的课堂教学模式夯实基础课程；以多元化社团拓展课程的实施打造个性化课程；以过程性活动为载体开展"公民教育"德育校本课程；以科技、阅读为主题开展特色项目课程。

随着校本课程的独立开展，学校的教育教学工作有了显著的变化。

第一，在教师、家长和学生的共同努力下，开发了校本课程资源，形成了以学科活动加强国家课程、综合实践活动提升地方课程和社团活动打造校本课程的一套相互补充的教材体系。第二，探讨了课堂内外相结合的校本课程教学模式。这种课程教学模式转变了传统课堂教学局限在校内和课堂内的模式，将课堂内外充分结合起来，使课堂与社会、生活对接，丰富了课堂教学的内容和形式。第三，促进了学生个性化的成长。学生在参与校本课程的开发学习过程中，学习和掌握了基本的科学知识、技能、方法，语言表达能力，信息资料的处理能力也得到了实实在在的锻炼和提高。校本课程有助于促进学生个性发展，使学生热爱学校生活，适应社会。第四，促进了教师的专业发展。通过课程体系的建设，校本课程进一步开阔了教师的教学思路，教师在教学中灵活采用多种方法，提高了教师的课堂组织效率，优化了教学效果。校本课程体系的实施充分发挥了教师的才华和特长，促进了教师团结与协作水平的提高。第五，促进了学校与家长、社会的合作与联系。校本课程的开发与实施也得到了社区人士，包括学生家长的大力支持和协助，他们的积极参与使本校的课程资源得到充分开发和建设，增进了社区、家长对学校的了解，形成了关心教育的良好社会氛围。他们对学校工作更加信任，促进了学校与社会、家长的互动，增强了相互间的合作与联系，促进了学校各项工作的发展。

3. 时代南阳里小学课程统整所面对的问题

课程统整作为学校新的课程体系的建设方向，如何有效实施，如何围绕学生的核心素养设置出合乎学校实际的课程目标、内容、评价体系都是值得深入思考的。虽然课程统整有了许多可供借鉴的案例和经验，但学校所面对的困难和问题也不少。

（1）对课程统整观念的认知模糊。学校在课程建设方面迈开了步子，尤其在新一轮基础教育课程改革的背景下，教师们的课程意识有了很大的改观。但无法回避的是教师们对课程统整的理解还存在一定的局限性，对课程统整还停留在表层化的解读上，忽略了课程本身所包含的课程内容设计、课程方法选择和课程实施效果的内在深层次意义。不少老师单纯地认为课程统整最终目的在于建构起有特色的校本课程体系，从而彰显学校特色，认为这是学校领导和中层该思考的问题，老师照章执行就行了。因此，课程的创新和整合意识不强。

（2）对课程统整缺乏操作经验。学校部分教师习惯于传统的教学模式，固守原有的教学内容。课程统整需要其重新备课，并融入新的信息技术配合教学，这对某些老师来说无疑是创新能力和精神压力的双重挑战，再加上自身的职业倦怠感，使其在课程统整实践中逐渐失去耐心。该校以青年新手教师为主力军，缺乏一定的教学经验积累，现在需要快速适应课程统整之后的综合性教学，虽然努力模仿和寻求骨干教师的帮助，仍旧无法熟练地驾驭课堂教学，统整效果可能会大打折扣。

（3）对课程统整的管理缺乏系统的统筹。学校课程统整要使学科间相互补充并形成能凸显学校特色的有机课程整体。在这一点上，时代南阳里小学还存在着对课程体系的管理片面化现象。第一，学科内容方面，机械零散。教师们会盲目借鉴成功案例，移植其他学校的课程整合成果，忽略校本实际，进行简单拼接。第二，学科之间机械拼盘，忽视学科功能。学校将注重逻辑思维的数学课程、科学课程与注重人文精神的文学课程叠加到一起形成综合课程，完全忽视了学科知识组合的基本逻辑。第三，学段课程之间缺乏合理衔接。课程统整机械零散的状态无法启发学生快速形成知识体系，无法达成课程目标的结果。

4. 时代南阳里小学课程统整的改进路径

学校课程统整是一项提升办学品质的系统工程，需要从上至下都具备课程改革的意识和勇气。学校要为老师们提供理论指导、资源保障，各科组、老师之间要合理规划、相互沟通、彼此合作，最终使全校师生积极主动地参与到课程统整的改革中来。借鉴南方科技大学第二实验小学的经验与启示，对时代南阳里小学提出以下的改进设想：

（1）案例导引，统筹规划。学校课程统整需要在学校层面做好必要的规划、带动和帮助。完成这项工作，不仅需要学校为课程统整实践配置充足的课程资源保障与支持，还需要积极引入真实案例，发挥成功案例的辐射带动作用，把理论学习渗透其中，建立一种符合自身实际的统整实践模式，制定合理有序的课程统整管理制度，规范统整实践。一方面要鼓励教师借鉴外部案例所提供的经验甄别，筛选和打破学科课程设计上的封闭性，开阔视野，将其他学科与统整主题相关的素材性资源逐渐融入课堂教学，形成新的课程资源；另一方面又要明确课程统整的评价和管理问题，需要一定的课程理论作为专业化引领，帮助老师在课程目标、课程内容、课程实施过程方面合理地构建起系统化的认知，达成课程统整共识。必要时还要积极寻求与专家的合作，在课程的开发、实施、评价等方面推动课程统整。

（2）优化师资，合作实践。学校课程体系的建设离不开老师们的出谋划策。教师既是课程的执行者，也理应成为课程的开发者。目前，学校的课程规划还是以教导处为主导，立足于行政指挥式的操作，很多课程的开设也没有考虑教师的基本状况与培训措施，只是为设计而设计，不太注重教师力量的整合。有些课程只是停留于浅层次的利用上，无法适应学校与学生的长远发展。因此，下一步要最大限度地把课程的自主权和选择权放还给教师，帮助老师发现课程、创造课程。既通过多种文化研修，丰厚教师的专业功底，又让教师参与顶层设计，并广泛征求意见，达成共识，统一推进课程建设。另外，还应成立课程统整建设团队，贯彻课程统整的意识与团队的凝聚力，通过统整教研和跨越学科的协同教研，让教师在课程统整中学会统整、体验统整，培养出新型的综合型教师。课程统整涉及多门学科，多种知识。不同学科教师之间的交流、合作非常重要。因此，在优化师资的过程中要鼓励教师与教师之间积极沟通，突破学科教研和年级管理的局限，转变观念，寻求合作，提升新课程驾驭能力。此外，还需要采取多种培训措施，强化教师的课程意识，使教师清醒地认识到，课程不仅是文本课程，更是体验课程；课程不只是知识的载体，更是教师和学生共同探求新知识的过程。加强课程与学生生活和现实社会的联系，实现课程生活化、社会化和实用化。课程体系要从单纯以学科知识为中心向学科体系、社会需要和学生发展相统一的方向转变。要让这些新的教育理念、课程理念，如全课程育人理念、生活化教学理念、问题探究化教学理念及素养化教学理念等，成为学校进行课程统整实践的指南针。

（3）优化主题，多科联动。学校目前的课程体系存在的最主要的问题是课程之间以及学科之间缺乏横向的联系，各自为政，互为壁垒。课程内容分科过细，教学内容窄而单一。实际上，学生的学习与发展具有整体性、关联性特征。因此，需要在遵循国家课程标准的基础上，再根据学生的兴趣、需要及个性心理特征，解构国家、地方、校本教材的关系，优化课程模块，进而促进课程体系的优化。以语文教学为例，学校尝试进行单元主题阅读教学法与学校的阅读课相整合，通过比较阅读、群文阅读、单元整体阅读等进行整体、综合的教学尝试，拓展语文学科的学习渠道。此外，以主题项目为抓手，尝试实现跨学科的适度融合。如在教学"热爱家乡"单元主题课时，将语文课与综合实践课整合，引领学生进行家乡历史发展、民俗民情的研究，了解地方知识与文化；另外，围绕着家乡这一主题，将美术和语文整合，进行美图创作、图文创编等活动；美术和音乐整合，展开相关家乡主题的舞蹈、音乐的编排。可以说，一堂语文的单元主题课程打破了学科之间的壁垒，打破了课堂内外的界限，实现了课程的统整，让学生的学习和成长回归完整的生活，从而促进个性的发展。当然，这只是一次有益的尝试。从课程体系的角度来看还有大量的工作要做。例如，只有联动语文、综合实践、社团、美术、音乐等学科，进行课时重组，才能保证课型统整的成功。因此，在课程体系的编排上需结合集中和分散的形式进行长短微课、周课、月课、阶段性课等各种课时调整与统筹安排的探索，努力使学生能在一个比较充分的时空内完整地经历全过程。此外，还要进行资源的统整，紧紧围绕课程的"魂"来展开，这样才能提高课程品质，最大限度地满足学生个性发展的需要。学校在统整课程资源时要注意结合学校的科技、阅读特色，挖掘师生本身的课程资源，充分展现师生的课程领导力。

（4）优化评价，导向素养。课程评价对学校课程发展起着导向和质量监控的作用，能有效促进学生核心素养的提高。《基础教育课程改革纲要（试行）》也指出，要"建立促进学生素质全面发展的评价体系"，要"建立促进教师不断提高的评价体系"，要"建立促进课程不断发展的评价体系"。因此，学校也要重视基于学生、教师、课程的发展性评价体系的建构。积极倡导评价主体互动化、评价内容多元化、评价过程动态化的科学理念，帮助学校的课程统整实践具有反馈调节、展示激励、反思总结、记录成长、积极导向等重要功能。传统的应试教育的评价标准存在的诸多弱点。例如，强调本学科的知识掌握，容易切割知识间的联系，让指向素养的有价值的知识被"屏蔽"；对知识的单纯学习，忽略真实的生活情境和生活问题，学生容易产生学习的"无意义感"，失去探索的兴趣，也难以形成解决问题的关键能力。可以看出，传统的评价体系对于培育学生的核心素养还是有力不从心的地方。因此，在深化课程统整的改革中，要通过评价导向强化学段间、学科间的纵向衔接和横向协调配合，开展跨学科主题教育教学活动，引导学生学会自我思考，自己制订计划及完成计划，在完成学习任务的过程中建构自己的学习风格，从而形成一个"自律"的个体。帮助学生在更为广泛的知识构架中探索，通过与其他知识和生活任务建立连接，使学生能进行有效的学习迁移。此外，评价导向还要注意引导学生之间的有效互动，能够有效促进其形成合作能力、尊重和理解差异进而形成相互妥协的能力、批判性思维等多种能力，并培养他们在群体中的责任感。

第三章　统整项目课程的开发与实施策略建言

朱永新教授指出："卓越课程应该最大限度地吻合各阶段儿童的身心发展特点，最大限度地开拓学生身心发展的最近发展区，最大限度地满足学生生命成长的需要。"因此，课程统整本身并不是目标，而是增强课程的整体化功能，达成科学育人基本目标的一种手段。

南方科技大学第二实验小学统整项目课程从对人的发展的独特理解出发进行课程综合，立足于加强各类知识之间的相互联系，提高学生综合运用所学知识的能力，力图最大限度地发挥课程的教育价值，为成长中的孩子们建构适合的课程。

 统整项目课程在广州实施的前景

统整项目课程的开发是基于"互联网＋"的时代特征和社会发展的需求，它改变了传统的线性的课程形态，以统整的方式，把课程、师生、学习时空、学习技术等核心元素有效地统合起来，其核心是打破学科内容之间以及学科与学科之间的边界，为学生构建一个开放的课程体系。统整项目课程以跨学科的方式，让学生围绕复杂的、来自真实世界的主题，在精心的学习设计基础之上，学科教师之间、教师与学生之间协同完成基于现实生活的开放性探究，促进学生主动地对知识进行意义建构，并在真实的情境中潜移默化地培养其核心素养、关键品格和必备能力。统整项目课程的开发和实施将给我们的课程带来四个方面的变革和影响。

1. **实现跨学科整合**

学校统整项目课程主要从学科视角和主题视角进行开发。学科视角主要聚焦学科目标，联通多学科知识，让学生通过跨学科学习，真切地感受到解决问题需要运用多学科知识。主题视角主要是基于某个学习主题开展跨学科合作，每一个学科在学习过程中各展所长。

通过各学科的整统，每个学生都参与进来，让学生知道寻找信息的方式，让他们从兴趣出发获取查找信息的能力，并形成思维模式，构建知识结构，从而帮助其丰富知识面，这是统整项目课程的优势及最终目的。

2. **促进教师综合能力提升**

在统整项目课程改革里，教师不只是被动的课程执行者，不仅仅按照国家统一规定的科目表和教科书和来教学,不仅仅教授完教科书上的材料。统整项目课程对教师的挑战在于,建立在真实场景里的教学活动无法磨课,为了让教师充分交流教学方法和课堂体验,学校可以帮助教师更加系统地理解和把握教材,在一定的时间内,尽可能多地教给孩子知识,帮助孩子增加效益,减轻负担,把时间还给孩子一部分,让他们去锻炼身体,发展自己感兴趣的特长。

3. 改变学生学习方式

开展统整项目课程能够使教学更多元化,学生的知识结构能够成为一个整体,而不是独立存在的。这对培养学生的整体思考能力是很有帮助的,同时也开拓了学生的思维。课程改革的浪潮滚滚而来,学校将结合校情、学情,将课程整合并有效定位,由知识本位走向能力本位、核心素养;使学生的学习方式由被动接受转变为主动合作探究;将教学空间由学校、课堂拓展到家庭、社区、社会,形成学校、教师、学生、家庭、社区、社会全方位的教育互助,最终指向学生核心素养的形成与提升。

4. 全面提升学生素养,提升竞争力

不管从当今世界的课程发展趋势,还是从中国的课程发展来说,学校课程的统整与开发都成为一个学校的重要使命。学校竞争力归根到底就是课程的竞争,有什么样的课程就会培养出什么样的人才。目前,我国的课程改革从"双基"到"三维目标"再到如今的"核心素养",每一步的跨越都是与时俱进,都是教育的自身主动适应外界变化的能动反应。因此,我们目前的"课程热"要热在"核心素养"上,要热在"学生的个性"上,要热在"未来需要"上,要热在"创新品质"的培育上。学校的课程统整与开发要适应这个变化,使课程真正能满足孩子的成长需要,实现"健全人格,塑造个性"的发展目标。

对广州小学统整项目课程的开发与实施策略建言

统整项目课程的实施对学校和教师提出了诸多的挑战,尤其在改革初期,一定程度上增加了老师负担。一是教材涉及的学科领域拓宽了,教师原有的知识结构有局限性,要掌握好相关学科的知识并进行综合教学,有一定的难度。二是主题课程需要跨学科的知识和探究式的教学策略,对教学设计提出了很高的要求,教师要花大量精力去学习,提高课程执行能力,这无疑增加了教师的负担。三是教学内容趋向开放,主题课程的教学需要广泛的课程资源,课程资源是否得到充分的开发,会影响教学效果,而教师开发课程资源需要投入很多的精力。四是教师的压力大,实际工作量增加,而制度支持与政策保障却没有及时跟上,如工作量计算、实验室建设、评价改革等。

学校层面实施统整项目课程主要遇到以下问题:一是教师的合理调配和管理

评价，这是课程整合给学校的最大挑战。二是学生安全问题，这是开展主题课程教学的最大隐忧。尤其是近两年来，学生安全几乎成了教育主管部门、学校和教师的头等大事。在这种情况下，实施以动手实践、体验感悟为主要特征的主题课程，给学校和老师带来巨大的心理压力。三是来自家长的阻力。受传统观念影响，部分学生家长对学校开设比过去多得多的实践体验类课程持不支持、不配合态度，这也成为实施主题课程的一大障碍。

上述情况要求我们做到：一是要有大课程观。我们要跳出学校的"教材即课程"的狭隘的课程观，树立超越学校的大课程观。二是整合现有国家课程。我们应通过国家课程的结构和体系的破与立、增与减、放与收、融与纳，使国家课程校本化、地方课程特色化、校本课程个性化，使学校的课程具有未来性的特征。三是开发新课程。我们要注重顺应历史发展的趋势，抓住教育"未来性"的特征，为孩子的未来发展服务。四是改变教育教学生态。我们要改变传统的课堂生态，改变教师的教的方式和学生学的方式，唤醒教师的课程意识，点燃教师的课程整合与开发的内在动力。

此外，开展实施统整项目课程需要在政策方面支持增加教师编制。统整项目课程要求教师团队共同开发课程，要求高，课时量大增，工作强度大，需要教育主管部门对所辖学校教师的心理压力和身体健康问题给予足够的关注。帮助学校和教师解决问题，必须要进行行政推动。没有政策和制度的保障，课程整合改革无法顺利进行。为了保证课题的顺利实施，应该成立统整项目课程领导小组和课题研究小组，构建市、县、校三级研究网络，分别组成研究团队，建立定期研究、定期交流等制度以保证三级研究的正常开展；开发课题研究网络平台，保证研究成果及时分享，研究问题及时得到反馈解决；通过把学校、教师和学生的研究成果纳入市级成果评价系列，调动实验学校校长和教师的参与积极性。依据课标梳理整合教材，综合考虑国家、地方、学校这三级课程的开设要求，在小学三至六年级阶段，从科学、品德、环境教育、安全教育等学科中找出活动性、体验性、探究性强的内容，将各学科中内容相关、相似的有关章节，归类到一起，进行教学资源重整，并根据内容特点命名一个主题，作为主题课程的研究专题。而科学、品德等学科中知识体系相对完整、没有被整合的部分利用课程表中单列的课时另外完成，或通过讲座、自读等形式完成。每个年级整合后的主题课程一般有10个。各学校原已开发的学校课程视情况处理，能纳入主题课程的，在相关主题中一并处理，确保课程目标不降低、无缺失。

为全面推进统整项目课程的实施工作，保障统整项目课程的建设持续有效开展，要着力建立和完善工作经费保障机制，为统整项目课程的建设工作提供强有力的保障。将统整项目课程的建设经费纳入预算，合理安排各项开支。采取"上争下投"，充分发挥财政资金作用，积极向国家、省、广州市争取资金支持。

加强统整项目课程的建设经费监管。定期开展专项检查，及时发现并纠正问题，确保专款专用，严格控制不合理开支，接受群众监督。

教育不能停留在过去，要面向未来。这应当成为所有教育者牢记的信条。广州"十三五"期间的发展的总体目标就定为：到2020年，全面实现教育现代化，率先建成学习型社会和人力资源强市，打造世界前列、全国一流、广州特色、示范引领的现代化教育。其中提到依托先进信息技术，提升智慧教育融合创新力。在大数据时代和"互联网+"背景下，以优质教育资源和信息化学习环境建设为基础，以学习方式和教育模式创新为核心，以体制机制和队伍建设为保障，着力推进信息技术与教育教学的全面深度融合，加快实现教育现代化。全面提升教育信息化的基础支撑能力，完善广州"数字教育城"公共服务平台，实现优质数字资源高度共享，基本形成跨网络、跨平台、跨终端的信息化支撑服务体系，构建以开放大学为主体，各级各类学校和教育机构共同参与的终身教育网络。全面提升智慧教育的应用与创新能力，大力推进各级各类学校智慧校园建设，深化信息技术与教育教学的融合创新。以基于个性化学习的信息化体系建设与应用为抓手，构建新型的学习生态，大力开展"三通"环境下教学创新模式、智慧学习模式、互动协作教学模式等研究与实践，围绕人才培养模式创新的目标，积极探索信息技术在众创空间、跨学科学习（STREAM教育）、创客教育等新型教育模式中的应用。努力提升信息技术环境下教师高效教学、专业发展与学生深度学习、自信发展的能力。

推动教育管理信息化与教育管理创新的深度融合，建立基于大数据的教育决策支撑体系，实现决策支撑科学化、管理过程精细化、教学分析即时化、公共服务人性化、教育评价多元化，促进教育决策水平的提高、教育管理方式的优化、教育治理的高效。

总而言之，统整项目课程改革的初衷就是培养学生面向未来的综合素养，改革方向与学生发展核心素养是一致的。统整项目课程与传统课程形态有很大的差异，因此在具体实施中我们需要思考如何把两种课程相态有效融合，以混合学习的方式让两种形态的课程优势互补，促进学生的全面发展。

"他山之石，可以攻玉"，小学教育人将秉承广州人的实干精神，课改不做表面文章、不走过场、不搞花架子，坚持向课堂教学要效益、要质量。课程是一所学校的心脏。我们最基本的抓手就是从核心素养出发进行课程的整合与开发，建构具有学校个性的课程群和具有学生个性的课程群，实现学校课程从单一想多元的跨越，从封闭向开放的跨越，从知识中心向能力中心的跨越，从课程体系向课程谱系的跨越。

广州的小学校长应当智慧地领导和实施统整项目课程，用统整项目课程培育学生，用统整项目课程引领教师专业发展，用统整项目课程引领学校快速发展，最终让个化教育落到实处，真正落实"立德树人"的根本任务，从而促进广州小学教育的大发展。

参考文献

[1] 袁晓英. 区域课程领导力建设的理论与实践[M]. 上海：上海三联出版社，2012.

[2] 万伟. 课程的力量——学校课程规划、设计与实施[M]. 上海：华东师范大学出版社，2017：145.

[3] 段俊霞，潘建屯. 课程统整中经验统整的问题与对策[J]. 教育理论与实践，2014（2）：43-46.

[4] 王利. 学校课程领导研究[M]. 北京：中央民族大学出版社，2012：39.

[5] 多尔 E. 后现代课程观[M]. 王红宇，译. 北京：教育科学出版社，2000：230.

[6] 胡定荣. 课程改革的文化研究[M]. 北京：教育科学出版社，2005：1.

[7] 联合国教科文组织. 反思教育：向"全球共同利益"的理念转变？[M]. 联合国教科文组织总部中文科，译. 北京：教育科学出版社，2017.

[8] 黄光雄，蔡清田. 核心素养：课程发展与设计新论[M]. 上海：华东师范大学出版社，2017.

[9] 陈玉琨，沈玉顺，代蕊华，等. 课程改革与课程评价[M]. 北京：教育科学出版社，2001.

[10] 吴永军. 课程社会学[M]. 南京：南京师范大学出版社，1999.

[11] 广东省教育研究院学校特色发展研究课题组. 以特色彰显每一所学校——广东省中小学优秀特色学校创建方案例[M]. 广州：广东高等教育出版社，2016.

[12] 坦纳. 学校课程史[M]. 崔允漷，译. 北京：教育科学出版社，2006.

[13] 赵士果，崔允漷. 比恩课程统整的理念及模式建构[J]. 全球教育展望，2011，40（7）：19，32-36.

[14] 邵晓霞. 新课程背景下的课堂教学——课程改革的生长点[J]. 现代中小学教育，2011（9）：18-22.

[15] 教育部. 基础教育课程改革纲要（试行）[EB/OL]. http://old.moe.gov.cn//publicfiles/business/htmlfiles/moe/s8001/201404/xxgk_167343.html.

[16] 黄清. 当代课程设计的新取向：统整化与人文化[J]. 漳州师范学院学报（哲学社会科学版），2003（2）：83-87.

[17] 蔡清田. 国民核心素养之课程统整设计 [J]. 上海教育科研, 2016 (2): 5-9.

[18] 邵朝友, 朱伟强. 基于标准的统整课程设计 [J]. 教育发展研究, 2014, 33 (Z2): 114-118.

[19] 于翠翠. 课程整合的现实问题与可能路径 [J]. 教育理论与实践, 2013, 33 (34): 61-64.

[20] 张良, 刘茜. 论教师作为课程知识的统整者 [J]. 教育发展研究, 2012, 32 (22): 49-52.

[21] 教育部. 教育部关于全面深化课程改革 落实立德树人根本任务的意见 [EB/OL]. http://old.moe.gov.cn/publicfiles/business/htmlfiles/moe/s7054/201404/167226.html.

[22] 唐晓勇. 我国中小学课程统整实践的形态解析 [J]. 中小学管理, 2016 (10): 8-11.

[23] 张良, 周杰. 论课程整合的知识论意义——潍坊市"小学课程整合的理论与实践研究"的个案考察 [J]. 当代教育科学, 2012 (6): 7-10.

[24] 国家中长期教育改革和发展规划纲要工作小组办公室. 国家中长期教育改革和发展规划纲要 (2010—2020年) [EB/OL]. http://old.moe.gov.cn/publicfiles/business/htmlfiles/moe/info-list/201407/xxgk_171904.html?authkey=gwbux.

[25] 董诞黎, 胡早娣, 邵亦冰, 等. 课程整合: 课堂教学新变局 [M]. 杭州: 浙江大学出版社, 2012.

[26] 蔡培阳, 沈兰, 林一钢. 从两套科学教材看我国的课程统整 [J]. 当代教育科学, 2003 (18): 20-22, 27.

[27] 马军. 统整课程的研究与思考 [J]. 吉林省教育学院学报, 2008 (11): 13-14.

[28] 熊士荣, 张友玉. 科学课程统整设计的范式研究 [J]. 山东教育学院学报, 2008, 23 (2): 13-16.

[29] 金建芳. 优化课程统整 提升学校课程领导力 [J]. 现代教学, 2013 (3): 43-44.

[30] 罗厚辉. 校本课程发展的潜力及局限: 一个香港案例的启示 [J]. 全球教育展望, 2003 (9): 52-56.

[31] 王远. 统整、解构、重组与耦合——实践性、研究性学校课程开发的新思路 [J]. 教育发展研究, 2004, 24 (12): 33-35.

[32] 杨向谊, 张才龙, 严一鸣. "学期课程统整"及其功能探析 [J]. 上海教育科研, 2007 (3): 68-69.

[33] 李健. 谈"课程统整"理念下的田野考察课——美术课程阶段整合实验分析报告 [J]. 中国成人教育, 2007 (1): 159–160.

[34] 赵德肃, 刘茜. 论民族文化在学校课程中的统整 [J]. 贵州民族研究, 2007, 27 (3): 165–170.

[35] 陈侠. 课程研究引论 [J]. 课程·教材·教法, 1981 (3): 7–12.

小学校本课程开发相关热点问题的案例研究

案例小组名单

小组负责人：林朝霞　广州大学附属小学
成　　　员：余仁生　广州市荔湾区教育发展研究院
　　　　　　黄立青　广州市番禺区市桥汀根小学
　　　　　　袁　超　广州市黄埔区怡园小学
　　　　　　郭锦辉　广州市番禺区市桥锦庭小学
　　　　　　彭　涌　广州市白云区神山第二小学
指 导 教 师：贾汇亮　薛国军

第一章 引　　言

新课程实施以来，在实行"国家—地方—校本课程"三级管理过程中，校本课程开发向来是一个热点难点问题。校长作为学校课程教学的引领者，推动校本课程的开发与实施，为学生提供丰富多样的课程教学资源，不光是其专业能力的基本要求，也是其职责任务的重要体现。结合《义务教育学校校长专业标准》，站在小学校长的视点和立场，如何把准学校校本课程开发理念，如何构建适合学校实际的校本课程体系，如何推动学校特色发展、提高教师专业水平、满足学生个性化成长需要，如何促进学生健康活泼、全面发展呢？近段时间，在省内外名校跟岗学习活动中，广州市卓越小学校长第五期培训班"领导课程教学"项目小组，试图采用案例观察研究的方式，对校本课程开发有关热点问题进行梳理，就问题的诊断分析和解决策略提出一些建设性意见。

第二章 文献综述

一、校本课程开发的背景

（一）国外背景

随着20世纪50年代美国"新课程运动"的失败，人们开始反思原因。这个失败是因为课程本身的问题，还是在课程开发方式上出现了问题？最后，许多学者怀疑由国家主持、学科专家负责开发，而学校仅负责执行的课程开发方法。这种自上而下的"研究—开发—推广"的课程改革模式的合理性与实效性值得怀疑。曾领导这场课程改革运动的专家通过深入反思，开始建立一个几乎全新的"实践的课程范式"。他们主张课程设计应针对单个的学校和它的教师进行，以学校为单位的课程设计才能有效地促进学校发展。在开发课程的过程中，课程专家、学科专家的参与是必要的，但课程开发的主体应该是作为学校内部的教师与学生，集体审议与行动研究是教师参与课程开发的自身专业发展的基本途径。这样，学校与教师在课程开发中的地位得到了重视。

校本课程开发产生的另一背景是民主思潮高涨的结果。第二次世界大战后，西方各国经历了相对的稳定和繁荣时期，富足的物质生活和丰富的现代信息使人们更加注重个体的自我价值，人们开始反思与批判工业社会的文化价值和政治制度。他们反对权力集中，呼吁权力下放，要求更广泛的参与公共活动，这种强调个体价值的"草根式"的民主运动，对教育产生了巨大的冲击。学校呼唤自主的管理权限，教育的所有纳税人都希望参与教育的决策过程，校本课程开发理念迎合了这种民主呼声。

20世纪70—80年代，校本课程开发成为课程开发的一股强大思潮，达到它发展的兴盛时期。校本课程开发虽然在各个国家具体实施中存在较大差距，但是普遍受到各国政府的大力支持和鼓励，得到基层学校的纷纷响应。英国、美国、澳大利亚是这一时期校本课程开发的主要代表。特别是在澳大利亚，校本课程开发策略最为风行。

由于政治制度与文化传统上的不同，校本课程开发在不同的国家有不同的表现形式。在课程管理上存在集权制和分权制两种类别，前者以法国、以色列、俄罗斯、日本、中国等为代表，后者以英国、美国、加拿大、澳大利亚等国家为代表。相对而言，分权制国家进行校本课程开发的条件更为优越，因而在校本课程开发中积累的经验也较多。

（二）国内背景

香港是我国最早推行校本课程开发的地区，在20世纪80年代受到英国与国际校本课程开发运动的影响，1982年教育顾问团提出《国际教育报告》，报告书中对香港的课程与教学提出建议，建议政府鼓励学校本位的课程发展。1992年，香港教育署成立课程发展处，专门负责处理课程开发事务。课程发展处成立后，提出了一系列课程改革计划，如特殊教育课程、课程统整、共同课程、校本课程裁剪等。

台湾地区在1998年公布中小学《九年一贯课程总纲》，赋予学校和教师许多课程自主权，并规定学校要设立"课程发展委员会"，规划学校总体课程，于开学前向地方教育行政机关报备后实施。从1999年8月起，进行新课程的试办，实验学校尝试着校本课程发展的实际运作。由于台湾地区教学政策一向是由教学行政部门主导，课程政策由教育行政部门决定，因此学校只接受自上而下的指令，贯彻标准化课程目标。经过2年多的试验，有些学校已摸索出校本课程的形貌，但尚需验证。

1999年6月，我国教育部在《关于深化教育改革，全面推进素质教育的决定》中指出："调整和改革课程体系、结构、内容，建立新的基础教育课程体系，试行国家课程、地方课程和学校课程。"三级课程管理制度的制定，引发了课程权力的再一次下放。2000年教育部基础教育司制定的《全日制普通高级中学课程计划》规定：地方和学校安排的选修课占周课时累计数的10.8%～18.6%，同时，学校还需要承担开发"综合实践活动"（占8.8%）的课程。2001年教育部又颁布《基础教育课程改革纲要（试行）》，确定了国家、地方、学校三级课程管理模式。学校在一定范围内获得了课程决策权，我国大陆地区校本课程开发的理论与实践由此大规模展开。"三级管理"的课程管理机制理论和"三大板块结构"的课程设计理论的提出，为我国校本课程开发的理论与实践研究准备了重要条件，而校本课程开发的深化研究又为"三级管理"和"三大板块结构"的进一步明晰化、具体化和合理化开辟了道路。两个方面的结合赋予了"校本"观念浓厚的中国本土色彩，为校本课程开发政策的确立奠定了理论基础。

二 校本课程开发基本理念及方法

（一）校本课程开发概念

校本课程开发经由菲吕马克、麦克米伦于 1973 年提出之后，其开发概念得到广泛响应，学者从不同角度做了解释。肯尼（S. Keiny）和威斯（T. Weiss）认为"校本课程开发是在实际的教育场所中发生的并可望能够使教师们积极地参与到广泛的相互作用和课程决策之中的一种课程开发策略"。这个定义所反映的校本课程开发是由各方面人员参与并在特定现场展开的开放性的课程开发策略。经济合作发展组织（OECD）在关于校本课程开发的专题报告中指出：校本课程开发实际上是要求教育制度内权力和资源的重新分配，强调的是学校和教师在课程开发中的重要地位。他们将"校本课程开发"界定为"基于学校课程需要的自发的行动，促使地方和中央教育当局之间的权力和责任的重新分配，使学校获得法律、行政和专业的自主权，进而得以从事自身的课程开发过程。"

吴刚平、徐玉珍等国内一批学者认为，校本课程开发是指学校根据自己的教育哲学思想，为满足学生的实际发展需要，以学校教师为主体进行的适合学校具体特点和条件的课程开发策略。其中开发是指从课程目标拟订、课程结构的设计、课程标准的编制、课程材料的选择和组织到课程的实施与改进等一系列的课程作为。校本课程开发包括两大范围：一指校本课程的开发，是学校根据国家课程计划中预留的时间和空间，进行学校自己的课程开发，它是与国家课程、地方课程相对应的课程板块。二指校本的课程开发，即学校根据实际情况对国家课程计划进行校本化的适应性改造。校本课程与校本课程开发不能混淆，校本课程开发指向的是一个动态的不断完善的过程，而校本课程则属于校本课程开发的产品或结果，一般表现为学校自己决定的可供学生选择的课程计划或方案。

林一纲、崔允漷进一步对校本课程开发的概念做了阐述。认为实践中的校本课程有两种形态：一种是校本课程的开发，国家在课程计划中预备 10% ～ 25%的余地进行新课程开发，采取这种形态的国家有俄罗斯、日本、韩国、法国；一种是校本的课程开发，即国家课程校本化，采取这种模式的有美国、英国等。

从上述这些概念分析得出校课程开发的一般特征：校本课程开发必须要应用课程开发的技术；校本课程开发的背后有着深刻的教育理念或者教育哲学，以学校的一切需要为出发点；校本课程开发是相对国家课程、地方课程而言的另一个课程板块；校本课程开发是一个民主决策的过程；校本课程开发是为了更好地适应学生的特征、提升学生的学习；教师、校长等学校成员要参与学校课程开发；校本课程开发是一个持续动态的课程改进过程。

（二）校本课程开发理念讨论

关于校本课程开发的理念，不同学者有不同的表述。吴刚平认为，校本课程开发有助于更好地实现教育目标，形成办学特色；有助于学校课程的实施和改进；有助于教育决策的民主化；有助于学生个性发展，学生个性潜能的挖掘，满足社会多样化人才需求；有助于教师专业发展水平的提高。张廷凯认为，校本课程发展的理念是以学生的发展为本，这才是校本的灵魂。关注学生、以学生的发展为本，最终应成为校本课程开发的中心理念。林一纲等人概括校本课程开发的要义如下：校本课程开发是课程权力的下放；校本课程开发强调过程而非结果；校本课程开发促使教师专业发展，通过校本课程开发使教师课程意识得到提升，使教师获得课程开发能力，使教师的行动研究能力和合作精神得到培养；校本课程开发使学生个性得到张扬，校本课程开发强调给学生留下空间，强调以学生需要为导向，强调差别性教育；校本课程开发促使学校特色的突显。

在《校本课程开发的学术理念》中，学者们论述了校本课程开发的一系列核心理念。目标观：适应学生与学校的特殊需要以增强学习的效果；开发主体观：以学校教育人员为主，同时可吸收家长、社区人士、课程专家，甚至学生参加；资源观：以学校的情境及资源为基础；课程观：情境与师生互动的过程和结果；教学观：引导学生在体验与创造中主动学习；学生观：学校所开发的课程需重视学生的特殊背景及需求，使学校提供的学习经验能够适合学生的个别差异，让每个学生都能发挥个人潜能；教师观：教师不但是传道、授业、解惑者，同时是参与课程的研究者；程序观：重视课程开发结果，也重视开发的过程，其开发行程和一般课程开发行程一样，也包括规划、设计、实施与评鉴；管理观：适当调节各层级课程决定的权力和责任。

以上是各学者从各自不同角度充分阐述了校本课程开发的理念，他们在校本课程开发的理解本质上是一致的，并且不难看出，"个性化"的教学理念是校本课程开发的核心思想和灵魂。校本课程开发最根本的一点就是基于个性化和体现个性。具体表现在三个层面：一是学生层面，校本课程开发旨在满足资质不一的学生的不同需求，可以更好地促进学生个性的充分发展。二是教师层面，校本课程开发是教师的专业个性化的反映。三是学校层面，从一定意义上讲，学生与教师个性化的形成会导致学校个性化的形成，会促进学校办学特色的形成。另外，校本课程开发立足于学校的实践，学校的教学理念与办学宗旨均是校本课程开发得以生存和发展的动因。在这三个层面中，尊重学生的个性是最根本的，校本课程开发的目的就是把教学主体的角色还给教师与学生，找回他们在大一统的课程体制中失去的自主性、主体性和创造性。

近年来，我国校本课程开发研究的主要内容包括：校本课程开发理论研究；

校本课程与教师专业化发展研究；学科校本课程的探索及运用研究。校本课程开发研究的主要特点包括：当校本课程开发趋于稳定，研究的重心在于探索存在问题的根源（课程政策、课程领导、学生发展需求、教师课程意识和能力、课程信息、课程资源等）；逐渐由重理论研究向重实践研究过渡；逐渐从基本教育阶段转向高中和高校。校本课程开发的五种错误倾向：任务本位倾向，认为是为了完成学校任务或别的任务；教材本位倾向；学科本位倾向，认为只是加深本学科知识；教师本位倾向，认为是实现教师个人的某种目的；活动本位倾向，认为搞点活动就是校本课程。校本课程开发存在的六个问题和困难：教师能力的欠缺、课程资源的匮乏、教学管理的繁重、学生认识的偏颇、家长思想的偏差、校长的境界。

（三）校本课程开发程序

1. 泰勒课程原理

泰勒围绕四个方面的基本问题来阐释他的原理。这四个方面是课程开发者都必须回答的问题：一是学校试图达到什么样的教育目标；二是提供什么样的经验达到此目标；三是选择有效的途径组织这些教育经验；四是如何确定这些目标正确地被实现。这可以约化为课程开发模式的四个步骤：目标的确定、经验的选择、经验的组织、结果的评价。

关于"目标的确定"，泰勒论证了教育目标的三个来源，解决了教育目标的筛选原则，规定了教育目标的表述方式。教育目标的来源是对学生的研究，对当代社会生活的研究，学科专家建议。筛选有两个过滤点，一个是学校遵循的教育方法和社会哲学，另一个是学习心理学所提示的选择教育目标的准则。

关于"经验选择"，泰勒指出，这不仅指课程所涉及的内容，还包括知识、教师活动、学习者、学习对象与环境条件的相互作用。泰勒将有助于达成目标的教育经验或学习经验归纳为培养思维技能，有助于获得信息，有助于形成社会态度，有助于培养兴趣等四个特征。

关于"组织经验"，泰勒提出了组织教育经验或学习经验的主要准则和一般程序，其主要准则是连续性、顺序性和整合性。关于评价，泰勒提出确定评价目标、确定评价情境、设计评价手段、利用评价结果。奥利瓦、波法姆和贝克等人，综合分析了泰勒的课程研制程序，绘制了一个完整的泰勒目标模式的图表（图4）。

2. 情境模式理论

情境模式包括劳顿（Denis Lawton）的宏观情境分析和斯基尔贝克（M. Skilheck）的微观（学校）情境分析。劳顿认为课程就是"对社会文化的选择"，其宏观情境分析强调学校教育通过课程所进行的文化传递应主要指向公共基础文

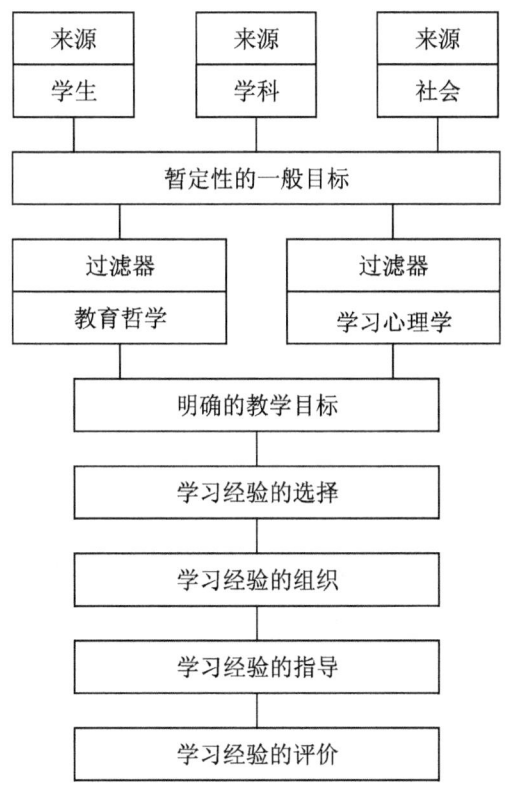

图4 泰勒目标模式

化,少注重学科间的平衡,包括学科范畴的全面性和学科之间的关联性。劳顿提出了一个建立在文化分析基础上的课程研制程序或步骤(图5)。

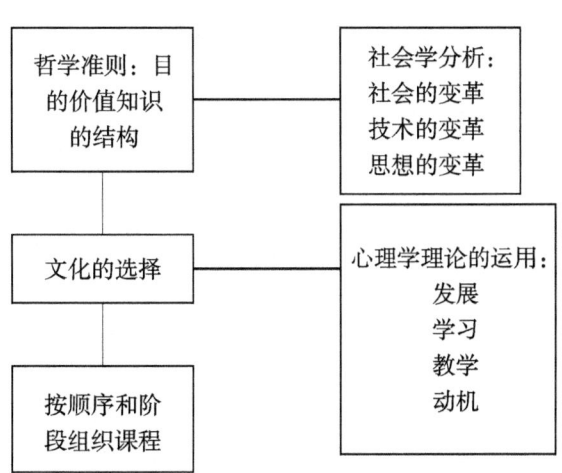

图5 劳顿的文化分析课程研制流程

其流程具体包括五个阶段。哲学层面的分析：通过对人类文化共同特征的哲学分析，确定具有永久性的教育目的及知识的价值和结构。社会学层面分析：通过对特定社会文化的分析和对社会现实情境的判断，确定教育现实的社会职责、目的及手段。文化的选择：在对教育目的、职责及知识价值、结构的哲学与社会学分析基础上进行文化要素的选择，确定课程的文化选择背景。心理学理论的运用：在课程的文化选择总体框架确定后，要运用诸如发展、学习、教学、动机等方面的心理学理论对课程予以编排、组织。课程计划的形成：按顺序和阶段具体组织课程材料，安排课程进度。

3. 校本课程开发程序理论

斯基尔贝克的情境分析模式强调根据不同学校的具体情况，在对学校课程的内外因素进行全面分析和评估的基础上研制课程方案。其流程包括五个步骤：分析情境、确定目标、设计方案、解释与实施、检查评价与反馈重建（图6）。

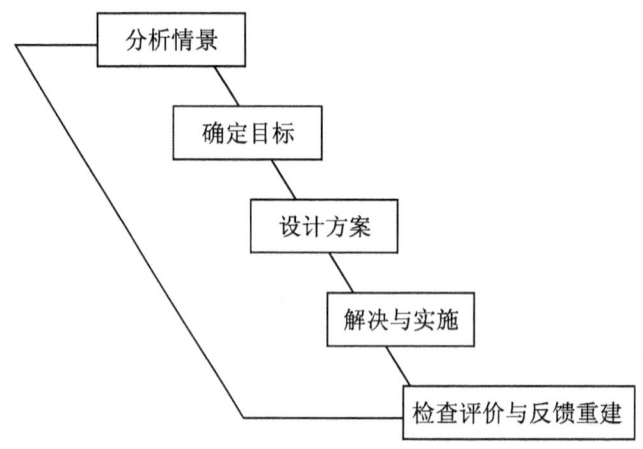

图6　斯盖尔贝克的情景分析课程研制模式程序

可以看出，情境模式既克服了目标模式的机械性、狭隘性的弊端，又弥补了过程模式的主观性及理想化的不足。这种用文化分析和情境分析的方法将课程研制或开发置于社会文化背景基础上和学校教育具体氛围中，从而使课程既具有较宽泛的理论基础，又具有较具体的现实性依据。毫无疑问，情境模式的灵活性、适应性都较强，它是全面性、现实性特征较突出的一种课程研制或开发模式，较为体现学校自己的教育哲学思想，对校本课程的开发实践和理论建设更具适应性。

校本课程开发的操作模式，只能涉及校本课程的一般问题，不可能穷尽每一所学校进行校本课程开发的具体活动细节，这一过程一般有六个步骤：组织建立、情景分析、目标拟定、方案编制、解释与实施、评价与修订（表5）。

表5 校本课程开发的操作流程（吴刚平）

步骤	主要议题	参与人员	角色定位
组织建立	1. 成立课程委员会或相应的工作小组 2. 确定参与成员及工作程序 3. 进行校本课程开发准备	1. 教师、主任、校长 2. 学生 3. 校外咨询人员 4. 学校行政人员	1. 决策、讨论 2. 讨论、决策 3. 咨询、建议 4. 协调、服务
情景分析	1. 现状需求评估 2. 资源调查 3. 问题反思	1. 教师、主任、校长 2. 学生与家长 3. 校外咨询人员 4. 学校行政人员	1. 决策、讨论 2. 讨论 3. 咨询、建议 4. 协调、服务
目标拟定	1. 理清办学思路 2. 确定一般目标与具体目标	1. 教师、主任、校长 2. 学生与家长 3. 校外咨询人员 4. 学校行政人员 5. 政府部门 6. 工作小组	1. 决策 2. 讨论 3. 咨询、建议 4. 协调、服务 5. 咨询、督导 6. 支持、讨论、咨询
方案编制	1. 确定工具与方法 2. 选择课程材料与组织形式	1. 教师、主任、校长 2. 学生和家长 3. 校外咨询人员 4. 工作小组	1. 决策 2. 讨论 3. 咨询、建议 4. 支持、咨询、讨论
解释与实施	1. 强化教育哲学思想和特色意识 2. 营造条件与氛围 3. 统筹教育资源	1. 教师、主任、校长 2. 学生 3. 学校行政人员	1. 决策 2. 讨论 3. 协调、服务
评价与修订	1. 设计监控和交流系统 2. 准备评价方案 3. 追踪实施效果 4. 收集反馈意见 5. 修订课程与课程开发方案	1. 教师、主任、校长 2. 学生与家长 3. 校外咨询人员 4. 学校行政人员 5. 政府部门	1. 决策 2. 讨论 3. 咨询、建议 4. 协调、服务 5. 支持、咨询、督导

第三章 小学校本课程开发相关热点问题的案例研究

 校本课程开发中的教育追求

教育，我们应该追求什么？《国家中长期教育改革与发展纲要（2010—2020）》提出："把育人为本作为教育工作的根本要求，关心每个学生，促进每个学生主动地、生动活泼地发展，尊重教育规律和学生身心发展规律，为每个学生提供适合的教育。"这在国家政策层面上明确了教育的根本要求是育人，同时，也提出了育人的具体要求，这个要求应该成为我们的教育追求。学校为达成育人的教育追求，会采取形式各异的策略，这些策略都需要基于学校的办学理念来统领。

学校要实现办学理念就不得不在课程开发上下功夫。校本课程开发主要包括两部分，一是对国家课程和地方课程的校本化处理，二是学校根据自身优势开发出的适合学校实际和学生需要的校本课程。无论采取哪种方式，其本质都是学校根据自己的办学理念而自主进行的课程开发，其课程开发的结果必定是学校办学理念的张扬。

新一轮课程改革的总纲《基础教育课程改革纲要（试行）》于 2001 年 6 月正式颁布。课改的要求与目标之一是建构并形成以校为本的课程结构和课程体系，以适应不同学校和学生个体差异的发展需求。在这课程改革的十多年里，有深厚文化底蕴的名校通过校本课程开发焕发出新春，有新建学校通过校本课程开发迈进名校行列，有依旧徘徊在校本课程开发的大门外。成熟、有特色的校本课程成了名校的外显标志。杭州市卖鱼桥小学教育集团的课程改革，给我们展示了一个丰富多彩的课程体系，一个大力度改革的课程体系，一个经历多轮实践逐步完善的课程体系。杭州市卖鱼桥小学（后文简称卖鱼桥小学）是如何通过"承载办学理念，统整校本课程开发"来达成"育人"的教育追求的呢？

（一）卖鱼桥小学教育集团的光谱理念

卖鱼桥小学实施"光谱教育"，倡导"尊重差异、赏识个体、开放教育、多元发展"的教育理念，坚持"促进儿童个性化地发展"的目标。以学生各项智能发展为着眼点，保护和培养每一位学生的学习兴趣，充分调动每一位学生的学习积极性，开发和培育每一位学生的学习潜能和特长，让每一位学生愉快学习、幸福成长。课程要尽可能满足学生多元化、个性化发展的需求，追求课程的丰富性、开放性、整合性。以培养知书达礼、具有开放的国际视野、良好的公民素养、自信乐观的多彩阳光少年。

光谱是指无色的阳光透过三棱镜会出线其中美丽的可见光带。把这个概念引申到教育中，就是针对每一个儿童拥有的语言（语言智力）、音乐（节奏智力）、逻辑（数理智力）、视觉（空间智力）、身体（动觉智力）、自知（自省智力）、人际交往智力和自然观察智力等不同领域的智力，为最大可能开发和引导好孩子的这些能力而采取因地制宜、区别对待的课程内容与教学方法。学校教育要关注学生的优势智能领域——智力的强项或特长，使教育成为发现差异、因材施教、发展特长的个性化教育，成就每一位学生的精彩。

（二）卖鱼桥小学教育集团的课程建构

杭州卖鱼桥小学的课程改革实践要追溯到20世纪80年代，学校在杭州大学教育系指导下开展"整体、合作、优化、乐学"课题实验；开展了"小学低段包班教育实验""生本教育"研究。这些课改实验旨在推进学科的融合，促进学生的全面发展。2004年，在原有的研究基础上提出"光谱教育"的理念，全面推进学校课程改革，希望为儿童提供适合个性化发展的课程。该校基于"光谱教育"理念的校本课程开发与研究至今已经进行了10年三轮的研究。第一轮是申报了浙江省2005年度教育规划年度课题《促进学生个性化发展课程模块与教学模式研究》。2007年，在此基础上进行了第二轮深入研究，申报了浙江省2008年度规划课题《基于"光谱教育"理念的学校课程规划与实施》，在研究中逐步形成了校本光谱课程基本结构。2011年开始，进行了第三轮的研究，申报了浙江省2011年度重点课题《提升光谱课程执行力的实践研究：基于教学管理的视角》，从教学管理的视角追问实施成效的研究。多年的课改实践，光谱教育的理念已经深入人心，为学生个性化发展提供适合的课程是该校的追求。

（三）卖鱼桥小学教育集团的课程体系

1. 课程目标

在课程构建中，最重要的是课程目标的确定。因为课程结构的形成以及课程的实施和评价都将取决于目标的确定。因此，课程的构建从明确课程目标、确定课程目标开始。

（1）精心架构学校课程体系，形成具有多元化、选择性、整合式的学校课程。

（2）进行有效的课堂教学改革，让学习发生在学生身上，形成学生自主学习范式。

（3）深化学生评价，以光谱评价促进学生扬长发展、个性发展。

2. 课程结构

卖鱼桥小学的"光谱课程"分为"六大领域的基础性课程"和"三大门类的拓展性课程"两大类。

基础性课程是学校课程中的基本部分，它体现国家对公民素质最基本的要求。该校根据"光谱教育"多元智能理论，对国家基础性课程进行了"破"与"立"，"融"与"合"，将国家课程中语文、数学、英语、科学、音乐、体育、美术、品德、信息技术、劳动技术等学科整合成六大领域：语言与应用、数学与生活、品德与素养、体育与健康、艺术与审美、科学与技术，将原来的门类教学变为领域教学。拓展性课程则以孩子个性化发展为目的，分成光谱兴趣课程和小公民素养课程。具体如图7所示。

学校课程								
基础性课程							拓展性课程	
语言与应用	数学与生活	品德与素养	科学与技术	体育与保健	艺术与欣赏	小公民教育	光谱兴趣	社团
阅读与写作／口语交际／英语口语	数学／数学活动／数学游戏	品德与生活／品德与社会／十德课	科学／科技博览	体育／健康生活	音乐／美术	小公民实践／礼仪／书法／中华经典诵读／心理健康	棋类必修／兴趣选修	三点半课程／精品社团／感统训练／心理辅导

图7　校本"光谱课程"结构

3. 拓展性课程

拓展性课程是学校个性化教育的主力课程，体现学校的办学特色，满足学生发展的多样性与选择性，凸显个性化教育。该校开设了以项目学习为特色的小公民实践课程、以智能发展分类的光谱兴趣课程、以满足个别化发展需要的社团活动这三个板块。

（1）小公民教育。以"培养良好的公民素养，锻炼实践才能"的教育为目的，培养具有中国情怀、国际视野的学生，引导他们对真实世界主题进行深入研究的课程活动，旨在锻炼学生意志品质，形成良好的公民素养和人格品行。

（2）光谱兴趣课程。针对"光谱教育"多元智能开设丰富多彩的兴趣课程，分为必修与选修两类，每学期可选一两次。前者的教学对象为低年级学生，主要内容为棋类；后者的教学对象为中高年级学生，突出"选"和"走"，在选课过程中提供给每位学生发展的空间。

兴趣课：一、二年级开设棋类必修课程，第一学期以班级为单位进行该项必修课程基础知识的学习，第二学期开始打通年级，按学生学习程度进行"分类+分层"的走班学习。

选修兴趣课：选修兴趣课程主要针对高年段学生开设。利用多种教育资源（包括校内资源、社区资源和学生家庭中的教育资源），因地制宜、因时制宜，充分开发光谱选修。学生通过网络平台选课，打通年级走班上课。三至六年级开设科技类、艺术类、体育类、科技类、生活类的兴趣课程，每个选修课程的学习时间是 8～16 课时。生活类课程采用"拼盘"的形式，每学期选课 1 次，可以学 2 个兴趣课程。

（3）社团。社团课程是针对个别学生需要设置的非常规课程，时间内容灵活安排，一般安排在课余时间。

三点半课程：针对一、二年级学生开设的社团活动，以培养兴趣，发现兴趣为目的。一、二年级下午三点半放学后，从三点半到四点半开设足球、羽毛球、国际象棋、围棋、民乐、铜管乐、绘画、书法等，通过活动培养学生的兴趣。

精品社团：中高年级的学生根据自己的兴趣、特长选择参加各类社团，聘请老师指导，提高专业技能，实现个别化的学习。

感统训练和小组心理辅导：为有特殊需要的个别学生开设的课程。如为低年段需要进行感统训练的学生每周 3 次的感统训练；中高年级开设小组心理辅导课。

4. 品德课程整合

卖鱼桥小学将"品德与生活""品德与社会"和校本"十德课程"整合成"品德与素养"课程，这是卖鱼桥小学整合编制的六大领域课程之一，变原来的门类教学为领域教学，旨在培养具有良好品德和行为习惯、乐于探究、热爱生活的儿童，引导他们认识社会、参与社会、适应社会，成为具有爱心、责任心、良好行为习惯和个性品质，同时又具有中华优秀传统文化、优秀道德素养的一代新人。

"品德与素养"始终以儿童的生活为基础进行课程框架设计。低年级儿童与自我、儿童与社会、儿童与自然这三条主线引导学会健康、安全地生活，愉快、积极地生活，负责任、有爱心地生活，动手动脑、有创意地生活。中高年级从学生不断扩展的生活领域，即家庭、学校、社区、国家、世界等方面出发，采用"一条主线，点面结合，综合交叉，螺旋上升"的设计思路。

（四）卖鱼桥小学教育集团的课程时间重组

卖鱼桥小学对教学时间进行了全面重组，以适应课程特点需要。

1. 长短课相结合

长短课的设置是根据学习内容和学生学习方法而定的，但总体教学时间不变。长课为35分钟，短课为25分钟、10分钟，大课为70分钟。所有基础性课程均为长课。拓展性课程为短课和大课，个性化课程根据需要另行安排，不列入课时。高年级基础性课程26节，课时长910分钟，拓展性课程13节（长、短课），课时长290分钟，共计1200分钟。中年级基础性课程25节，课时长875分钟，拓展性课程14节（长、短课），课时长325分钟，共计1200分钟。低年级基础性课程24节，课时长840分钟，拓展性课程11节（长短课）200分钟，共计1040分钟。

2. 按周教学与集中教学相结合

内容略。

（五）课程评价

卖鱼桥小学给我们提供了一个比较完善的课程评价方案。

1. 内部视导制评价课程价值

学校建立了校区、部门的内部视导制度，由校长或者分管校长组织，每学期至少一次对基础性课程、一次对拓展性课程实施的视导。通过对各校区、各年级的随堂听课、召开师生座谈会、问卷调查等方式，了解课程实施中存在的问题，及时研究解决问题的方法，利用寒暑假重新调整课程计划。

2. 部门评价制评价课程管理

（1）低年级的无纸化情境式评价；
（2）中高年级的学科竞赛与期末评价；
（3）学习节展示学习成果。

3. 运用媒介评价学生学习成效

学生评价载体包括学生成长记录册、光谱星记录本、学分记载卡。

4. 考核教学成果评价教师教学

通过一学期一次的学生满意度调查、课程视导、学生座谈、学生选课情况、光谱教学节展示等综合评定教师，评选优秀社团指导教师，给予一定的奖励。

二 校本课程开发的出发点与归宿

许多学校把进一步推动课程改革的措施聚焦在校本课程的开发上，学校校本课程体系的构建和实践成了校长们手中最重要的工作。不少学校已经完成了校本课程的开发，也有学校正在为开发什么课程而苦恼。从已经开发的案例来看，仍然存在共性的问题。第一，一些校本课程没有起到它本有的作用，要么是停留在表述上，要么是低层次的兴趣活动，要么是简单的综合性学习。校本课程开发到底是为了什么，没有显著效果。第二，校本课程开发中存在以下现象：过于理论，虚于落实；过于经验，层次不深；目标设置单一，缺乏层次；只开发不评价。第三，对于校本课程开发的成果认识模糊，不少学校仍然把编写校本教材作为校本课程发最终目的。

（一）校本课程开发总目标的落实离不开国家课程校本化的研究

学校对校本课程的结构缺乏完整规划，对校本课程的功能还没有一个完整的认识，没有形成学校完善的课程开发策略。那么，校本课程开发应该在一个什么样的结构体系之内呢？有学者已经做过分析，广义的校本课程指的是学校所实施的全部课程，既包括学校所实施的国家课程、地方课程，也包括学校自己开发的课程；狭义的校本课程专指学校在实施好国家课程和地方课程的前提下，自己开发的适合本校实际的、具有学校自身特点的课程。这样的界定无疑是准确的，然而，问题却出在对狭义的校本课程的实践上，如果学校开发出了一大批狭义的校本课程，它们与国家课程在育人方面的关系又是如何呢？校本课程开发的各个领域事实上已经包含在了国家课程的规划、目标体系之下，校本课程应该是一个广义的校本课程的概念。从结构性上来看，校本课程开发是学校在国家课程政策体系内对课程权力与课程资源的优化配置与调整重建，是教师为主导的能动性开发过程，旨在形成符合学校教育哲学的，适应学生发展需要的，在国家、地方、学校管理模式下的结构性课程开发体系。如果学校特有的培养目标的落实仅仅由学校管理的校本课程去完成，这是不现实的。因此，校本课程设置必须要覆盖全部课程。

香洲一小幸福人生素养课程

香洲一小的校本课程开发目标是构建幸福人生素养。这个总目标设置本来比较虚，但是学校把这总目标分为五个子目标，分别为人文素养、健康素养、科学素养、艺术素养、实践素养。这样分就比较具体，可操作性也强了。为了实现这五个方面的目标，学校在四个层面分别落实这五个方面的目标，并设置相关的课程。这个课程开发实际上是分了三个层级。第一层落实在学科基础类课程，主要手段是打造幸福人生的课堂文化，这是把国家课程按照学校的实际进行校本化改造。然后仍然按照这五个方面，进行活动拓展和活动探究类课程开发。香洲一小在校本课程开发总体设计思路上值得借鉴，这样的课程开发思路，能有效地实现学校总体目标，具体设置如图8所示。

（1）学科基础性课程的建设与开发。基础性课程主要指国家学科课程，在实践中，要以更好地实现国家课程目标为指向，结合各学科特点和教师实际，整合教学内容、改变教学方式、调整教学时间。具体包括：①学科内的教学内容。

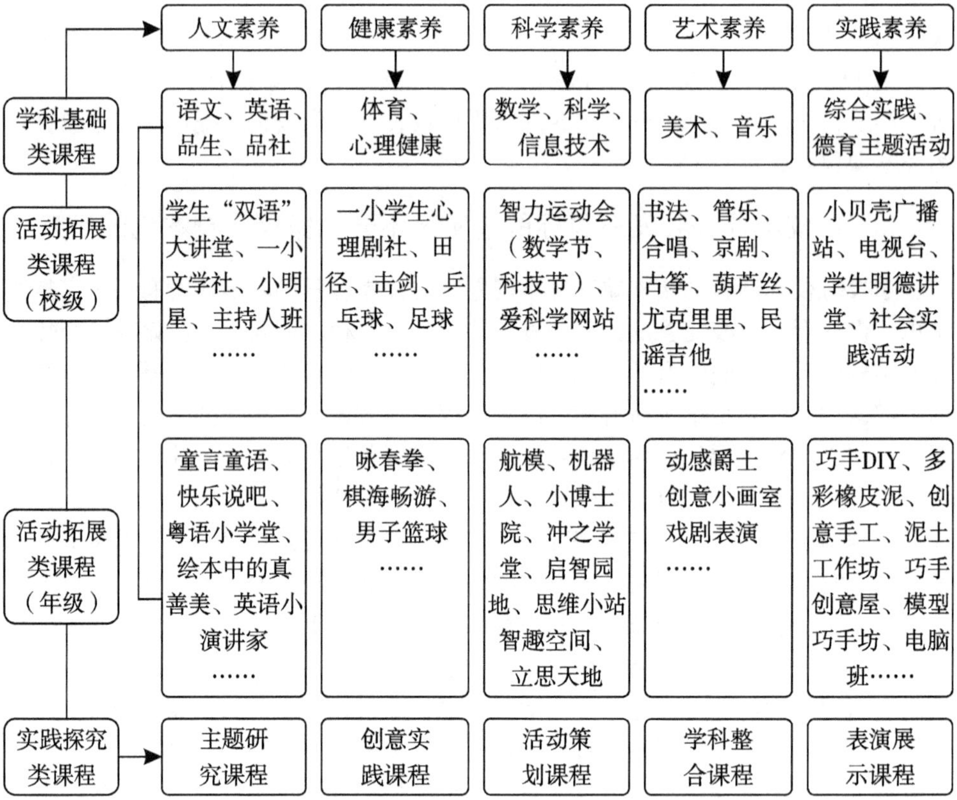

	人文素养	健康素养	科学素养	艺术素养	实践素养
学科基础类课程	语文、英语、品生、品社	体育、心理健康	数学、科学、信息技术	美术、音乐	综合实践、德育主题活动
活动拓展类课程（校级）	学生"双语"大讲堂、一小文学社、小明星、主持人班……	一小学生心理剧社、田径、击剑、乒乓球、足球……	智力运动会（数学节、科技节）、爱科学网站……	书法、管乐、合唱、京剧、古筝、葫芦丝、尤克里里、民谣吉他……	小贝壳广播站、电视台、学生明德讲堂、社会实践活动
活动拓展类课程（年级）	童言童语、快乐说吧、粤语小学堂、绘本中的真善美、英语小演讲家……	咏春拳、棋海畅游、男子篮球	航模、机器人、小博士院、冲之学堂、启智园地、思维小站、智趣空间、立思天地	动感爵士创意小画室戏剧表演……	巧手DIY、多彩橡皮泥、创意手工、泥土工作坊、巧手创意屋、模型巧手坊、电脑班……
实践探究类课程	主题研究课程	创意实践课程	活动策划课程	学科整合课程	表演展示课程

（引自于珠海市香洲区香洲一小严虹校长的研究）

图8　香洲一小幸福人生素养课程设置

比如语文学科，尝试大单元主题阅读教学，进行"导读课""精读课""以文代文课""表达与赏读课"等"四读课"的模式探索。语文、数学、英语、品生、品社、科学、美术、音乐等学科在确保国家课程有效实施的前提下，对本学科内部重复、交叉的内容进行整合，并在此基础上拓展出有利于学生幸福成长的校本化学习内容。②尝试改变教学方式。构筑基于学生学习的教学，力图建立凸显以学生"学"为主的教学方式。③尝试学科间的整合，尝试教师走班、合作上课。

（2）活动拓展性课程开发。活动拓展性课程指分领域在国家课程基础上自主拓展开发的校本课程，依据学校课程建设目标和本学科的特点以及现实需要，拓展教学内容，开发学科拓展性校本必修课程，作为学科课程的有效补充。分为年级和校级两类课程。为了满足学生多元发展的需要，开发了人文、健康、科学、艺术、实践五大类校本选修课程，建立校本"课程超市"，增强学生对课程选择的可能性，让课程关注到每一位学生的发展，培养学生幸福素养。

(3) 实践探究性课程的建设与开发。实践探究性课程是在满足学生发展需求、适应学校办学定位的基础上,通过课程选择、课程改编、课程整合、课程拓展等形式,实现整合课程资源,突破学科边界,使各学科围绕内容整合、方式转变和能力提升开展教学,进而带动教学质量整体提升。

(二) 校本课程开发序列要基于学校、基于生活

晓庄师院附小"诚信教育"校本课程开发

本课程以陶娃素质发展目标为根本,直接指向是培养学生社会主义核心价值观,即培养诚信、责任、友善的人。陶娃的核心素养是健康的身体、良好的道德品质、创新的思维方式、高雅的艺术品位、丰富的科学知识。以此为目标,一方面进行国家课程品质化、校本化改造,另一方面结合学校实际,开发若干校本课程。本课程是行知思想引领的生活教育课程,是面向未来的自主学习课程。

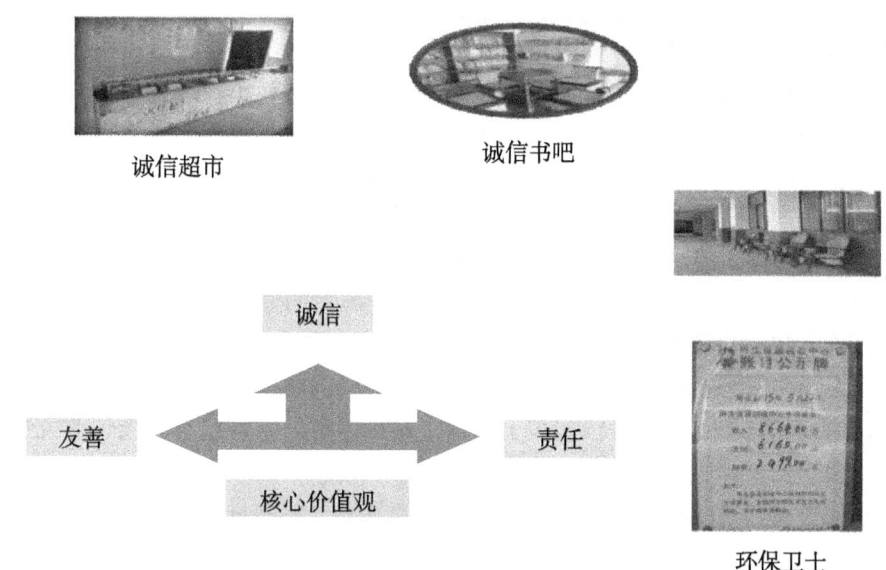

图9 晓庄师院附小校本课程开发过程示意

社会主义核心价值观教育大多数学校停留在口号教育上,基本以灌输教育为主;或者开展几次活动,学生有一些短暂的碎片化体验,不成系统,不够长效。师院附小校园里很少有宣传口号,所有的课程都是扎根于生活教育当中。关于诚信教育课程的开发做法是首先是建立学校诚信超市。学校后勤把商品采购回来,无人售货,学生自动投币购买。在超市周边,有学生每天的关于诚信书签,有每天学校诚信分数公布,有语音教育设备,有爱心捐款公布栏。学校都会对诚信成

绩进行评价和分析。学生在每次的购买过程中，实际上都是在进行诚信的自我教育和训练。

（三）校本课程开发价值在于开发的过程

校本课程开发的内容设置以及教学实施的基本过程来源于课程性质以及课程目标，理应是充分考虑了学生学习需求、发展可能，当然也包括基于学生学习水平反思认证之后的理性建构。然而，许多学校却将教学资源直接取来作为课程内容来应用，缺乏对学生学习需要与学习特点的判断和对教学资源选择后的加工、处理、归类、系统等课程化的过程。"课程是一种预期教育结果的重新结构化序列。"没有了这种重新结构化、序列化的过程，取之而来的教学资源显然不能够有针对性地对学生产生课程影响。也就是说，校本课程开发需要就同一种教学资源进行难度、水平等内容与实施的校本化重构。

"课程开发"是一个具有"普遍术语"性质的概念，它包括课程政策、设计、实施、技术、监督和评价。由此可见，它更多地指向于过程的概念。

校本课程开发的价值性来源于校本课程开发过程而不仅是课程本身。如果在此过程中将教育凌驾于人之上，寄望于通过外力改变人、塑造人，其结果便是对人与教育的分裂。尤其当狭隘甚至功利的课程观主宰校本课程建设者的思维时，极容易出现突击编"教材"的行为异变现象，而只有完整、合目的性的课程观才能产生价值。有专家认为，当下课程改革与研究领域孕育了"学习为本"的新动向。"学习为本"将课程更多地指向了学习者的适应性，指向了学习者的价值需求。如果学校在教育目标的选择中过多地注重社会资源、学科资源，而未充分考虑学生资源、教师资源，只是把社会资源作为学校凝聚特色课程形成学校特色的主要依据，那就从价值定位上偏离了课程原意。考察校本课程价值宜从学生的视角出发，课程应是学生"生命存在活动的一种预期"，一切课程不可缺少对学生的考量，这是一种综合学生发展需要和发展可能的目标性考量；课程还应当是学生"有获得性的生命存在活动"，这意味着一种关注学生发展的计划性必然以某种具体的、有效的实施与评价方式而存在。这就是校本课程开发中学校自己的课程纲要与课程计划的价值承载以及具体到某一门类校本课程的课程标准的价值承载，远不是编写校本教材这么单一。

晓庄师院附小环境教育课程

本课程的开发始于学校厕纸供应问题。小学生的特点是好奇淘气，又积极好学。起初，学校供应的厕纸被孩子拿来玩耍，浪费很大。学校德育处从发动孩子捐纸到发动学生在校卖废品购纸，到最后开展家庭开展垃圾分类活动。于是学校设计了一套环境教育的游戏，"逗"着孩子们玩，师生们在一起玩这个游戏的时候，环境教育的校本课程就出现了。此开发过程如图10所示。

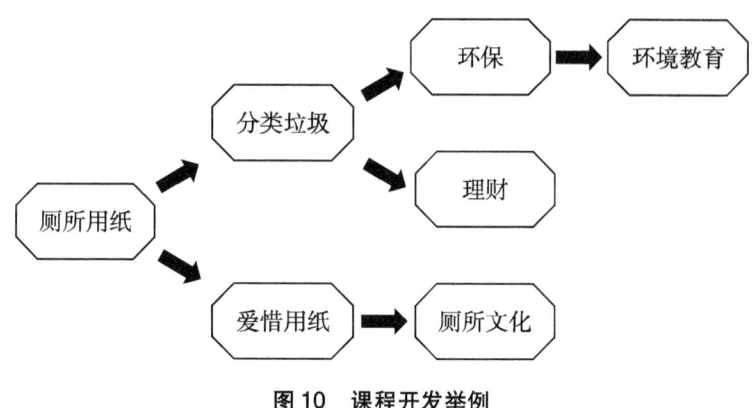

图 10　课程开发举例

校本课程体系建构与分类统整

课程是学校开展教育教学活动的核心载体，学校的一切工作都要围绕课程建设和实施来开展。教育部《基础教育课程改革纲要（试行）》指出，为保障和促进课程对不同地区、学校和学生的要求，实行国家、地方和学校三级课程管理。在课程建设中，如何理顺学校课程架构，厘清校本课程门类，建构具有自己学校特色的课程体系？在校本课程开发与实施过程中，如何有效地落实国家与地方课程校本化实施，如何有效地做好在国家课程、地方课程基础上的校本课程开发？

杭州市天长小学学校课程体系建构与校本课程分类统整

杭州市天长小学创办于 1927 年，历史悠久，底蕴丰厚，是浙江省教育科研先进单位、全国百所名校之一。从 20 世纪 80 年代起，即与杭州大学教育系合作开展了"小学生最优发展"综合实验，开设实验班，修改教学计划，整合教材，就小学教育整体改革进行了长期的探索。90 年代，天长小学开展"差异教育试验"，学校在差异教育理论指导下，开展现代学校课程与教学研究，其学科教学的"分流教学制"、活动课程的"两级循环活动制"在全国产生较大影响。近些年来，学校一直努力克服差异教育国内外实践的瓶颈——个别化教学的实际不可操作性和差异教育的"个别化"倾向，将"交往"作为差异教育实践的新路径，致力于建设"顺应天性、展其所长"的天长课程（图 11）。

1. 天长小学课程理念

（1）指向"办学理念"。

天长小学的课程建设重视已有的课程传统，关注学校已有的创新与改革，强调学校的愿景与使命。天长小学的办学理念是"面对有差异的学生，实施有差异的教育，促进有差异的发展"。因此天长课程致力于让学生在学校中能找到自

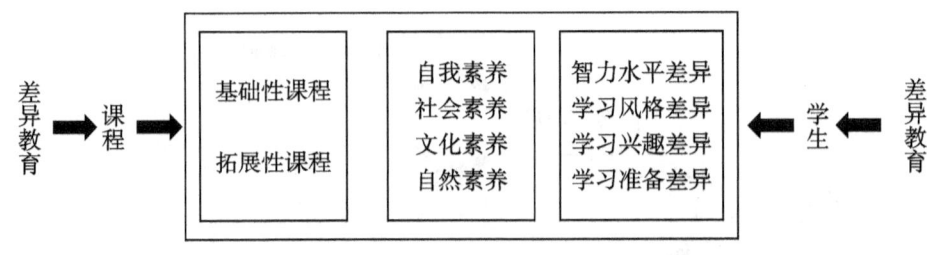

图 11　天长小学课程内容示意

己喜欢的课程，找到适合自己的课程，找到能提升自己的课程，找到能展示自己的课程。

（2）聚焦"核心素养"。

天长课程将致力于促进学生核心素养的形成，在学生核心素养得到发展的基础上，追求学生的个性发展。在天长建设课程的过程中，通过对教师、学生、家长、专家的问卷调查等各种途径，梳理、确定天长的学生核心素养。

（3）尊重课程建设自身规律。

天长小学尊重课程建设其自身规律，对课程内容、学习方式、评价这三个要素进行规划。实现课程框架的系统性构建。对课程类型进行梳理，并对每一类课程清晰定位。对课程内容进行开发。在已有基础上建设稳定的"课程群"，如"语文阅读"课程群、"东坡文化"课程群等。对课程形式进行探索。研究并实践长短课结合、大小课结合、常规课程与微型课程结合等。

2．天长小学课程目标

（1）学校发展目标。

丰富差异教育理论，努力构建促进核心素养形成的课程体系，形成"差异教育"课程群落，形成"自主交往活动"系统创造、"学术型、服务型"教师团队、"智慧交互"动态环境，把天长小学建设成儿童向往、家长信任，在杭州、浙江享有盛誉，具有国内和国际交流能力的现代化学校。

（2）学生发展目标。

关注学生发展，发展学生核心素养。天长小学的学生核心素养包含四个方面：自我素养——乐生活、乐学习、乐创新；社会素养——善参与、善交往、善行动；文化素养——懂哲学、懂历史、懂地理；自然素养——爱生物、爱环境、爱地球。

（3）教师发展目标。

服务于学生的自我素养、社会素养、文化素养和自然素养的提升，以差异教育研究为抓手，搭建各类成长平台，完善科研管理和青年教师成长机制，推动天长教师文化的传承与创新,从而提升教师的专业素养,促进学校管理者队伍、学科教师队伍、育人者队伍的专业成长。

3. 天长小学课程内容

天长课程以教育部《义务教育课程设置实验方案》《义务教育课程标准》、浙江省教育厅《关于深化义务教育课程改革的指导意见》为依据,由基础性课程和拓展性课程组成。基础性课程和拓展性课程的实施充分考虑学生在智力水平、学习风格、学习兴趣、学习准备等方面的差异,有利于学生自我素养、社会素养、文化素养、自然素养等核心素养的形成(图12)。

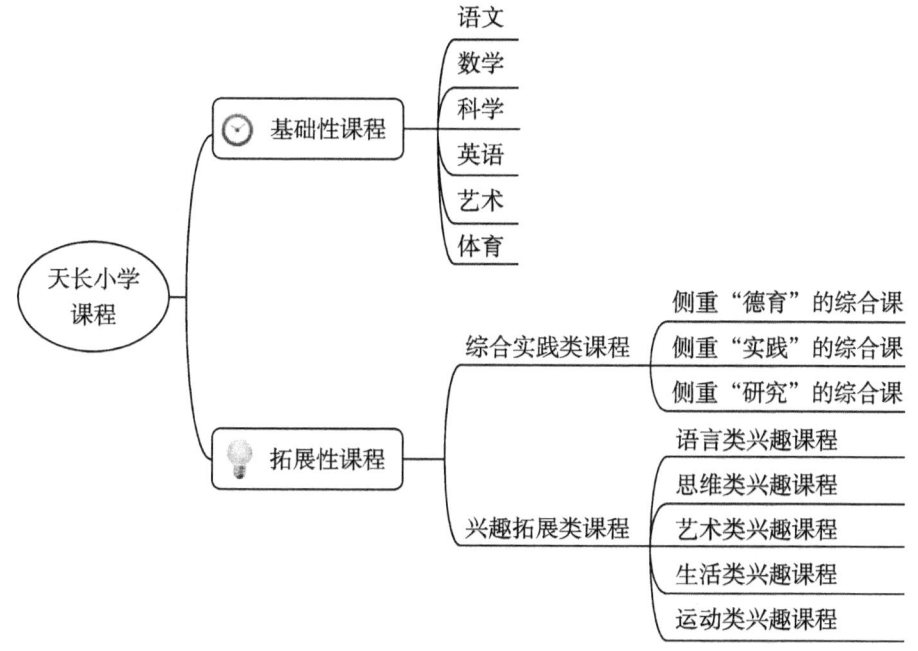

图12 天长小学课程改革示意

基础性课程是指语文、数学、英语、科学、体育(体育与健康)、艺术(音乐、美术)等学科课程。基础性课程校本化实施,以国家课程为蓝本,结合教师自身教学实际,通过自主创新,形成自己的教学样式。拓展性课程包含两类:一类是综合实践类课程,尤其注重跨学科的统整,多以项目、主题模块的形式实施教学;另一类是兴趣拓展类课程,充分利用教师特长、社区资源、家长资源等建设。拓展性课程突出课程的兴趣性、活动性、层次性和选择性,满足学生的个性化学习需求。

(1)基础性课程。

基础性课程指语文、数学、英语、科学等基础性学科。基础性课程采用国家审定教材，基于课程标准实施教学，保证学生掌握基本的知识与能力。与此同时，对教材里的内容或整合，或删并，或拓展，进行校本化处理，在国家教材的基础上，开发满足学生差异需求的、比较成熟的校本教材，实施差异教学。校本教材包括读本、微视频、方案、练习册等。

（2）综合实践类课程。

学生在综合、实践、研究、体验性的学习中，更能满足自己学习准备、风格、水平、兴趣的差异。因此，在差异课程体系里，"整合"是重要思路。首先，学校取消单独的信息技术课、劳技课，将信息技术、劳技、社区服务、研究性学习统整为综合课，并且把品德、少先队课也纳入其中。综合课由专职老师任教（过渡阶段，部分综合课由语文老师等学科老师兼任）。其次，学校对综合课的教学内容梳理、整合后，再进行类型定位，将综合课大致分为三类：侧重德育的综合课、侧重实践的综合课、侧重研究的综合课。

（3）兴趣拓展类课程。

兴趣拓展类课程，突出其兴趣性、活动性、层次性和选择性。学校按语言类、思维类、艺术类、生活类、运动类等五类社团课程领域，逐步建设形成满足学生素养层级式发展需求的拓展课程体系。

（4）课程群。

为了提高课程之间的关联性，学校还加快"课程群"建设。"课程群"的建设会带动各类课程开发的方向和目的性。学校着重加强"语文""东坡文化""交往""国际理解""体育""个人定制"等六个"课程群"建设。

（四）校本课程开发中信息技术的应用

2015年11月19日，国务院召开全国教育信息化工作电视电话会议，部署"十三五"教育信息化工作。动员各地进一步加快教育信息化进程，促进信息技术与教育教学深度融合。信息技术对教育发展具有革命性的影响，以信息化推动教育体系的结构重组、流程再造和思想变革，实现教育的创新发展。把课改放在信息技术下设计、推进，利用信息技术促进教育的服务的供给方式，教学和管理方式的改变。

课程改革的本质应该是教师课程能力的改进与学生学习方式的变化。随着个性化学习时代的到来，课程更需要适应学生个性化学习的发展。校本课程的开发就应该适应现代教育的要求，在开发形式与管理上就适应现代化教育的要求。

在校本课程开发和实施的过程中，引入现代信息技术成为必然。如何利用信息技术实现课程开发形式更新与管理创新？在信息技术环境下的校本课程开发与实施中要具备哪些条件和注意什么问题？本文以杭州市采荷第三小学利用信息技术开发校本课程的做法，介绍信息技术在校本课程开发过程中课程编制、课程实施、课程评价三个方面的应用研究。

杭州采荷第三小学利用信息技术开发校本课程

杭州采荷第三小学在进行校本课程开发的过程中，学校以让学生拥有课程的选择权，让社会公共资源为学生的成长服务，让教师拥有课程开发的权利与能力为课程开发的支点。利用教师资源自主开发特色课程，并让学生进行网上选课。在43个教学班里，开设了52门不同的课程，采取走班、混龄学习模式。学校在基于信息技术环境下进行校本课程开发做了有益的探索。

1. 开发网络课程资源，探索混合方式学习方式

学校在校园网内建立学习社区，每个科目都有不同的学习方式。如语文开设了网络阅读课，基于网络环境进行阅读研究；数学课引入了翻转课堂和微课。各科目都可以开展基于前置性学习的研究。校园网内还有师生的讨论区，学生可以自己或自由组合探索主题，每学期都由学生在网上发表学习意愿，教师根据学生兴趣开设课程，学生网上选课。

2. 建立校际协作，推进无边界课堂

该校积极与其他学校开展合作。其所在江干区的学校推进数学校园的建设，加强学校之间的联系，扩大课程资源，共享资源，提高课程整合的效率，减少失误。

3. 建立基于"数字童年平台"的教学评价体系

建立学生成长电子档案库，推广过程评价。让学生用数字化的方式记录下数字时代学生的成长足迹。建立多维的评价体系，使评价平台数字化，评价结果过程化，评价形式多样化，评价内容综合化。

五 校本课程开发中的网络隐性课程

随着互联网在教育领域的广泛应用，网络教育在校本课程开发中让传统教育方式与学习方式发生了深刻变化，网络教育已成为校本课程不可缺少的部分。笔者在深圳市螺岭外国语学校的跟岗学习中发现，网络教育同样存在隐性课程，并且网络隐性课程成为了隐性课程一种崭新而又有生命力的存在形式。网络隐性课程的价值隐藏在网络课程教学过程中，隐藏在网络学习环境中，隐藏在虚拟学习共同体的活动和文化之中。在校本课程开发与实施过程中，网络隐性课程需不需要建构？如果需要，应建构什么，如何建构？结合以上问题的追踪，下面通过对网络隐性课程的三个案例分析来揭示网络隐性课程的存在形态和特点，分析有意识地构建网络隐性课程的意义，为校本课程的开发提供一个新的研究视角。

深圳市螺岭外国语实验学校网络隐性课程案例分析

1. 案例1

六年级的一位家长在微信群里发出一个倡议：六年级的学生到一年级去给新同学介绍自己学校。这很快得到来班里很多家长和同学的支持，并迅速制定了方案。这手拉手活动结束之后，有同学将活动的情况通过图文并茂的方式发布在微信群、校园网上，引起了很大的反响，瞬间传遍全校。

这是一个自组织的具有教育性价值的活动，它充分利用了网络的方便性和组织的快捷性，很快将想法付诸实践并通过媒介的传播力扩大了该事件的教育价值。

那么，假设这个活动的发起人不是六年级的家长，而是少先队大队部的学生干部或者是教师呢？实际上发起人是谁并不重要，重要的是这个倡议被大家所接受，并通过群体所设计的思路而付诸了实践。如果有了网络隐性课程设计，只需要去点燃一点"星星之火"，那些上进的、具有爱心的、有责任感的学生或家长就会把它变成"燎原之势"。

我们还可以看出，网络课程具有典型的开放性。特别是学习时空、课程设置、教学组织和交流形式的开放性。第一，网络使信息共享能被越来越多的人所接受，形成了一个开放的学习空间。学习者不再受传统教学固定时间授课的限制，可以更好地分配自己的时间，灵活运用网络资源。第二，网络教育的课程设置具有开放性和弹性。它指向的并不是特定学校、特定班级的学生，而是满足整个网络中有相同兴趣爱好的学生的需要。第三，教育组织形式和交流方式具有开放性。学生的学习活动不是指向某个具体的教师，而是指向某个教师的课程设计或经众多教师通力合作而形成的课程设计。

2. 案例2

在学校的网站上贴出"关于春游、秋游是否应该取消"的讨论主题。一开始大部分是反对取消的居多，后来赞成取消的却越来越多，最后几乎势均力敌。一个本可以心平气静交流沟通的主题变成了一场网上大战，甚至影响到了正常的课堂教学活动，家长群也引起了轰动。

小学生其实面临很多诸如此类的问题，有些问题也永远不可能有讨论结果，或是一早就有了结果。作为教育者，关心的不是这个问题的答案，而是学生看待问题、解决问题的思路和办法，关注的是他们思考问题的方式是否走了极端，是否有心理障碍，是否忽视了某些重要的视角。因此，教育者如果遇到此类问题，不能以说教方式给出答案，而要不断地解构问题。社会心理学理论认为，在群体环境中一个人的决定倾向与大家保持一致，这是从众心理。一个人的观点有可能因为群体的支持而变得更极端化，群体也有可能做出比个人更保守或者更极端的决策。

在这个例子中，有些人的观点在群体环境中被动摇，有些人的观点则变得更加极端。动摇的人或许本身就欠缺坚持的品质，而极端化的人可能也具有某种气质特征。但这仍旧没有回到我们关注的重点，靠自组织所获得结果不一定具有正面的教育价值。当学生固执地坚持某些不妥当观点的时候，作为教师，如果和他们在网络相遇，匿名身份，角色隐形，能做的事情就是凭借自己的经验和学识不断地解构他们的观点，提出更多不同的论据，变化身份角色形成"多个"声音，以"显性自组织，隐性引导"的方式帮助学生建构自己的观点，而不是对主题做简单地删除工作，艺术地疏导才是教育的最高境界。

3. 案例3

学校校园网中的"少先队心灵驿站"长期受到冷落，哪怕有帖子也是些无关的信息。后来因为"风云""冰点""肉多多""螺岭剑客"等人的交流讨论变得十分受人关注，且在高年级的学生、全校家长中激发了心理学探讨、心理辅导交流、心理诊断等的良好氛围，与美好心灵塑造有关的帖子一下子成为了该论坛的主流。

论坛中由冷到热的变化与"风云""冰点""肉多多""螺岭剑客"等人的作用密不可分，当然，他们并没有建设隐性课程的设想，但是这样的现象给了我们有益的启示。教师和教育工作者完全可以通过网络身份匿名的特征扮演"风云""冰点""肉多多""螺岭剑客"等人的角色，在网络中有计划地设计主题，并通过匿名身份或多重身份形成讨论的氛围，从而形成一种良性的虚拟网络文化。"控制"本身就是网络的潜在逻辑之一，而匿名特征将这种控制的暴力性削弱殆尽，以至于学习者根本就意识不到控制的存在。同时，这种控制并非是对人的控制，而是对知识建构过程的控制。控制方式也是非暴力的，它依赖于知识社会建构的情境压力来达成。

网络课程文化体验过程不仅影响学习者在网络中的学习行为，而且在网络环境中所获得的体验和感悟是可以服务于现实学校教学的，其中最重要的方式就是通过校园网建设来加强提高思想教育水平，发展学生民主意识，鼓励学生独立思考和批判反思。以小学为例，校园网问题在于如何发挥校园网在学习文化建设、思想政治教育、学生个性发展等方面的潜在作用。许多校园网建设方案中并没看到将校园网作为隐性课程载体的构想，而实际上校园网具有重要的课程价值，加强虚拟社区的文化引导是发展网络隐性课程的基本策略。

校园网络是教师、学生、家长进入的空间，是其学习生活的重要信息来源之一，也是学生之间、师生之间、学校内外交流的平台。如果有意识地设计一些隐性课程，对学生所关心的主题进行讨论和交流，那么它对学生的发展就必然会起到重要的作用。

六 校本课程开发中的校长领导力

课程是学校工作的核心，校本课程开发是落实核心工作的抓手。领导课程和教学是校长领导力的核心能力，校长对课程和教学领导力直接影响学校的发展。校本课程开发与实施的成功与否，效果如何，跟校长的领导力息息相关。许多校长都意识到这个问题，但在校本课程开发，尤其在国家课程校本化开发上，仍遇到许多问题和误区。

第一，对校本课程认识存在误区。有许多校长认为，校本课程开发就是活动课程开发，校本课程就是特色课程。其实，校本课程开发不仅包括学校在国家课程计划预留的课程空间内的完全自主的课程开发，也包括学校对国家课程"因地（学校）制宜""因人（学生）制宜"的创造性的改编和再开发，而后者即是国家课程的校本化开发。具体来说，国家课程校本化是指在坚持国家课程改革纲要基本精神的前提下，学校根据自身性质、特点和条件，将国家层面上规划和设计的面向全国所有学生的书面的计划的学习经验转变为适合本校学生学习需求的实践的学习经验的创造性实现，包括教材的校本化处理、学校本位的课程调整、教学方法的综合运用和个性化加工及差异性的学生评价等多样化的行动策略。国家课程才是学校课程的主体，如何因地制宜改造国家课程使其校本化，也是校本课程开发的重点。让校本课程渗入国家课程，进入课堂，更是国家课程校本化的最根本的开发。

第二，校长课程领导力不足。所谓课程领导，是指为了实现课程目标，在一定的条件下，对课程建设、实施与管理的组织、人员施加影响的过程，具有决策、组织和引导等职能。课程领导更关注和强调课程的愿景、决策、创新、团队合作和民主协商的方式，以及课程建设的学术含量和研究含量。它既关注自上而下的课程管理，更突出自下而上的课程建设。国家课程校本化实施就是学校根据实际情况创造性地执行国家课程。目前主要存在两种课程建构的模式，一种是自上而下的推行方式，即先在专家的指导下进行高位设计，把课程理论、课程框架、操作流程等搭建好，然后全校师生往已经搭建好的框架里填充内容；另一种是开始没有很高位的理论指导和设计，由校长带领教师进行尝试和实验，在做的过程中发现问题和调整方案，一点一滴积累而成的课程体系。不管是自上而下，还是自下而上，都需要校长结合学校的实际情况来选择，这就是校长课程领导力的体现。校长领导力不足往往会使校本课程开发偏离方向或是执行不力，达不到预期的效果。

(一) 校长对国家课程校本化开发愿景和改革定位的领导

明确的国家课程校本化开发愿景和课程改革定位是做好开发工作的前提。国家课程校本化开发必须符合学校的教育理念或者教育哲学,以学校的需要为出发,实现更好地适应学生的特征和提升学生的学习能力的目的。

杭州市采荷第三小学教育集团校长黄升昊,主张做点让孩子们感到幸福的事。他认为课程是基础,也是灵魂。吃什么比怎么吃更重要,学什么比怎么学更重要。教育需要开发适合儿童的课程,而不是让儿童适合课程。自主选择课程,是孩子们感到幸福的一条途径。基于这样的理念,采荷三小课程的规划和设想如下:

课程总体目标是整合国家课程、地方课程和原有校本课程,将其校本化;进行特色课程开发,加强并完善课程体系,进行个性化教育;变革教学方式,深化评价改革,促进学生全面而有个性的发展。

课程的愿景是落实课程目标、整合课程内容、增加自主时间、推行长短课时、强调实践体验、践行轻负高质、学生全面发展、教师全科教学。

课程改革的整体思路是整合国家课程、地方课程和原有校本课程,将其校本化。具体为:①课程过多、单列结构——学科综合、倡导实践;②内容重叠、繁难偏旧——内容重组、去繁化简;③目标单一、重复交叉——梳理归纳、重组提升。

在这样的愿景和改革方向的领导下,杭州市采荷第三小学从 2009 年开始进行课程改革,积累了大量的实践经验。在专家指导下,老师边实践边变革,具备了课程开发能力,管理干部具有一定课程领导力。学校已发展为浙江省教育科研先进集体,也是浙江省课改实验试点学校,还是首批浙江省数字校园示范校,具有很强的科研能力与创新能力。

采荷第三小学教育集团的成功案例告诉我们:校长的课程领导必须顺应学生的发展需求,与国家课程校本化实施的目标完全一致。国家课程校本化开发目标的制定不仅要立足现实,还要传承学校已有的课程经验并体现学校新的课程开发特色。因此,在国家课程校本开发的总体目标上,要求校长能准确理解和把握国家课程,关注学生的学习兴趣和经验,进行课程内容的创新和调适,以增强课程对学校和学生的适应性。

(二) 校长对国家课程校本化开发组织管理的领导

校长对国家课程校本化开发组织管理的领导,应改变传统的课程管理模式,践行课程领导的先进理念和行为方式,是学校行使好课程权利、促进课程改革走内涵建设与发展的必要选择。

深圳市宝安区坪洲小学校长张云鹰，特级教师，全国优秀校长，全国优秀教育工作者，正高级教师，著名特级教师。首倡"开放式教育"理念，形成"开放式语文教学"流派，其研究成果荣获教育部国家级教育教学成果二等奖、第八届广东省教育教学成果一等奖第一名。就是这样一位有着无数光环的名校长，于2011年9月接手新开办的深圳市宝安区坪洲小学。近年来，学校被评为"全国语文教改示范校""全国科学教育实验基地""广东省中小学校长培训实践基地"、中国人生科学学会中小学教育专业委员会"副会长"单位、深圳市首批"智慧校园"试点学校、深圳市"书香校园"等。

这么短的时间取得如此办学成效，并在"开放式教育"的理念下进行国家课程校本化开发与实施，其"配方课程"和"开放式课堂教学模式"也极具特色，这与张校长对课程组织管理的领导力有关。张校长到任坪洲小学，也带来了她的《开放式教育》，她的具体做法是：每位老师必须精读她的著作，并组织考试。通过读书和考核植入"开放式教育"的理念，开放式教育已有一套较成熟的框架，在这种课程框架的领导下，教师进行国家课程的校本化开发。这是典型的自上而下的校本课程开发模式。

中山市石岐中心小学创办于1941年，是全国现代教育技术实验学校，广东省首批省一级学校，中山市教育局直属学校。课程最终的落脚点是课堂，中山石岐小学近年来提出了构建"活力课堂"，致力改革课堂文化。通过对副校长的访谈可以了解到，"活力课堂"没有"高大上"的理论支持，它仅仅是针对石岐小学课堂教学扎实有余、活力不足的情况而提出的完善措施。因为前任校长认为，学校的发展方向，德育可以与时俱进，但教学是有规律的，这些规律性的东西不能轻易被否定，需要扎实的课堂教学基础，才能把教学搞好。"活力课堂"的主要特征是注重双基，让学生互动参与，自主生成，活跃思维，并多元评价。采用中层巡课、推门听课、互听互评课、赛课、教学论坛等方法来推进。这是典型的自下而上的课程改革，没有高位设计，没有理论基础，发挥教师的创造力进行国家课程的校本化改造。虽然改革在进行，但任重而道远。

以上两所学校的校长对国家课程校本化开发所采用的组织管理方式不一样，也极具代表性。因为，在国家课程校本化的过程中，教师之间、师生之间的合作协商是必不可少的。合作方式主要有：第一，课程建设领导小组、课程专家指导小组成员间的探讨和交流，以上成员对骨干教师和全体教师进行培训等。第二，全体教师结成课程开发合作小团队，以骨干教师为核心，全体参与开展研讨，根据自己学科的特点，选择相应的内容进行课程开发。实施过程中分享经验，寻找问题，对既定的国家课程的目标、内容、组织形式等不断反思，并加以改造，使其符合学生的发展需要。两种校长对课程组织管理的领导模式，不能绝对地说某一种方式更好。第一种方式能在较短时间内取得改革效果，而第二种却能有效促进教师在国家课程校本化开发中的专业成长。

（三）校长对国家课程校本化课堂实施的领导

国家课程校本化开发最终的落脚点在课堂实施上，只有能在课堂上得到落实的课程，才是真正的课程，因此校长对课程领导不仅只关注开发，更要关注实施，不然校本课程的校本化开发会虎头蛇尾，纸上谈兵。

广州市荔湾区流花路小学校长余仁生，主张以提高学生阅读力为目标培养学生的自习能力，全力打造以提高学生学习力为主要目标的"大阅读教育"特色。流花路小学开展大阅读教育的第一个阵地是课堂，希望阅读能成学生的一种学习方式，并且是陪伴孩子一生的学习方式。因此，从小培养孩子喜欢自学、会自学是大阅读教育课堂模式的最终追求。"大阅读教育"课堂模式是建立在学生充分的阅读基础上，此阅读基础包括阅读意识、阅读习惯和阅读能力。在此基础上，让学生先自学，然后在教师的组织下，开展生生互动、组组互动、师生互动探究性学习活动。在该模式中，强调要教给学生怎么学，要建立小组合作学习的模式，要教会学生知识输出的方式。这些内容不但要指导，还要适当的培训。其主要的操作方法是三段四环：学习活动贯彻于课前、课中、课后三段；四环包括阅读积累、自学互检、合作分享、检测评价。流花路小学经过3年多的实践，通过"大阅读教育"课堂模式，使学生愿意自学，会自学，自学有效。全面提高学生的阅读能力、学习能力，学生的课堂状态和学业成绩也良性发展。

国家课程是基于学科的，实施的重要场所是课堂，因此课堂中的学习活动创新是国家课程校本化实施的一个重要手段。学习活动的创新设计最终表现为学习任务的创新设计，通过规定学习者所要完成的任务目标、成果形式、活动内容、活动策略和方法来引发学习者内部的认知加工和思维，从而达到发展学习者恒机能的目的。像余仁生校长这样关注课堂、研究课堂、把国家课程校本化落实于课堂的做法，才是真正彻底的校本化改造。

第四章　结　　语

　　校本课程开发过程涉及课程价值的判别、课程需求的明晰、课程目标的确立、课程体系的构建、课程材料的选择、课程的设计、课程的实施、课程的评价等诸多因素，值得关注和研究的问题很多。我们从校长担当课程领导者的视角出发，以所在跟岗学校的课程作为案例，追踪校本课程开发的出发点和归宿，梳理校本课程体系的结构与分类，思索学校在校本课程开发中的教育追求，考量校长在校本课程开发中的领导力，探寻信息技术在校本课程开发中的应用，以及讨论隐性课程在校本课程开发中的地位。通过对这些问题的关注和探讨，我们得到了比较深刻的启示和感悟。

校本课程开发中学校教育追求是育人，是为彰显学校办学理念

　　特色学校的创建是源于教育要尊重个性的理念，国家课程权力下放，目的也是为了创造不同地域所适合的教育，特色学校、特色教育的建设直接指向就是校本课程开发。校本课程开发是学校培养目标实现的载体，开发的过程就是目标培养的过程。因此，校本课程开发的目标设置、课程建构、实施的路径等都必须考虑到校本课程开发的教育追求。

　　建构基于学校办学理念的特色课程体系是每所学校真正走向特色办学的核心举措，也是促进不同学校多样化办学和形成多样态教育的必然路径，更是实现教育追求的应然选择。实践表明，以办学理念统筹学校课程，走学校课程亲近学生之路的学校教育更加人性化，更加适合孩子，也更有成效。

　　为学生提供适合的教育，其核心追求应该是成就每一个学生，以课程成就学生。

　　校本课程建构的研究是一个传承与发展的过程，彰显着学校为学生提供更优质课程的执着之心，其追求是让每一个学生都得到真正的成长。

　　校本课程内容的整合必须做到关注人的全面与个性发展，彰显着学校对生命的敬畏之心，其追求是让每一个学生都体验到成功的快乐。

　　校本课程时间的重组是在规定时间内增加尽可能多课程的勇敢尝试，彰显着学校进行课程改革的决心，其追求是帮助学生们实现他们的梦想。

　　校本课程评价的方案是对课程价值的追问，彰显着学校利用多元评价追求高质量校本课程的匠心，其追求是让每一个学生能成为最好的自己。

校本课程品德课的整合是对新课程标准理念的践行，彰显着学校让教育从生活开始慧心，其追求是让每一个学生都能成为合格的公民。

学校是学生的家园，教师是学生的父母，校本课程是学生的粮食。在这个温暖的家园里，父母无私地为孩子提供最好的粮食，为的就是成就孩子！这也是教育工作者的毕生追求！

 校本课程开发的出发点基于学校、源于生活，归宿指向人的全面发展

校本课程开发基于学校、源于生活、始于难题，目标来自于学校特色定位，价值在于开发中开放的过程，归宿指向成长中每个人的全面发展。

校本课程开发是对某些特色实施的补充，课程校本化实施才能更有效地落实学校办学特色。立足常规教育问题中提炼特色定位，但一定是指向人的全面发展。从已有的学校资源出发，定位特色，同样要结合实际，提出具体的育人目标。

校本课程既然是反映学校的育人特色，就要关注到整个课程设置。校本课程设计必须兼顾"三级课程"，校本课程设置必须覆盖全部课程。确定的德育校本课程目标来自教育实际的需要，并且目标设置清晰，师生容易认识。德育活动不适宜只停留在说教上，德育更需要"教学做合一"的方法。

校本课程开发内容可以来自教育实践中的久攻不下的难题，校本课程开发到最后，成效就在于细节的攻克和完善。德育最后落脚在行为的自觉上，自觉性成为校本德育课程开发这种专门化的学校精神文化创建活动的基本特征。

重新唤起学校、教师、学生乃至社会各界课程意识的专业行为，尤其是教师和社区人士，激发了教师的专业理想，同时提高了教师专业能力。社区人士通过课程开发的过程，更加尊重学校，理解学校，支持学校，监督学校。

课程的生命是由学生来促成的，学生对课程的驾驭程度在某种程度决定着学生的发展程度。校本课程开发是具有极其鲜明的学生本体意义的，只有如此，学生才能在主动驾驭课程的过程中获得外部世界对其发展的实际期望和推动作用。学生既是受教育者，也是课程开发的参与者，学生在参与课程开发过程中，获得了认识，提升了能力。

 校本课程体系建构与分类统整需要整体建构、动态创生

课程是学校教育的核心载体，学校是课程实施的组织单位。新课程改革赋予了学校更多的自主权，使学校不仅是课程实施的阵地，更成为课程开发与建设的阵地。学校在课程开发与建设中，既要理顺国家、地方、学校三级课程管理要求，保证国家和地方课程计划落到实处，又要兼顾学校自身办学理念、特色发展与学生个性化成长需求，争取拥有更大的课程自主空间（图13）。

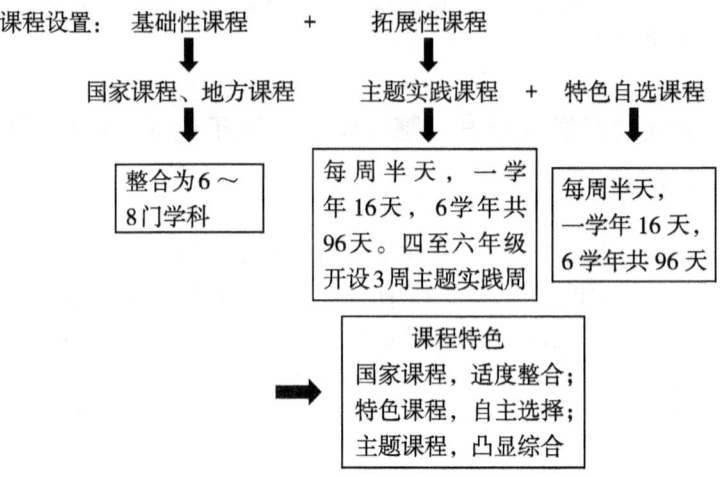

图13　课程设置示意

（一）整体建构，完善学校课程体系

义务教育阶段，学校课程应以国家课程为主，以地方课程和校本课程为辅，体现课程结构全面性、针对性和多元性。将国家课程作为基础性课程按规定开齐、开足，同时以各类拓展性课程为学生提供可供选择的学习内容。义务教育阶段学校，按课程功能分为基础性课程和拓展性课程两大类，基础性课程指学生统一学习的课程内容，重在培养学生的全面素养，拓展性课程指由学生自主选择的学习内容，重在培养学生的兴趣特长。从静态层面来看，课程体系围绕学生核心素养和个性化成长需求形成一个统整多维的同心圆结构。第一个同心圆半径囊括国家与地方规定的课程，第二个同心圆半径涵盖所有的校本化课程，第三个同心圆半径指代学生课余及校外一切学习资源，向生活、社会以及网络无限延伸，所有可供选择利用的学习资源其实都可以纳入课程范畴。

（二）动态创生，促进课程不断优化

学校课程建设需要稳步推进，但并不始终处于静态，而是一个不断创生、整合、优化、改进的动态进程。在这个动态进程中，学校课程建设始终要指向办学理念，聚焦学生核心素养，并扎扎实实地立足于课堂教学主阵地。从动态层面来看，学校课程体系好比一个不断上升的"螺旋体"，学生成长的核心素

养与个性化需求是课程拓展整合的轴心，学校办学理念是课程开发与实施的向心，课堂教学研究则是课程能够立体建构的重心。无重心不稳，课程改革的重心在课堂，课程开发更要关注课堂教学研究，促进课程优化实施，建构师生共同价值取向的课堂文化作为保障。

四 校本课程开发与实施过程需要信息技术强有力的支撑

（一）强大的人力资源和教学资源是校本课程开发与实施的有力支撑

校本课程的开发和实施，主要由具有丰富教学水平和深厚信息技术水平的教师开发，这要求教师在教学的过程中能够把信息技术和课堂教学有机融合，促进教学过程的高效优质，并能充分体现学生在学习中的主体地位，实现个性化的学习。同时，在课程开发与实施的过程中，构建丰富的教学资源，把来自校园网络、互联网、校际资源、社区资源等有机的统整，使之成为课程开发不竭的资源。

（二）新技术与教育教学的统一

在校本课程开发和实施中引入大数据的管理系统，有效整合丰富交互教学资源，从多维度生动直观地呈现教学内容，将新技术的应用与课堂教学完美结合，实现教师的轻松备课、高效授课、定向测评，实现学生的趣味学习、个性化作业，形成师生间的真正互动和高效学习。为教学、科研、管理、家校社互动提供智能服务。信息技术对校本课程开发的促进作用显而易见，教师需要更新观念，提高信息化教学能力。正确认识信息技术，用好信息技术，用活信息技术，才能使信息技术不断深入校本课程中去。真正实现教学与学习方式的转变，真正使校本课程实现道与术统一。

五 校本课程开发中需注重对网络虚拟社区的文化建设与引导

网络隐性课程的价值隐藏在网络课程教学过程中，隐藏在网络学习环境中，隐藏在虚拟学习共同体的活动和文化之中。在网络文化迅速发展的时代，网络隐性课程具有明显的时代特征，随着网络教育的进步与发展，网络隐性课程也必然快速发展，在校本课程开发中必须进行具体深入的研究。在校本课程开发与实施过程中，网络隐性课程同样需要系统地建构。

网络隐性课程与传统教育中的隐性课程比较相近，但它充分体现了网络教育的特点，使学生在上网过程中有意或无意地掌握了有关知识技能和获得了有关的教育经验，能为人类的信息交流提供坚实的和物化的人文环境。基于学生和教师个体的社会责任感和价值认同感，维系师生个体网络教学生活及相关的文化共同体的网络关系法则又可以细分为社会规范的网络文化和行为方式的网络文化。网络隐性课程是师生个体和群体的精神的、内化的网络意识和素养的集中体现，它外化成为网络课程文化的精神支撑，是网络课程文化的核心。

网络课程是师生在网络支持下展开的经验共享与教育交往，是技术与教育融合的典范。发展网络隐性课程是校本课程开发不可缺少的部分，是否建构，如何建构，建构什么，取决于学生主体。网络隐性课程应当具有虚拟实在性、开放性、交互性、可预期性、可控制性、自主性、技术性、经验性、情境性等九大特点。当前的网络隐性课程容易忽视了对虚拟社区的文化建设与引导。网络隐性课程的实施方式多样，主要是通过模式化的教学、学习环境构建以及创设虚拟学习共同体来达成。

校本课程开发中校长的领导力更关注和强调课程的愿景、决策、创新、团队合作

在课程改革过程中，许多学校在国家课程校本化开发方面进行了探索，既实现了国家课程的教育目标，又充分彰显了学校自身的特色，满足了不同学生的发展需求。学校是课程开发和实施的场所，校长应该对课程开发和实施负有决策、组织、安排以及监督等职责，国家课程校本化开发是校长课程领导的重要内容。校长负有很大的责任，体现了校长的课程领导权。那么，校长领导课程具体该怎么做呢？

（一）明确学校的办学理念和发展特色，为国家课程校本化开发找准突破口

校长要研究学校历史，清晰学校的办学传统和优势，以有自身所具有的特色和条件，使课程开发适合本校实际。另外，国家课程校本化开发，更要适应和满足本校学生学习个性化的需求。因为国家课程是一种面向于全国所有地区的学校的统一性课程，它的规定不可能面面俱到，也不可能全面考虑到所有的学校，这就决定了学校在实施国家课程的时候，需要结合本校的传统和优势，以自身所具有的特色与条件使者国家课程的开发更适合本校的实际情况。

（二）推动教师专业成长，为国家课程的校本化开发夯实基础

教师是课程的直接实施者，需要有了解学生学习需求的能力。教师还要有勇

气和自信面对学生对自己的教学所提出的问题和意见,需要能够对照学生的需求批判地反思自己的教学,调整课程与教学的设计。国家课程校本化开发需要教师根据学生的学习需求对国家课程进行校本化处理,包括教师对教材的补充、整合与再编写等;需要教师综合运用多种教学方法并鼓励教师的个性化创意和设计;还需要教师设计开放性的课堂和多元的发展性的学生评价策略。因此,学校要关注教师专业成长,为推动教师专业成长提供学习机会,提供必要的组织和制度保障,提高教师的思想境界和专业水平,调动教师创造性开发课程的积极性,形成课程开发创新的氛围,为国家课程的校本化开发夯实基础。

(三) 对国家课程校本化开发过程进行有效的管理与监控

课程开发是一个动态的、不确定的过程,尽管对课程开发的管理不可能完全做到规范化和程序化,但为了落实国家课程校本化的目标,校长必须通过一定的手段对国家课程开发情况进行有效的管理与监控,如定期进行学生访谈、教师座谈,问卷调查等柔性管理的方式,并借助课程网络管理平台,及时了解发现并处理课程开发过程中的问题。

总之,国家课程校本化开发,需要学校、教师、学生的共同努力,更需要校长对课程的领导力。只有校长站在领导课程的高度,才能把国家课程校本化改造符合本校的教育哲学,满足学生的成长需要,促进教师的专业发展。

参考文献

[1] 吴刚平. 校本课程开发 [M]. 成都:四川教育出版社,2002:16,274-275.
[2] 黄显华. 课程领导与校本课程发展 [M]. 北京:教育科学出版社,2005:11,28.
[3] 徐玉珍. 校本课程开发释义 [J]. 中小学管理,2001(4):2-4.
[4] 王桂. 当代外国教育——教育改革的浪潮与趋势 [M]. 北京. 人民教育出版社,1995:362,379.
[5] 陈惠邦. 教育行动研究 [M]. 台北:师大书苑有限公司,1998:156.
[6] 崔允漷. 校本课程开发:理论与实践 [M]. 北京. 中国人事出版社,2003:95.
[7] 钟启权. 校本课程论 [M]. 上海:上海教育出版社,2000:45.
[8] ARHAR M, HOLLY L, KASTEN C. 教师行动研究——教师行动研究 [M]. 黄宇,陈晓霞,阎宝华,等,译. 北京:中国轻工业出版社,2002:65.
[9] 陈晓瑞. 当代英国中小学课程与教学改革探析 [J]. 教育研究,2003(4):

80-85.

[10] 左开群. 校本课程开发的历史与现状分析 [J]. 经济师, 2003 (11): 99-100.

[11] 崔允漷, 鲁艳. 香港《校本课程剪裁计划》的启示 [J]. 教育发展研究, 2000 (4): 51-52.

[12] 李静玲. 16年来我国校本课程开发研究的主要特点分析 [J]. 德州学院学报, 2015, 31 (4): 102-106.

[13] 郑金洲. 走向"校本" [J]. 教育理论与实践, 2000 (6): 11-14.

[14] 廖哲勋. 关于校本课程开发的理论思考 [J]. 课程·教材·教法, 2004 (8): 11-18.

[15] 吴永军. 再论校本课程开发的内涵及核心理念 [J]. 教育发展研究, 2004 (3): 5-8.

[16] 林一钢. 校本课程就是"选修课、活动课"? [J]. 上海教育科研, 2002 (9): 47-49.

[17] 吕达, 张廷凯. 试论我国基础教育课程改革的趋势 [J]. 课程·教材·教法, 2000 (2): 1-5.

[18] 崔允漷. 论我国基础教育课程改革的改革方向 [J]. 教育发展研究, 1999 (9): 32-34.

[19] 李亚东. 校本化课程评价的常用模式 [J]. 中小学教育, 2004 (5): 32-34.

[20] 林一钢. 校本课程方案评价概述 [J]. 中小学教育, 2004 (3): 37-39.

[21] 张远增. 论校本课程评价的四个问题 [J]. 上海教育科研. 2003 (7): 63-66.

[22] 李臣之. 校本课程开发评价: 取向与实做 [J]. 课程·教材·教法, 2004 (5): 19-24.

[23] 郑晓梅. 论基础教育校本课程开发的原则 [J]. 教育探索, 2003 (1): 27-29.

[24] 顾书明. 论作为校本课程理论源流的几种课程模式 [J]. 教育理论与实践, 2003 (22): 55-58.

[25] 陈玉云. 中学校本课程开发的机制探究 [J]. 天津教育, 2004 (1): 18-20.

[26] 朱晓滨. 对德育校本课程的探索 [J]. 天津师范大学学报 (基础教育版), 2003, 4 (4): 46-49.

[27] 俞华. 校本德育活动非课程化的开发与实践 [J]. 交通职业教育, 2009 (3): 59-61.

[28] 国家中长期教育改革和发展规划纲要工作小组办公室. 国家中长期教育改革和发展规划纲要（2010—2020 年）[EB/OL]. http://old.moe.gov.cn/publicfiles/business/htmlfiles/moe/info_list/201407/xxgk_171904.html.

[29] 教育部. 基础教育课程改革纲要（试行）[EB/OL]. http://old.moe.cn//publicfiles/business/htmlfiles/moe/s8001/201404/xxgk_167343.html.

[30] 徐玉珍. 论国家课程的校本化实施[J]. 教育研究, 2008（2）: 53-60.

[31] 袁贵仁. 中小学校管理评价[M]. 北京: 人民教育出版社, 2014.

[32] 闫荣晖. 我国小学校本课程的开发研究[J]. 黑龙江教育学院学报, 2015（8）: 71-72.

[33] 王秀梅. 校本课程评价方案研究[D]. 石家庄: 河北师范大学, 2013.

[34] 戚小丹. 谈学校办学理念与校本课程开发的关系[J]. 教学月刊（中学版下）, 2007（1）: 11-12.

[35] 单伟文. 办学理念引领学校内涵发展的认识与策略[J]. 华夏教师, 2015（11）: 11-12.

[36] 董诞黎, 胡早娣, 邵亦冰, 等. 课程整合——课程教学新变局[M]. 杭州: 浙江大学出版社, 2012.

[37] 赵剑. 网络课程研究[D]. 重庆: 西南大学, 2007.

[38] 施良方. 课程理论——课程的基础、原理和问题[M]. 北京: 教育科学出版社, 1996: 265.

[39] 靳玉乐. 教学论丛书——潜在课程论[M]. 南昌: 江西教育出版社, 1996.

[40] 张传燧. 课程与教学论[M]. 北京: 人民教育出版社, 2008: 154.

[41] 李秀双, 于波. 小学教育中隐性课程功能及其发挥[J]. 兰州教育学院学报, 2013（4）: 152-153.

[42] 邓道宣, 罗明礼. 国内外隐性课程研究述论[J]. 成都教育学院学报, 2005, 19（12）: 98-101, 134.

[43] 葛玲霞, 张伟平. 隐性课程的"场"效应[J]. 教育理论与实践, 2008（6）: 18-19.

[44] 廖诗艳, 黄甫全. 网络教育中的隐蔽课程概念、特征与文化建构原理[J]. 电化教育研究, 2004（10）: 42-46.

[45] 顾明远. 试论网络文化对传统教育的冲击[J]. 电化教育研究, 2004（4）: 3-5.

[46] 黄甫全. 现代课程与教学论学程[M]. 北京: 人民教育出版社, 2006: 304-306.

[47] 陆莉玲. 课程领导视野下的国家课程校本化实施[J]. 江苏教育研究,

2011（12）：53-55.

[47] 宋时春. 关于国家课程校本化实施的几点思考[J]. 江苏教育研究，2008（12）：13-15.

[48] 方丹. 国家课程校本化实施：打造学校课程特色——以清华附小为例[J]. 当代教育科学，2014（4）：26-28.

引领教师专业发展的实践探索与思考

案例小组名单

小组负责人：赖卫红　广州市海珠区凤江小学
成　　　员：周耀海　广州市番禺区市桥南新小学
　　　　　　何小珊　广州市越秀区署前路小学
　　　　　　叶淑仪　广州市增城区新塘镇久裕小学
　　　　　　王志文　广州市增城区正果镇岳村小学
　　　　　　苏桂橙　广州市白云区人和镇第四小学
指导教师：熊　焰　孔　虹

第一章　教师专业发展的重要性与影响因素

（一）研究的缘起

1. 教师专业发展的重要性

教师的专业发展不仅影响自己的教育人生，还对社会的发展有着深远的意义。

（1）党的十九大会议通过的《全面深化新时代教师队伍建设改革的意见》中指出：全面深化新时代教师队伍建设改革，要全面贯彻党的教育方针，坚持社会主义办学方向，遵循教育规律和教师成长发展规律，全面提升教师素质能力，深入推进教师管理体制机制改革，形成优秀人才争相从教、教师人人尽展其才、好老师不断涌现的良好局面。要重视建好建强乡村教师队伍。

（2）在党的十九大工作报告中，习近平总书记明确提出要优先发展教育事业。建设教育强国是中华民族伟大复兴的基础工程，必须把教育事业放在优先位置，加快教育现代化，办好人民满意的教育。要全面贯彻党的教育方针，落实立德树人根本任务，发展素质教育，推进教育公平，培养德智体美全面发展的社会主义建设者和接班人。加强师德师风建设，培养高素质教师队伍，倡导全社会尊师重教。习近平总书记强调，百年大计，教育为本。教育大计，教师为本。国家繁荣、民族振兴、教育发展，需要我们大力培养造就一支师德高尚、业务精湛、结构合理、充满活力的高素质专业化教师队伍，需要涌现一大批好老师。

（3）习近平总书记在北京师范大学师生代表座谈会上强调："一个人遇到好的老师是人生的幸运，一个学校拥有好老师是学校的光荣，一个民族源源不断涌现出一批又一批好老师则是民族的希望。"教育大计，教师为本。教师是教育的第一资源，教师的质量决定着中国教育改革的成败。加强中小学教师队伍建设，培育好老师，是当前落实国家教育中长期发展规划纲要、推进实施素质教育最迫切、最重要的一项工作。

（4）《教师教育振兴行动计划》中指出：以习近平新时代中国特色社会主义思想为指导，全面学习贯彻党的十九大精神，紧紧围绕统筹推进"五位一体"总体布局和协调推进"四个全面"战略布局，坚持和加强党的全面领导，坚持以人民为中心的发展思想，坚持全面深化改革，牢固树立新发展理念，全面贯彻党的教育方针，坚持社会主义办学方向，落实立德树人根本任务，主动适应教育现代化对教师队伍的新要求，遵循教育规律和教师成长发展规律，着眼长远，立足当前，以提升教师教育质量为核心，以加强教师教育体系建设为支撑，以教师教育供给侧结构性改革为动力，推进教师教育创新、协调、绿色、开放、共享发展，从源头上加强教师队伍建设，着力培养造就党和人民满意的师德高尚、业务精湛、结构合理、充满活力的教师队伍。

（5）《小学教师专业标准》理念三——能力为重：把学科知识、教育理论与教育实践相结合，突出教书育人实践能力；研究小学生，遵循小学生成长规律，提升教育教学专业化水平；坚持实践、反思、再实践、再反思，不断提高专业能力。理念四——终身学习：学习先进小学教育理论，了解国内外小学教育改革与发展的经验和做法；优化知识结构，提高文化素养；具有终身学习与持续发展的意识和能力，做终身学习的典范。《小学教师专业标准》为小学教师的专业发展提出明确的方向。

教师专业发展，是学生发展的源泉，是学校追求自我超越的基石。对学校而言，专业发展是延续教师职业生涯的终身旅程，是学校根据学生发展环境和需要的时代变化赋予其新内涵的不懈追求。学校必须完善教师发展的制度和机制，构建学校教师专业发展的整体规划，提升教师的职业使命感和幸福感，使教师在培养学生中实现自我的发展与超越。

2. 激发教师的热情和对教学的敬畏之心

教师自主发展是指教师具有较强的自我专业发展意识和动力，自觉承担专业发展的主要责任，通过自我反思、自我专业结构剖析、自我专业发展设计与计划的拟订、自我专业发展计划实施和自我专业发展方向调控等方式来实现自主发展的目的。一个优秀的教师一定能自主发展，有持续学习和工作的动力，有职业热情，有专业精神，有自己独特的教育教学思想或个人化的教育哲学。教师面对每天怀着新的期待的学生，面对每天伴随着新的变化的课堂，工作成就历久弥新。面对这样的荣誉和责任，教师有什么理由不怀着神圣的、敬畏的心情呢？在与学生交往的过程中，教师也实现了与学生的共同成长，体验到了共同的幸福。

3. 教师专业发展的意义

（1）强化教师的教育责任。教师自主专业化发展是教育改革的原动力，"严谨笃学，与时俱进，活到老，学到老"是新世纪教师应有的终身学习观，教师需要以自身的行为和态度来感化学生成为学习的示范者，务必与知识和教学法的提高保持同步，促进学生成为终身学习者。教师的工作是神圣的，也是艰苦的，教书育人需要感情、时间、精力乃至全部心血的付出，这种付出是要以强烈的使命感、责任感为基础的。致力于"让每个学生都能成为有用之才"的教育理想，把"学生的需求就是学校的行动"引申为"学生的需求就是教师的行动"，关怀"每个"，培养"每个"，只有这样，才能真正担当起新时代教师的重任。

（2）树立生命自觉的发展观。奥斯特洛夫斯基说过："人的生命似洪水奔流,不遇着岛屿和暗礁,难以激起美丽的浪花。"教师应以学生的生长点唤醒自身发展需求的"共同愿景",真正成为专业发展的主体,做自己生命的主角,顺势而为,丰富人生,在有生之年实现自己的理想,快乐的生活。被唤醒的教师,从此走上了"自我教育"之路,读书、学习、研究、实践,一个个都乐此不疲,争先恐后。为社会和平发展,奉献自己应有的精力,不虚度年华,不给自己留下遗憾。

(3)释放自己生命中的光芒。每个人都是自己的灯塔,都靠着自身力量指引方向,成为精彩人生的主角。教师是教育发展的第一资源,是国家富强、民族振兴、人民幸福的基石。教师的教育生命在醒着的时间里,追求认为最有意义的事,既要活得有意义,又要活得成功,更要为身处的世界创造价值。沿着"专业—职业—事业"的路径发展,在美好人间,始终坚持初心,不曾倦怠梦想。人生,定可以绽放光芒。

(二)影响教师专业发展的关键因素

1. 教师的教学成长经历

从离开校园的毕业生到成为一名成熟的教师,享受职业带来的幸福感要经历一个成长历程。著名心理学家伯特伦·福勒根据教师的需要和不同时期所关注的焦点问题,把教师的成长划分为关注生存、关注情境和关注学生这三个阶段。

(1)关注生存阶段。这是教师成长的起始阶段,处于这个阶段的一般是新手型教师,他们非常关注自己的生存适应性,会把大量的时间用于处理人际关系或者管理学生。本阶段一般是参加工作1~3年的新手型教师,教学行为更多的是模仿。第一年学会上课,懂得怎么备课,包括怎么制定教学目标,怎么设计教学过程,怎么开展教学讨论,怎么进行教学练习,基本形成一种规范意识。第二年学会说课,就是会分析教学设计,不仅知道上课的流程意图,而且能说明为什么这样上课,及时补充针对性的教学理论与教学专业思想,学会"还原"式评析,打开自己的教学视野。第三年学会评课,这期间是在自己对本门学科特点初步认识的基础上,开展相互间的评课交流活动,能以客观理性的态度来评析大家的长短,关键是在交流中学会观察与分析,在提高感性认识的同时丰富理性认识,及时修正自己实践中的误差,能提升自己,体验自己的成功。

(2)关注情境阶段。当教师认为自己在新的教学岗位上已经站稳了脚跟后,会将注意力转移到提高教学工作的质量上来,如关注学生学习成绩的提高、关心班集体的建设、关注自己备课是否充分等。本阶段是教龄在4~15年之间的熟手型教师。这个时期教师加强学习进修,自觉进行阅读。注重反思与研究,从教学行为中发现问题,通过理性观照和实践验证,不断脱离"教书匠"束缚,走向研究者之路。成熟期教师面对的是逐步树立现代教育观念,形成有自己特色的教学设计、教法和学法指导等教学方式，从而构建自身的经验体系。

（3）关注学生阶段。能否自觉关注学生是衡量一个教师是否成熟的重要标志。在这一阶段，教师能考虑到学生的个别差异，认识到不同年龄阶段的学生存在不同的发展水平，具有不同的情感和社会需求，因此教师应该因材施教，教龄在15年以上的专家型教师能明确地知道在什么时间和什么地方该做什么、怎么做，其行为已经达到了自动化的水平。这使他们能够把心理资源应用于富有创造性的教学活动中。他们都非常热衷教育理论的学习，对当前本学科的教学改革动向和理论研究了如指掌，并且能够用当前的理论反思自己教学中的缺陷，指导教学。

不同成长时期的教师在教育教学过程中不断寻求自身突破，不断追求职业的成就感。教师生命的崇高意义和价值在于不断走在超越自我的生命里程之中，不断焕发自身的生命活力。

2. 教师的职业生涯规划

教师的自我专业发展，是一曲生命成长之歌。在经历着让身心疲惫无法逃避的困惑过程中，教师享受着教育生活带来的激情与幸福。无论处于教师成长的何种时期，做好职业生涯规划能减少自我发展的盲目性，提高教师自我发展的效能感、成就感和幸福感。教师的职业生涯规划指教师从自身优势和特点出发，根据时代、社会的要求和所在学校的共同愿景做出的，能够促进自身可持续发展的预期性、系统性的自我设计和安排。职业生涯的规划能力，可以从"过去的我是怎么样的""现在的我能怎么样"和"将来的我还能怎么样"三个层次予以解剖和设计，是一种回顾过去、面对现在、展望将来的谋划。教师要给自己一个比较符合实际又有挑战性的定位，同时，从时间和项目两个角度，把职业生涯划分为不同的阶段，在不同的阶段确立不同的目标和具体任务。我们自己是职业生涯的设计师，我们对自我成长的精神状态，决定着我们人生的未来。因此，做好职业生涯规划让我们的教育人生充满情趣与活力。

3. 教师教学风格的形成

教育是生命自身的行动历程，所有的教育理想都依托生命而精彩。专业行为建设的根本在于建筑自己的行为风格，凸显自己的个性特征。当我们开始叩问教师生命的价值时，教学行为品质的形成就成为专业发展中的至高境界，要求人们用教育的信念去追求教育的真谛，去建筑富有精神意义的行为风格。教学风格是一个教师在长期的教学实践中逐步形成的，是教学观点、教学方法和教学作风的综合表现，是教学个性的稳定标志。真正的个性化的教学风格，一看教师的教学思想是否合乎现代教学的理念，二看教师的教学个性是否在课堂上得以充分展示，三看教师的行为思考是否积淀了厚重的教学经验，四看教师的教学作风是否启迪大家广泛地实践思索。一般而言，教师的教学从"无风格"到形成"有风格"都是循序渐进的,在这一过程中,可以划分为"摸索—探索—升华—内化"这四个阶段。教师从一张白纸到模仿他人的影子,再到走出他人影子,最后蜕变成耀眼的新星,教师自己身上的个性与魅力得到不断强化与放大,最后在教学上的特色更加鲜明与稳定,教学态度越来越明朗,这就标志着教学风格的形成。每一位教师在形成独特教学风格的过程中,要对教学充满激情,要有清醒的自我认识,更要有过硬的心理素质,这一过程也是其历练成长过程,这是一个艰苦的过程,但更是一个蜕变的过程。

第二章 引领教师专业成长的经典案例解析

 引领教师专业发展的制度规范——以宁波市广济中心小学为例

（一）引言

实施依法治校是一项系统工程，是学校改革发展的一项重要任务。我们要努力形成干部依法管理、教师依法施教、学生遵纪守法的良好育人环境，使全面推进依法治校成为一种高度思想自觉和行动自觉，进一步提高学校各项工作的科学化、规范化、法治化水平。

（二）案例描述

宁波市广济中心小学以校训"广阔的视野，济世的情怀"为指针，以"广济底色，快乐成长"为宗旨，遵循教育规律，发现并尊重学生的天性，建设美丽校园，推进课程改革，从因材施教、教学相长的原则出发，充分调动每一位老师和学生的积极性，不断提升学校全面教育教学质量。

（1）坚持依法治校，创建良好育人环境，制度管人，促进教师成长，按章办事。学校在制定章程的基础上，修订完善一系列有关师生管理规则规定，与办学章程一起汇编成册，发送给全体教师，逐步在校内形成按章办事的氛围。合理规划校园文化，系统确立近三年校园文化建设重点，实现从"书香校园"到"美丽校园"，再到"快乐校园"的全面升级，先后成功打造涂鸦墙、荣誉柱、笑脸墙、校史墙等多个文化景观，地下通道、世纪苑校区门厅也已设计完成。深入挖掘学校精神，学校围绕校训核心内涵创编校本教材。2014年11月，由语文组教师利用暑假编写的德育教材《知行合一》正式印刷发放；来自学校优秀师生、家庭的故事，汇集了传统国学、甬城乡土文化等方面美的《广济故事会》也已进入排版阶段。

（2）深化课程改革，助力师生快乐成长。启动新一轮课程改革，2014年9月，本校启动三、四年级"体育走班制"，开设十余种体育选修课，近400人次参加；2015年2月，启动两校区三至五年级综合课程走班，开设40余种选修课，600人次参加；2015年6月，制定《校本课程选修指南》、课程表、设计记录本、评价表等。目前，共开发80余种课程，开放50余间教室，坚持每周1～2

个半天走班,每年4次"小太阳"主题节日,满足了学生多样化学习需求和个性化发展,为快乐成长奠定了坚实的基础。加快创客中心建设,学校从"零"开始构建创客中心,并将创客发展成为学校重要特色之一,率全区之先,先后开设了3D打印、scratch入门等普惠学生的创客体验课程,组建的创客社团涌现出了一批创客达人,创客项目更是将学校的创客氛围推向高潮,使"创客广济"成为各级媒体争相报道的对象。改革学生评价体系,基于校本课程开发,进行"七彩阳光"学生评价机制研究,着眼于由自理、健体、传承、崇学、向美、创新、博爱等七大素养构成的具有校本特色的"广济底色",通过生本化评价促学生快乐成长。

(三)案例分析及反思

广济中心小学从制度建设上引领教师的专业发展,对教师的发展具有预见性,在制度建设中重视其科学性和民主性,狠抓制度的执行,这样才能达到学校和教师共同发展的目的。同时注重制度的方向,制度要暖心,制度应是教师专业发展的尚方宝剑,克服制度的随意性。

(1)建立科学的制度。第一是制度必须合法。学校的各项制度建设都必须在国家的法律和各行政部门的法规范围之内,作为校长,千万不能随意地制定一些制度来促进教师的专业发展,否则为学校埋下隐患,造成一些不必要的纠纷,甚至还要承担一些法律后果。第二是教师的发展目标必须科学合理。不同学校、不同教师,不同时期都应该有不同的发展目标,这个目标的确立必须考虑学校和教师的实际,包括教师水平、政府和主管部门的支持力度、学校硬件、生源素质、周边环境、学校管理等诸多因素,明确目标是为了让师生有信心、热情、干劲。第三是制度建设一定要具有前瞻性。注意发挥制度的引领作用,准备建立的制度应该走到学校发展或教师发展的前面,要起到真正的"领跑"作用。第四是制度建设必须循序渐进。学校的发展和教师的专业发展一样,不能一蹴而就,一定要循序渐进,要遵循教师专业发展的规律,学会科学地规划,有步骤地实施。

(2)建立民主的制度。第一是教师应广泛参与制度建设。一个制度要具有引领作用,首先得让教师们积极参与到制度建设中,得到他们的认可,让他们真切地感受到这是为了促进他们专业发展和学校发展的需要。校长要与不同层面的教师交心、谈心,最好把它确定为一种制度。第二是要重视个别教师的意见。因为一个制度最终涉及的是教师个体,而每个教师的个体情况是不一样的,因此他们对制度的理解和认识不尽相同,甚至大相径庭,这就要求校长要通盘考虑,换位思考,充分关注这些教师的思想,可以在制度上作适度的修改,也可以做好教师的思想工作。第三是要关注制度的滞后性。制度的改变总是没有现实变化快,有些制度在学校和教师的不断发展中已经逐渐退出历史的舞台，这就需要校长审时度势地修改、废除、制定相应的制度。第四是要建立一套完整的申诉系统。在制度的实施过程中，不同教师的执行力是不一样的，如果教师对制度约束有不满的地方，学校应该有明确的指引操作，便于教师操作反映。

（3）注重制度的落实。第一是要注重制度的可操作性。制度建设最容易犯理想主义错误，经常出现大家一致说好，但就是难实行，这样的制度就没有存在的价值。第二是要明确实施的责任部门，提高执行力。任何制度，在制定之初就必须明确实施的责任部门，校长要重点关注这些责任部门的执行情况和实施的真实效果，特别是对教师专业发展的效果，以便进一步修订和完善。第三是要保证实施过程的公开、公平、公正。校长要以身作则，成为遵守这些制度的模范和表率，同时也要重点关注执行这些制度的负责人是否真正落实，要让这些制度在实施过程中公开，这样才能真正起到引领教师专业发展的目的。

实施依法治校工作，就是要牢固树立依法办事、尊重章程、法律规则面前人人平等的理念，建立公正合法、系统完备的制度与程序，保证学校的办学宗旨、教育活动与制度规范符合民主法治、自由平等、公平正义的社会主义法治。

二 引领教师专业发展的规划设计——以苏州市实验小学为例

（一）引言

教师专业成长的过程就是教师职业生命成长的过程。教师的专业发展，要注重教师的专业自主意识及自主发展能力的形成，构建教师专业发展体系，制定教师专业成长的个性培养方案，为教师提供全方位的专业成长支持。注重团队式师资建设，创建"教师团队建设激励计划"，让教师在专业发展上走得更远、飞得更高。此外，学校必须完善教师发展的制度和机制，构建学校教师专业发展的整体规划，制定一系列精细化的管理措施，并充当教师专业成长的思想引领者，为教师的专业化成长提供坚实的基础。

（二）案例描述

苏州市实验小学创办于 1905 年，是中国近代建立最早的采用现代教育体制和教学方法的示范实验小学。2010 年 9 月 1 日，学校整体搬迁到新校区。新校区占地达 80 亩，建筑面积为 64000 余平方米，建设总投资达 2.5 亿，拥有着完备的现代化教育设施设备。在苏州市高新区镇湖镇，学校还拥有占地 200 余亩的学生素质教育基地。目前本校区有 48 个小学班，16 个幼儿班，共 2800 余名学生，教师 239 人。该校的教师专业发展特点归纳如下：

(1) 教师队伍结构合理，梯队布局完善。教师年龄分布呈稳定的纺锤形结构，以 31～40 岁的教师为主，占比为 54%，30 岁以下和 41 岁以上的教师分别占 19% 和 27%，教师的学历结构相当优化，全校具有硕士学位的教师占 10%，本科占 82%，大专占 8%。

(2) 教学整体能力高筑。骨干教师引领作用突出，在教师队伍中，高级教师 14 人，占比 6%，一级教师 169 人，占比 71%。从整体上看，教师团队整体专业水平较高，骨干教师大量涌现，学校现有特级教师 3 人，名教师 5 人，市级学科带头人 19 人，区级学科带头人 20 人，市双十佳教师 22 人，学校有良好的骨干教师培养制度，这一制度不仅激励中青年教师不断发展，更通过骨干教师的带教显著加速了新教师的成长。

(3) 校本制度完善，有效推进教师的全员发展。该校以"小学校培养大教师"为宗旨，以培养师德高尚、业务精良、科研和组织能力强、知识渊博的教师为目标，逐步建立了"研学一体"的校本教师培养制度，实行"师徒制"新教师在职培训，骨干教师与新教师结对，循序渐进开展校本培训计划，以学校实际教学和学生管理问题的解决为契机，展开教育科研和学科教研，通过浸润式、互动型培训提升教师的专业能力。引进国内外知名学科专家，通过"面对面"的教学研讨进行学科教学的培训和指导。组织教师到国内名校和高校学习进修，选送教师出国学习，开阔教师的理论和实践视野。

该校自建校伊始，便明确"育人为本"的宗旨，所有行政组织、课程编制、训育方式、实验研究及一切设施等均以全力发展儿童个性、启发儿童智能、满足儿童需要为原则。20 世纪 20 年代美国教育家杜威、孟禄先后两次来校考察，盛赞该校"堪称与欧美一流小学并驾齐驱"。

（三）案例分析及反思

百年大计，教育为本；教育大计，教师为本。党的十九大报告中指出，国家繁荣、民族振兴、教育发展，需要我们大力培养造就一支师德高尚、业务精湛、结构合理、充满活力的高素质专业化教师队伍，需要涌现一大批好老师。

教师专业成长的过程就是教师职业生命成长的过程。教师在工作和生活中，对自己理想的职业、职业道德、职业情感和社会责任感的理解和把握，教学实践能力的日渐提高，教育经验的不断成熟和完善。教师的专业发展体现着教师的主体价值，是教师职业生命的自我完善和自我更新，是教师在职业发展中的自觉行为。

1. 修炼内功，促进教师自我专业成长

教师的专业发展，要注重教师的专业自主意识及自主发展能力的形成，把增进人的生命主体意识看作现代教师专业发展的重要规定，让教师的专业发展过程充满生命活力的过程,成为彰显生命意义的过程。

(1) 构建覆盖教师整个生命周期的专业发展体系。

在信息化快速增长和更新的时代,教师首先需要成为终身学习者,才能够成为合格的教育者和儿童的榜样,最终从专业成长中获得幸福体验。教师专业发展是一个持续的过程,从起步到自我实现的每一个阶段都会面临不同的挑战,有着不同的发展需求。学校要构建和完善覆盖教师整个生命周期的专业发展体系,根据从新手教师到专家型教师的成长规律,建立由适应性发展、提升性发展和自主性发展这三个阶段构成的校本培训体系,为处在不同发展阶段的教师提供全方位的专业成长支持。

阶段一:适应性发展。面向新入职教师,开展为期2年的任职培训,旨在帮助新教师熟悉教学和班级管理的制度和规范,掌握教学和育人的思路和方法,适应和内化学校文化,使其成为合格的教师。

阶段二:提升性发展。面向经过评估达成适应性发展阶段目标的青年教师(一般为3～5年的青年教师),提升性发展的目标在于夯实青年教师学科教学的理论和实践基础,培养持续钻研教学问题的习惯和能力,帮助其成为学习型教师。

阶段三:自主性发展。面向经过考核达成提升发展阶段目标的优秀教师,培养教师的认知能力和研究能力,使其能够在反思和诊断学习以及教学问题的基础上及时调整教学策略,能够独立开展教科研活动的学术型教师。

(2) 制定基于专业成长诊断的个性化教师培养方案。

基于专业发展诊断的个性化教师培训方案(发展基础与目标—发展计划的制定—专业发展的实践—发展的诊断与评估—反馈与反思),旨在为教师自主发展能力的开发、创新力的激发提供机会。通过个人制订,年级部、学科组的讨论修订和学校审核等步骤,确定针对个体教师的周期性发展计划,通过对教师发展实践的阶段性自我反思和中期评估,为教师专业成长提供建设性建议,并在发展成果的技术上制定新的发展目标和计划,从而提升教师专业发展的可持续性,实现教师的自主化、创新性发展。

教师专业发展体系的设计需要在遵循教师发展的基本理论和共性规律上,保持对教师的差异性和个性的尊重。一方面,教师的发展差异是学校发展的契机和动力,教师因知识基础、认知方式和个性特征等方面的差异,其专业发展的需求、速率必然会有所不同,只有认识到教师团队发展的内差是一种自然存在,并制定针对性发展方案,才能使学校的发展更加稳健。另一方面,个性化是优秀教师经验的基本特征,培养以自觉反思和自主改进为基础的专业发展能力,是促进教师成为教学专家的关键。

2. 锤炼团队，激励教师协同专业发展

课程改革的深入对教师综合能力的开发提出了更高的要求，注重团队式师资建设，教师文化中互助与协作的氛围浓厚，是学校保持高水平发展的基石。为实现教师专业发展整体水平的进一步提升，教师团队建设需要关注两个方面的问题：其一，不同学科教学团队发展的相对水平不尽均衡；其二，教师团队式发展受教研组、年级组等正式组织建制的限制，基于学生发展某主题的综合课程开发，以及基于教师共同兴趣的协同学习等领域的发展潜力尚未得到充分激发。创建"教师团队建设激励计划"，从制度层面鼓励学科教学团队的增值性发展，支持目标多元化、特色鲜明的教师团队的创建和发展。教师教学在团队合作中，通过彼此接力和优势互补，在专业发展上走得更远，飞得更高，并共同整体性推高学校教师发展的平台。

在学科教学团队发展方面，首先强调学科团队的全员协同发展。以团队为单位进行考评，引入增值评价理念，鼓励各学科教研组在原有基础上通过团队建设获得整体发展，每年要给予有显著进步的团队集体奖励。其次强化学科教研组在梯队建设和教学科研方面的责任。以大数据教学平台的建设为契机，集聚所有教师智慧，各学科教研组自主开展大数据支持下的课堂教学研究，开发高质量的教学资源，发挥不同发展阶段教师的优势，开展以课题为引领的团队式教师培训和研究。

在特色教师团队的创建方面，鼓励教师以促进学生发展为宗旨，以共同的志趣为纽带，组建跨学科、跨年级、跨部门的特色教师团队。由发起人提交建设方案，设计创建的背景与目标、主要任务与实施计划、成员的角色和合作方式等，由学校提供相应的经费和资源支持，以此来激活教师多元发展、合作创新的潜能。

3. 完善组织，搭建教师专业发展平台

教师专业发展，是学生发展的源泉，是学校追求自我超越的基石。对学校而言，专业发展是延续教师职业生涯的终身旅程，是学校根据学生发展环境和需要的时代变化赋予其新内涵的不懈追求。学校必须完善教师发展的制度和机制，构建学校教师专业发展的整体规划，提升教师的职业使命感和幸福感，使教师在培养学生中实现自我的发展与超越。

（1）当好教师专业成长的设计师。学校应该当好教师专业成长的设计师，要把握教师专业成长的特点，设计好教师专业成长之路。因此，我们要以"校情"和"师情"为基础做好决策。决策要有"宏观"和"微观"特点。学校在设计教师专业成长的目标、策略时，既要从"大处"着眼，又要从"小处"入手；规划目标的时候，既有长期目标，也有短期目标，又要捕捉"立竿见影"的效果。在宏观方面，首先是要能合理调整学校发展规划，营造积极向上的学

习、竞争氛围，为教师的专业成长提供强有力的制度保障。如在教师培训上给予经费保障，解决教师学习的后顾之忧，对专业提升快、教学绩效显著的教师给予优先晋升职称等政策倾斜。决策好学校的"宏观"方向后，我们更应设计好"微观"方向，就是要围绕信息技术、科研能力、教学教育的驾驭能力等方面从小处入手，一步一个脚印，规划好"促进教师怎么专业成长""怎样促进教师专业成长"，为教师的专业成长做好规划。

（2）做好教师专业成长的思想引领者。

第一是引导教师转变教育观念。首先要引导教师树立以学生为本的新观念。随着新课程改革的推动，教学中心已从教师的教转向学生的研学，学生不再是课堂的"守望者"，而是教学活动的主体，小组合作学习的主人。其次要引导教师树立"研学后教"的教学观。长期以来，在很多教师的观念中，潜意识认为任务就是帮助学生去掌握知识，而不是发现真理，掌握方法和规律，这种认识上偏差导致教师轻视实践、探索、研学等活动在学生发展过程中的价值。改变这种传统教育观念，就要树立以探究为中心的"研学"教学观。

第二是引导教师转变学习和工作方式。"做一辈子教师"必须"一辈子学做教师"，教师要成为终身学习者，要广泛涉猎学科内外的东西。在学校，通过开展不同形式的讲座活动，甚至是每周教师会议后的读书沙龙活动，让教师介绍读书后的感受、成果与教师们分享，营造教师学习氛围，并及时发现学习上的典型，以典型做引导。在工作上，引导教师面临困难时，能创造性地处理与解决。在教学研究与教育实践上要有创新能力，不能盲从权威，要形成自己独特的风格。

第三是引导教师走反思型教学之路。美国著名学者波斯纳提出教师的成长公式是：经验＋反思＝成长。教学反思被认为是"教师专业发展和自我成长的核心因素"。在教学实践中，教师既有成功的经验，亦有失败的教训，对教师来说都是财富。因此，学校每周都要有固定的教师科组学习时间，把教研课成功与失败，外出学习培训先进经验和技巧，读书活动的所得等，都通过科组学习进行反思、总结、分析、讨论和整理，从感性认识上升到理性认识，从个人的势单力薄到科组的团结奋进，引导教师走反思型的教学之路，促进教师的专业成长。

（3）做好教师专业成长的基石。

学校要制定一系列精细化的管理措施，并且不断完成学校的绩效奖励方案，对教师学习、教学、考勤、科研、学生评价等各项内容进行综合考核，作为评先、评优和岗位晋职的依据，从而减少内部矛盾，提高教师工作的主观能动性，为教师的专业化成长提供坚实的基础。

第一是"树标立杆"，为教师专业成长提供榜样力量。在教师的专业发展上，学校要明确导向，树立标兵，这是教师专业成长的精神动力。因此，学校应该重视学科骨干教师和带头人的作用，采用项目驱动的方法，给骨干教师、特长教师"压担子"和"加料子"，并给予经费、人力、技术的支持，加大对骨干教师的培养，使骨干教师成长起来。然后通过骨干的引领，带动其他教师、科组教师成长起来。

第二是"搭台唱戏"，为老师专业发展创设机会。在促进教师的专业发展过程中，学校想方设法"铺路架桥"，搭建各种有利于发展的平台，这是促进教师专业发展十分重要的途径。学校要在切实减少教师工作负担、心理负担的同时，积极地为教师创造学习的机会，让他们了解教育的前沿动态，开阔教育视野，增加锻炼机会和成功体验，让他们在学习中工作，在学习中发展，在学习中创新，在学习中成长。基于这种思想，学校应采取一定的办法，如建立校际互动交流，建立每周科组学习制度，争取每个学期教师外出学习培训和考察，建立校本教研制度等，来促进教师的专业成长。为更好地使教师专业化成长，我们应借助外力，采取"走出去，请进来"的办法，内外结合更精彩，邀请教育专家或名师来学校上示范课，做专题讲座，引领教师在学习交流中提升，在实践中总结感悟。

第三是引导教师走科研专业发展之路。在引导教师专业的成长上，同时要注重用科研带动，让教师在发展过程中积极参加"校本和课题"研究，形成从"门槛型"到"合格型"的转变、从"合格型"到"专业型"的转变。教师的专业成长需要理论的提高，没有理论支撑的实践是盲目的实践，理论向实践的转化是教师成长的必经之路。苏霍姆林斯基说过："如果你想让教师的劳动能够给教师带来一些乐趣，那么，就应当引导每一位教师走上从事研究的这条幸福的道路上来。"因此，我们要积极鼓励教师在教学问题中进行探讨，在问题中确立课题，从而不断深入研究，结出丰硕成果。

教育的发展离不开教师的专业成长，同样，学校的发展离不开教师的专业成长。教师是学校的核心竞争力，只有在学校层面上高屋建瓴，构筑好教师专业发展的基石，建构好覆盖教师整个生命周期的专业发展体系，让教师终身学习，在不同时期不同阶段均能持续成长，这样才能让学校教育走得更高更远。

 引领教师专业发展的校长责任——以深圳市书香小学为例分析

（一）引言

校长是学校一切工作的管理者和决策者，校长之职对外代表学校，对内负责全校的各项工作，既要对国家负责，也要对学生负责，领导全体教职工负起培养下一代的责任。校长是教师专业发展的第一责任人，应将学校作为教师实现专业发展的主阵地,应充分明确学校的发展离不开教师的专业成长,校长在促进教师专业成长的过程中起到了关键性的作用。

(二)案例描述

跟岗第一天,笔者参加了书香小学教师大会。当所有的行政工作布置和小结讲话结束后,聂校长最后发表了热情洋溢的讲话:第一,认真领会精神,做一个不迷路的教师;第二,踏准工作节奏,做一个不拖拉的教师;第三,把握各种机遇,做一个不一般的教师。当晚,学校的所有交流平台都热闹非凡,聂校长的激情发言带给了大家无尽的憧憬和希望,引发了教师们的议论纷纷,畅所欲言。

第二天,笔者一行人去听课,当王老师上完五(2)班的国学课《声律启蒙》之后,聂校长随即走上讲坛,和同学们互动起来:校长出上联,同学们对下联,课堂一下就活跃起来了,刚才平静的课堂即时掀起了高潮,同学们在意犹未尽中下课了。校长的课堂补充不仅弥补课了学以致用的环节,还带给同学们难忘的体验。

第三天,聂校长参加了全校校本研修学习,一个老师执教,所有的教师参加听课,围绕学校的研修主题"如何科学合理的预设自主学习与合作学习",分年级评课,由一个代表汇报。校长逐一点评,并结合自己近来的听课观摩,进行了《自主学习与合作学习的再认识》的专题讲座。

聂校长经常说,现代校长不仅要有教育思想,更要拥有教育智慧,校长要充分运用自身的人格魅力,示范引领教师的专业成长。学校是由不同的资源组建而成,其中教师是学校的第一资源,是提高办学质量的关键。因此,他十分重视教师队伍的团队建设。他认为,不同阶段的教师都是需要专业培训的,促其产生积极向上的内驱力,毕竟教师自主成长而成功的仅是极少数的个案。聂校长针对学校办学时间不长,教师平均年龄仅29岁的校情,探索出一条引领教师成长的路子,让教师们干得很来劲,队伍充满活力。他说,校长要善于给老师"造梦":一是每次开会必讲话,点燃激情,激发热情;二是提供才华施展的舞台空间,如跟着校长出去上课,很有成就感的;三是老师上课比赛,发挥团队力量,倡导"你是谁不重要,重要的是你后面的团队";四是提高标准,追求卓越,突破自我,凡是比赛必须全区第一,给压力,促成长。

案例分析及反思

1. 校长对教师进行职业引领,为教师树立正确教育理想

教师队伍既是一支重要的知识与技能传授队伍,更是一支重要的道德引领队伍。校长要广泛宣传学校师德标兵的先进事迹,引导教师把"敬业爱岗"作为师德的底线,帮助教师把职业行为与道德行为规范地联系起来,建立育人的道德责任,与理想、情操结合形成新的职业动力,为教育理想打底。

针对教师对职业需要的满足程度，学校进行过调查，发现教师选择满足程度"极高"或"高"的占34.8%。这部分教师都是被同行公认的优秀教师。由此可见，要使教师有职业幸福感，必须要提高教师职业需要的满足感。

针对教师对自己个人专业发展茫然状况和职业倦怠，校长通过"同伴经历回顾""导师帮扶引导"和"专家蹲校指点"等举措，指导教师制定个人一年发展计划和三年成长规划，帮助教师合理规划人生和教学生涯，让每一个教师朝着名师、名班主任的目标迈进，尽可能地避免职业懵懂期、躁动期、迷茫期、倦怠期，牢记"我的岗位请放心，我的岗位无差错"，为自己的教育理想勾画美好线图。

聂校长在办学目标中提出"让教师享受教育的幸福，让学生享受幸福的教育"，就是要通过长效机制帮助教师提升对职业幸福的认识层次，即建立工作成就感和职业认同度，最终实现教师人生幸福。为此，学校建立教师专业成长机制：一是良好的师德教育机制，二是先进的理念导引机制，三是科学规范的管理机制，四是新课程课堂教学改革机制，五是合理公正的教师考评机制。学校大力倡导"提高标准，追求卓越"的精神，激发教师们"努力到无能为力，拼搏到感动自己"，鼓动教师工作干劲，点燃教师职业激情，为教师确立教育理想"着色"。

优秀的团队一定是一支有梦想的团队。有梦想才会有目标，有梦想才会有动力。几年来，校长坚持以"用梦想引领团队，让团队实现梦想"的举措，鼓励老师们在各级各类的比赛中锻炼实践、崭露头角。每当有困难的时候，行政、党员教师总是冲在最前面，老师们自觉地加班加点是常态，因为大家坚信，好学校就要有好的团队、好的成绩。你是谁不重要，重要的是你背后站着的是谁。因为每个教师的背后站着的是一个追求卓越的团队。

2. 校长为教师提供施展才华的空间和舞台，为教师专业成长提供平台

教师的发展需要平台，同时也需要一个更为广阔的空间施展才能。为此，学校开放教师成长的空间，构建教师成功大平台，聚焦教师培养主业，通过开展"我为教学建言献策""幸福课堂文化工程""老教师上示范课""新教师上展示课""新课程教学全国行""卓越课堂说课大赛"等活动，不断提升教师的综合素质。

学校还多次派遣教师到全国许多地方支教，上公开课、示范课。自办学以来，教师先后到全国10多个省、市上公开课、示范课，培训全国教师9800多人次，足迹遍布了半个中国。正是因为校长为教师们提供了施展才华的空间和舞台，一大批优秀的青年教师才脱颖而出，得到了快速成长。

3. 校长对教师进行人文关怀，为教师营造幸福环境

行为科学认为，人的行为来源于动机，动机产生于需要。马斯洛的需求理论告诉我们,在人力资源管理实践中,要通过满足职工的正当需求来激发其工作积极性,这样才能把职工个人需要同组织目标实现融为一体。为此,学校构建和谐的干事创业环境,建立健全教师关爱机制,尊重教师的个人价值,给予教师更多的人文关怀,注意营造一种宽松和谐的环境,让教师心情舒畅、工作愉快、生活幸福。每逢教师住院,校长都要亲自带队去探望;每逢教师怀孕,工会送上老母鸡慰问;每逢教师生日,学校送去幸福蛋糕和鲜花;每逢教师的车脏,后勤人员在学校的洗车场就会帮他们洗好车;每逢周三、周五,学校都把校园里种的青菜送给老师们带回家。点点滴滴,温暖无限,极大的凝聚了全校教师,学校教师享受着教育的幸福。当学校取得成绩的时候,全校的每一个教师都会自豪无比,自觉在朋友圈转发分享;当许多学生想转到学校来就读的时候,老师们内心充满了自豪与骄傲;当老师们手捧着金灿灿的荣誉证书的时候,脸上洋溢着成功的喜悦。

的确,中国的教育需要一批有胆识的学校,需要一批有情怀的校长,需要一批有梦想的老师。校长对教师的专业引领不是靠行政权威去实现的,而要依靠校长的人格魅力、正确办学思路、高超管理艺术、真才实学和真知,只有这样,才能引领教师走上专业化发展道路。

结合跟岗所见所闻,反思自身实际,校长作为教师专业发展的第一责任人,笔者有以下的几点思考:

(1) 校长要规划好教师专业发展的蓝图。目前,教师队伍的专业化水准与教育改革的要求不相适应已是学校管理中一个突出的矛盾。如何建设一支专业化的教师队伍,如何通过校本管理建立一个高效的学习型组织,就成为校长必须面对、认真研究解决的迫切问题。校长要懂得教育规律,按照教育规律为教师设计科学化的发展蓝图,引领学校发展,带动教师成长。只有学校有切实可行的上下同欲的发展目标,让教师看到学校未来发展的前景,有了认同感才有归属感,教师才会扎实工作,为实现学校既定的目标去努力。

(2) 校长要铺设好教师专业发展的路径。

第一,校长应创设多样化的平台。首先校长要有正确的人才观,即有良好的个性和特长的就是人才,从而为公平评价、对待每一个教师奠定主观认识基础;其次要让不同能力、不同个性特长的教师展示自己的才华,真正在校园里体验到成功,找到属于自己的位置,从内心感到跟着校长走有奔头。无论是管理者还是教师,我们都清醒地认识到,只有通过不断的学习才能提高自己的专业技能,才能丰富自己的内涵与修养。但更多的教师每天都要忙于事务性的工作,实际上主观学习的时间和空间会很少。学校应该有计划、有目的地组织开展主题式或专题式活动。尽量做到让研究活动有明确的聚焦方向,重在帮助教师解决教育或教学中的共同关注、有困惑亟待解决的问题,每次教研活动真正地让教师有收获。

第二，校长应采取一切措施来增强教师的内驱力。无论是校园舆论环境，学校发展规划，还是考核评价机制，其最终目的都是促进人的发展，为教师营造宽松、和谐的成长氛围。校长要让每个人感觉到自己很重要，让每个人感觉培训是一种福利。责任激励（竞争的鞭策力）、物质激励（待遇的吸引力）等方式都可以激发教师专业发展的内驱力，满足教师的主导性需要。不同阶段的教师，其需求是不相同的，学校要尽量满足教师的主导性需求。激发和满足青年教师的发展需求，激发和满足中年教师的成就需求，激发和满足老年教师的尊重需求。

（3）校长要引领好教师专业发展的实施。

第一，校长人格素质引领教师队伍的职业道德发展。"一名好校长就是一所好学校"，校长是学校的灵魂，是师生的榜样，也是师生最信赖的朋友。一个具有强烈敬业精神和奉献精神的校长，他的精神会感召他的教师勤奋工作；一个具有博爱胸怀的校长，他带领的教师一定会关心热爱学生，对学生负责。总之，什么样的校长人格就会带出什么样的教师人格，校长只有努力塑造个人的高尚人格，才能带出一支具有高尚职业道德的教师队伍。

第二，校长的教育思想引领教师的教育教学行为。校长对教学的干预行为直接影响教师的教学行为，而校长对教学的干预行为是受其自身教育思想的左右，有什么样的教育思想，就会有什么样的教育管理行为。苏霍姆林斯基说过："学校领导首先是思想的领导，其次才是行政领导。"校长的教育观、质量观、人才观、教学观等，都会通过其干预和管理行为反映到教师身上。校长不仅要带头学理论，还要深入第一线，开展好教研活动和课堂教学，形成互动、开放的研究氛围，这样的校长才能强有力地引领教师。

第三，校长的管理能力引领教师的专业成长。校长的管理能力直接影响到教师的专业发展，而教师的专业水平决定了学校的办学水平，决定了学校的可持续发展能力，教师的专业水平主要是在教育教学实践中培养和发展的，学校管理的核心就是不断提高教师的专业水平。引导教师在教学实践中进行反思，努力实践先进的教育理念，指导教师针对教学实际问题进行探索研究，以促进学生的最好发展，这些都是校长的基本职责，也是校长必须加以认真研究解决的问题。

第四，校长的专业素质引领教师的专业发展。学校的中心工作是教学，教学的重心在课堂、教研。仅靠管理只能管住人，管不住心，甚至管住了心也无法促进教师的快速成长。唯有引领，才能让教师理解教学、研究教学、爱上教学，才能让教师知道课如何上才能异彩纷呈，教研如何开展才能扎实有效。一个在专业上没有很深造诣的校长是无法承担教师的"教师"这一重任的，一个不能指导教师教学、不能引领教师教研的校长是无法让教师信服的，也就无法引领教师专业化发展。

教育应该是充满激情的事业，教师作为学校发展的不竭动力，教师的激情与活力来自对职业的认同、对成功的体验、对成长的渴望、对幸福的追求。正如一块没有燃烧的煤扔到火堆里，很快就会燃烧；反之，一块燃烧着的煤扔到没有燃烧的煤堆里，很快也会熄灭！校长应该助燃这堆火，激活教师群体工作的激情与活力，激活教师们内在向上的动力，营造一个让教师乐于发光、发热的氛围。

四、引领教师专业发展的校本策略——以深圳市南山区育才三小、大连东港第一小学、苏州市金阊实验小学为例

（一）引言

中小学教师，陪伴着学生生命成长的关键期，对学生的教育和影响极其深远。基础不牢，地动山摇。当前我们的教师队伍虽然庞大，素质也提高了不少，但依然存在着很多问题。一方面，很多学校教师队伍结构复杂，教师专业化不强，教育教学成长缺乏良好的指导。另一方面，教师队伍封闭保守，闭门造车，自演自唱，缺乏自省。这些困难阻碍着教师专业水平的提高。如何突破当前这些难题，促进教师专业化发展，从而带动教师队伍整体提高呢？笔者从跟岗的案例中得到不少启示。

（二）案例描述

1. 建设教师生态成长共同体

深圳市南山区育才三小开办于2002年，原为蛇口工业区育才一小花园部。2003年育才教育集团成立，正式更名为育才教育集团育才三小。自办学以来，学校先后荣获"全国中小学棋类教学课题研究实验基地""广东省中小学心理健康教育示范学校""广东省师资培训基地学校""深圳市教育科研先进单位""深圳市依法治校示范校""深圳市绿色学校""深圳市书香校园""深圳市南山区体育特色项目学校""深圳市首届示范教研组""南山区德育十佳学校""南山区科技特色学校""南山区教师发展基地学校"等荣誉称号。学校拥有强劲师资力量：省名校长培养对象1名，特级教师1名，省名师培养对象9名，省教坛新秀2名，市级教坛新秀45名，区级教坛新秀39名。学校青年教师居多，专任教师平均年龄为38.8岁。

笔者参观了市级"刘占双名师工作室"、区级"郎丰颖名班主任工作室"，进入课堂观摩两位名师的示范课，并听取了两位教师的工作发展规划经验汇报。从聆听的校长办学理念的介绍中得知育才三小在双语教学、国学教育、高效课堂建设等方面进行探索研究，努力建设理想学校，打造幸福教育，创建特色品牌。

学校在引领教师发展方面积累了丰富的经验：以创建"名师工作室"为平

台，邀请南山区基础教育科科长，育才三小校长以及育才教育集团督导部部长组为导师和顾问团队，为教师的发展奉献最好的资源。提出选好一个发展点，承诺一个追求目标，坚持一个反复过程，探究形成一个特色，成就发展一批名教师的目标。实施五大行动，力求打造教师专业成长共同体，小题巧做，研学常态化成为整个校园的主流。不仅如此，学校还致力打造适合学生发展的教师团队，通过"青蓝工程"加大教师成长的细节化指引力度；通过名师的引领让教师拥有博爱的师德胸怀与视野，学会等待迟慧的花开。在"质量是学校尊严与价值的体现"的思想指导下，引导教师树立优质化追求的质量意识，让每一位教师乐于进取，致力打造"有方法、会等待、乐求知"的教师队伍，完善管理细节，以"人人争当教育家"的理念打造一支适应国际化、现代化教育的师德水平高、业务能力高、学识水准高的"三高"教师队伍。

2. 争做有觉悟的教师

大连东港第一小学，一所办校两年的高起点、高质量、有特色的现代化小学，校园环境一流，设备一流，李玉军校长提出"行知教育"理念，培育有觉悟的学生，打造有觉悟的教师团队。学校的老师均来自本区、本市的优秀骨干，平均年龄只有34.6岁，教师队伍专业化水平较高，工作热情高，正处于职业上升期和成熟期。同时，学校短期内发展迅速，教师和领导每年递进式调入，他们均来自不同文化背景的学校，自身表象的文化符号不同、理念不同、行为不同，如何融合成为学校面临的问题。

根据学校情况，确定教师发展目标：养成自主感悟的习惯，具备自主觉醒的能力，成就自主思维的品格。由此可见，"自主"成为该校教师发展关键行为。因此，学校以"培育有觉悟的教师"为目标，组织教师开展"七项修炼"：遵守规章制度（守礼），能与他人友好相处（乐群），不发牢骚（和融），能够发现自己工作中存在的问题（自省），在教研活动中能发表自己的观点（言智），经常撰写教育反思（感悟），有自己的职业规划（前瞻）。每个学期，在学科推荐的基础上评出七个单项荣誉教师，最后在单项荣誉中累计获得三项以上的评为"星级觉悟教师"，给予表彰。老师们把获得这项荣誉作为职业追求，参选的积极性很高。在评选会议上，每位老师都充分展示自己的实力，人人都具有鲜明的特色且有成果。

学校实施全员目标管理，学校领导和教师要认真学习并研讨《五年发展规划》，每个部门和教师要根据学校规划制定部门或个人的五年发展规划，每一学期或每一年要根据学校发展目标制定部门或个人发展目标，如成为"言智"教师或"乐群"教师等，研训部开展规划解读培训，指导教师撰写个人规划，通过分析问题，找准自己的位置。学校以"行知教育"研究为主线，建立课题研究系统，在科组研究课题的基础上组织教师开展"小课题"研究，教师全员参与，人人都有小课题任务，教师专业发展与教育科研相结合，让教师在研究当中不断完善专业情意，不断丰富专业知识，不断提升专业能力。

3. 完善教师多元梯级发展

苏州市金阊实验小学以学科为突破口，构建特色型教师群体，形成教师发展团队，并形成多元梯队，让每一位教师都能在这样的团队中相互学习和交流、体验、享受到成功的欢乐，达到提升每一个教师专业素养的目的。如语文科，第一梯队由区级骨干教师领衔，帮带三年内新入职的教师；第二梯队由区级骨干教师和学校外聘退休语文教研员辅导，帮带教龄三年以上的校级骨干教师；第三梯队是由特级教师领衔的"杨建英语文团队"，关注校内市区级骨干教师的专业发展。

学校在新教师的专业培养方面形成自己的特色：要求每一位新教师撰写工作日记，新教师通过日记或形式记录自己教学轨迹，反思教学中遇到的问题并提出解决建议，尽管一些内容零碎稚嫩，但长期积累、不断反思，终会有从量变到质变的一刻。学校针对新教师进行强化培训。通过培训使新教师快速成长。对工作时间五年内的新教师进行技能考核，考核内容涉及说课、粉笔字、简笔画、PPT课件制作、出卷等不同方面，考前由教导处进行培训，便于新教师进行复习准备，做到培训与检测结合，以提升新教师的专业素质。

学校激励新教师自我更新，自觉承担专业发展的主要责任，通过自我反思、专业结构剖析、专业发展设计、专业发展计划实施、专业发展调整实现新教师的专业成长。为了使新教师掌握科学的教学方法，做到"站住讲台、站稳讲台、站好讲台"，学校以"新老教师结对、互帮互助共同成长"为突破口，让骨干教师成为新教师的师傅，指导新教师教学和班级管理，师徒之间互帮互助，取长补短，共同进步。学校每年年底进行新教师展示活动，邀请家长一起参与其中，使家长更充分地了解子女在学校的工作情况。在展示活动之后召开新教师家长座谈会，向家长汇报新教师的工作情况，在听取家长意见的基础上，促进新教师专业成长。

（三）案例分析及反思

1. 对于建立教师专业发展共同体的反思与总结

深圳市南山区育才三小的成功经验告诉我们：共性易于发现，个性需要珍视，依靠集体的智慧，依托团队的力量，是教育发展所需，也是促使教师在专业化成长方面自我觉醒的必需。

育才三小"打造教师专业发展共同体——站在集体的肩膀上飞翔"的师资建设模式，可圈可点。关注群体发展，反对教师各自为伍的"个人主义"的专业发展方式，强调教师个体和群体之间构建起相得益彰、相互促进的同途发展意义；注重专家引领解惑，认识到若缺乏专家引领，则难以做到"登东山而小鲁，登泰山而小天下"，聘请广东省李楠名班主任工作室主持人和华南师范大学新基础教育李家成教授指导工作室工作，让教师转变观念，拓展视野，站得高，看得远，走得快；注重同伴互助的力量，"世界大咖啡"已成常态化，带着疑惑的教师以一个共同的话题团坐在一起，侃侃而谈，很多教育智慧就会那么不经意地流淌出来，集群众之智，迅速破冰，突破瓶颈。育才三小不管是建设"名师工作室"还是充满新时代气息的"青蓝工程""教师沙龙"活动，无一不渗透教师共生共荣的默契，为教师提供了良好的生态成长氛围，促进教师队伍的综合素质跨上新台阶。

结合深圳市南山区育才三小"站在集体的肩膀上飞翔"的师资建设模式，我们躬身叩问：该如何造就一支师德高尚、业务精湛、结构合理、充满活力的高素质专业化教师队伍呢？要造就一支高素质专业化教师队伍，今后必须要充分建设教师生态发展共同体，尽最大可能给教师专业发展创造空间、创设条件、搭建平台，要通过专家引领，教师团队帮扶给予教师提供适度的帮助，还要鼓励教师及时反思来提高不同层次教师的教育教学竞争力。可从四个方面入手。

（1）建设生态化精神乐园。

为教师建设集休闲小息、研讨对话、充电加油的读书大咖屋。教师之间即时的、自觉的交流很重要。每天抽点时间和其他教师讨论教学中遇到的问题，在互动对话中教师之间彼此都获得思想启迪。当然，分享合作并不是趋同，合作中别忘了张扬自己的个性，可以有争鸣甚至是分歧。此外，"中国谍战之父"麦家有深刻的认识："文学能改变人的修养，洗礼人的灵魂，使人心安理得，使人慢下来。当下快节奏的生活已让人疲惫不堪，不如让自己慢下来，等一等灵魂的脚步。阅读恰巧就有这样的意义。"最佳的阅读方式就是"沉浸式阅读"，让教师尽情阅读各类书籍，精神得以殊途同归。教师的落伍、迂腐、倦怠，就是不肯时时读书所致，通过有闲自由读书，使个人开茅塞，除鄙见，增学问，广识见，消倦怠，养性灵，从而在育人世界里诗意地栖居。

（2）营造生态化的育人环境。

"眼中形势胸中策，缓步徐行静不哗。"积极向上、和谐美丽的环境，它犹如一个无声的课堂，总能对青少年的道德、品格、修养无时无刻起着"无声胜有声"的育人效果。现代学校必须走建设生态校园、环境育人之路，校园文化设计是要给青少年创造一个熏陶感染着师生，丰富净化着师生的灵魂。努力在学习和思考中把握眼界的高度、思想的深度、管理的尺度和情感的温度，以建设"一流的硬件，和谐的环境，厚重的文化底蕴的农村学校"为目标，环境育人和文化熏陶并举，结合校园周边的自然环境，科学构思，精心设计，努力达到人与自然、建筑与自然的和谐交融，努力打造校园文化品牌。在这大自然的课堂里，一花一草一木都孕育着丰富的思想内涵,有着高度的启迪感。学校的管理在"文化立校"的办学思想指引下,一直处于一种"学习和思考"的状态,从而引领和熏陶着广大教师静心工作、用心思考,团结奉献,积淀成了一股股蓬勃的力量,成为学校发展的有力支撑!人文育人,以文化人,在成就教师中,让教师有尊严地工作和幸福地生活,实现人生的理想和追求;在成就学生中,让学生永远有情趣、有希望、有欣赏,体会愉悦的学习过程。

(3) 提供生态化自助研修。

引领、帮助教师发展是校长的责任,而教师是否发展取决于教师的自觉。作为一名教师,要高度认识到自助研修是专业发展和成长的主要的途径和方法之一,须与自己的职业生涯相生相伴,并付诸实践。自助研修重在自觉转变思想观念,用先进的理念来指导教育教学工作。如果一个人的思想观念不更新,那么他就会墨守成规,不会有创新,更不会有突破。行动在于有思想指导,他山之石可以攻玉,自助研修虽然苦和累,但是充满了喜和甜,因为不经历风雨,怎么能够见到彩虹呢!教学重在教师不仅是知识的传递者,还是道德的引导者,思想的启迪者,心灵世界的开拓者,情感、意志、信念的塑造者,具有不可替代的独立特性。教师不应仍然停留在"教书匠""蜡烛""园丁""工程师"的角色定位上,应该树立"教师即研究者"的理念,把对学生的爱、对教育事业的奉献、对未来社会的责任感都融化在孜孜不倦的"研究"之中。终生学习的重要方式就是自助研修。教师生态化自助化模式是以教师专业发展生态取向为基本理念,以促进教师专业发展与学校共生发展为目标,学校为教师提供可选择的"研修自助餐",研修的目的和内容让教师自己决定,研修的结果让教师自我比较。这里的自我比较不是揠苗助长,恶性竞争,而是自主发展,同伴互助,协同发展,形成个性化经验,并沉淀自己的思考。优化教师专业发展的生态环境,倡导在自我比较中发展潜能,激发信心,收获快乐,享受幸福,从而引导教师走上探索未知世界的幸福之路。

(4) 搭建生态化成长平台。

关注群体发展,反对教师各自为伍的"个人主义"的专业发展方式,注重教师个体和群体之间构建起相得益彰、相互促进的同途关系,强调共同体的发展意义,为教师的可持续发展提供有益的平台。为了优化教师专业发展生态环境,根据教师的基本职责与动态、整体、共生的生态学原理,搭建了三个"平台"。一是让教师积极参加互动评议活动,以一种开放的心态面对真实课堂中的问题与困惑,既要自信地看到教学中的亮点,又要敢于坦言课堂的不足;用心去品读同伴建议,多角度分析或反复咀嚼,并有意识或无意识地落实到自己的教学中。二是进行深度自我反思。如果一位教师,只知道默默地耕耘,不知抬头看看方向,也不回顾与思考,那他只能是地地道道的教书匠,永远不可能获得真正意义的专业发展。深度反思为工作中的"无所适从"找出路,增强专业自主。三是请求名师支持。教师之间的碰撞、交流很重要,但很有可能停留在经验的层次上,要升华成教学理论,就需要名师指点。永远不要害怕问,这样,自己的感悟与反思会更深刻些。

2. 激发教师自主发展动力的反思与总结

从大连东港第一小学的案例中,笔者发现,激发教师自主发展的动力,就能引领走向专业成长的最高地,成就自己的教育人生。

大连东港第一小学的教师本身的起点就高,每个人都具有一定的教学经验,有自我反思的水平,因此学校就以引导教师自主发展为培养模式。学校提出的七项修炼源于自我认识的基础上进行自我规划、学习、自省、自悟、提升,对教师要求是较高的。学校在推动教师自主发展的同时提供了不少帮助:专门设立了研训部,助推教师专业成长。在个人目标制定后,研训部会梳理目标,了解教师专业发展状况,详细分析每位教师达成目标欠缺的条件,把握每位教师在专业发展方面的需求,量体裁衣,向学校有关部门提出建议,与各部门一起对教师专业发展给予相应的帮助,为教师的专业发展搭建平台,创设各种机会引导教师实现目标。为不同层次教师的专业发展助力,增强教师自我成长针对性。学校还为每位老师建立个人发展档案,让老师自我对照目标及时做出调整,激励教师自觉成长。教师自己选择研究的方向,定期开展课题进度的展示、课例、文章案例等都可以作为研究成果,研训部抓实"个人课题"过程研究,积极开展课题成果的推广工作,通过讲座、网站、个人课题、沙龙研讨等形式推广与转化优秀的个人课题研究成果。学校每个学期都会进行反馈交流,教师完成一个小课题后再申报另一个课题。有目标就有了自主发展的内驱力,有研究就有了自主发展的平台。就是这样,学校的老师在自我制定目标的基础上不断实践,研究小课题,自我发展的内驱力激发了,各方面的能力也得到迅速提升。教师在专业发展上成为名副其实的主导者。

教师专业化是教师在整个专业生涯中,通过终身专业训练,习得教育专业知识技能,实施专业自主,表现专业道德,并逐步提高自身从教素质,成为一个良好的教育专业工作者的专业成长过程。教师的专业成长,应该是一种主动性的成长,应该在工作中成长,应该是理论、经验和实际工作能力的同步成长,应该在学习、反思和合作中成长。面对新形势,教师专业化成长还有许多路径可探索,现总结如下。

(1)树立终身学习理念——教师专业发展的前提保证。

对一名教师来说,学习是生活,学习是工作,学习是责任,学习是教师生命的重要组成部分。也就是说,不断学习与研究是今天每一位教师适应职业生活的最重要的前提。课程改革的实践告诉我们,一名教师只有经常地进行学习研究,才能从平凡的、司空见惯的事物中看出新的方向、新的特征、新的细节。这既是教师形成创造性劳动态度的重要条件，又是教师工作兴趣、灵感的源泉。学校必须提供学习的资源，营造学习的氛围，引导教师通过阅读自我增值，阅读是激发教师自我成长的关键因素。教师的专业成长需要理论的提高，没有理论支撑的实践是盲目的实践。因此，教师可以根据自身的需要，选学一些教育理论经典书籍，特别需要经常读一些大师作品，通过读书加深自身底蕴，提高自身学养，让自己浸润在文化的滋养里。教师只有在不断的学习和不断的探索中，陶冶自己的情操，扩大自己的视野，才能在不断的社会进步中跟上时代的步伐，才能有更多更新的知识来面对学生提出的各种问题。学校可以定期开展读书沙龙等活动，指定书籍进行阅读，并召开思辩会，唤醒年轻人的活力，老师们分享各自的读书心得，并对现状进行反思，从而提高自己的专业素养。学校应为老师的阅读提供很好的环境，组建阅读的团队，定期交流研讨，通过教师的对话分析，使个体的经验和想法转化为团体共同认识，使零星、不系统的经验成为众多教师共享的较为系统的专业知识，从而提高教师自身的专业素养。

（2）制定专业发展规划——教师专业发展的导向。

专业发展规划是教师发现自身价值、寻找奋斗目标的思想，也是教师谋求学校支持、寻求发展策略的方法，更是教师统一思想、形成共同价值追求的过程。教师在制定发展规划时需要对自己的现状，优势与不足，当前教育教学大环境，学校的情况以及自己追求的方向进行仔细分析。

①我在哪里？认识自我发展阶段。教师的成长是一个持续的、长期的积累过程，任何教师的成长与发展，都经历一个量变到质变的过程，存在着成长的阶段性。根据教师成长与发展阶段理论，全方位分析自身状况，正确判断自身目前所处的发展状态，有利于确立今后教师专业发展方向和目标。

②我是谁？认识承担的角色和自我特征。教师谋划自身专业发展，应该剖析自身特征，给自己正确定位，以更高的目标来调整自己。准确的角色定位要求教师：首先，要明确教师教书育人应承担的基本角色。优秀的教师在教书育人中，应该是知识的传授者、家长的代言人、心理保健者、纪律的管理者、学生的朋友、学生的榜样等多重角色的复合体。其次，积极促进自身角色的发展。由于教育改革的发展和社会进步，教师角色的内容和要求也必须发生变化，教师要根据时代的变化对自身角色进行不断地适应与调整。最后，正确对待角色冲突。在面对角色冲突时，应立足于工作需要和个人能力特征、抱负水平等自我特征，做出正确的选择。

③我的环境如何？社会环境分析。分析和了解社会环境因素，有利于个人制定正确的职业生涯规划，使自己在不断变化的社会环境中取得专业发展。

④我的总体状况怎样？现状分析。在充分认识自己所处的社会环境后，就要

对自身现状进行分析和研究。其目的在于最大限度地利用和发挥自己的优势，克服劣势和不足，消除或避免威胁，创造和利用机遇，谋求新的发展。

专业发展规划是方向，是目标，我们还可以在总目标的基础上分列小目标，以求目标细化与达成。

(3) 撰写教学反思——教师专业发展的必经之路。

反思是指教师以自己的教学过程为思考对象，对自己的教学行为、教学结果审视和分析，从而改进自己的教学实践并使教学实践更具有合理性的过程。反思的过程是教师自我纠错、自我教育的过程，对于促进教师的成长具有重要意义。反思是教师专业化发展的决定因素，也是教师专业发展最普遍最直接的途径，它不受时间、空间的限制，只要是一个对教育教学充满热情的有心人，反思时时刻刻都可以发生，在自己的脑海中发生，在与同事的交流中发生。每一个教师都可以在反思中发现，在发现中改进，在反思中提高。每一个教师经过审视与内省，都会实现自我超越。

著名教育家叶澜说过："一个教师写一辈子教案不一定成为名师，如果一个教师写三年的反思可能成为名师。"学校要积极鼓励教师通过写自我反思、教育随笔、教学小结等。这不仅有助于改善教学实践，还有助于教师形成教育研究的氛围，促进教师的专业成长和整体素质的提高，被认为是"教师专业发展和自我成长的核心因素"。只有善于进行反思，教师才能站在更高的层面上审视自己的教学，才有可能上升到理论的高度思考问题，不断更新教学观念，激发理论与实际创造性结合的灵感，进而改善教学行为，提升教学水平，成为自己的教育生命中的主人。

(4) 实施校本策略——教师专业发展的重要途径。

"校本"即"以校为本"。建立与新课程相适应的以校为本的教师专业发展的策略，是当前学校发展和教师成长的现实要求和紧迫任务，也是深化教育改革的方向和重点。学校发展的主体力量是校长和教师。只有着眼于学校发展和教师发展的统一，才能实现真正意义上的可持续发展。要实现教师专业发展，必须依靠"校本策略"。校本研修是一种弥漫于整个组织的学习氛围，其出发点是基于学校，为了学校，发展学校。校本研修也是一种文化建设，它的价值不是直接给教师多少结果，而是引发教师多思考，最终促进教师自我学习、自我反思，从而让教师学会研究。校本研修的目的是让教师成为研究者，从而不断激发自主发展需要；让教师成为思想者，从而不断提升专业发展的思维能力；让教师成为有思想的行动者，从而不断提升生命的质量。校本研修是立足学校的问题、困惑教师问题进行的自主研究、自主学习、修炼的持续发展过程，包括制定规划、集体备课、课例开发、课题研究、论文撰写、成果分享等。

(5) 参与课题研究——教师专业成长的有效载体。

小课题研究是指作为教育活动"当事人""实践者"的教师，自觉针对自身教育教学实践中的某些问题、话题，进行持久关注，不断反思追问，积极进行改进实践的研究性教育行为。通俗地说，是以教师在自己的教育、教学实践中遇到的问题为课题，运用教育科研方法，由教师个人或不多的几个人合作，在不长的时间内共同研究，取得结果，其研究结果直接被应用于参与研究教师的教育、教学实践工作中，并取得实效的教育科学研究。它具有开口小、周期短、易实施、见效快的特点。这类课题无须审批立项，是教师自发进行、自我负责的"常态化"研究行为。它提倡一种"教学即研究，问题即课题，教师即研究者，成果即成长"的理念。从本质来说，是一种个人研究行为，由教师个人承担，研究主体同时是责任主体，也是利益主体。这种研究要求选题要小，要有针对性和实践指导性，如"课堂提问的艺术""如何导入新课""板书的基本要求"等。

3. 对于新教师培养的反思与总结

金阊实验小学着力于新教师的培养缘于：新教师是学校的新鲜血液，是学校的未来，也是学校可持续发展的基础所在。学校激励新教师自我更新，自觉承担专业发展的主要责任，通过自我反思、专业结构剖析、专业发展设计、专业发展计划实施、专业发展调整实现新教师的专业成长。

习近平总书记在讲话中提到"老师的责任心有多大，人生舞台就有多大"。新教师的自我更新需要教师具有自觉性、主动性和责任感。要求新教师自行确立专业发展目标，自行分析专业结构，寻找适合自身专业发展的资源，有计划地调控自身专业发展，将被动转化为主动，坚持总结和反思，最终成为学生健康成长的指导者和引路人。伴随学校青年教师比重的加大，新教师的专业成长成为提升学校教师队伍素质的重要课题，迫切需要学校为新教师专业成长搭建平台，促使新教师展自身专业内涵、达到专业成熟的境界。

(1) 新教师要自主发展。

新教师的专业成长离不开自主发展动力和内部需求，新教师既要有自主发展意识、能力，也要自主承担专业成长的责任，并主动通过多种途径实现自我更新。新教师的专业成长离不开教学实践，尽管在入职前新教师接受了系统的教育教学理论学习，但教学实践经历不足，故具有较强的可塑性，专业成长潜力巨大。这种潜力能否转化为实际能力，取决于新教师的自主发展意愿，只有兼具自主发展意识与改进教育教学的能力，才能达到真正意义上的专业成长。

(2) 新教师的专业成长要借助师徒结对。

导师引领、师徒结对是新教师专业成长的基本模式，由本校教学经验丰富的骨干教师作为新教师的指导者，以促进新教师尽快适应教学活动。就实践而言，师徒结对在新教师了解教学、适应教学的过程中发挥了重要的作用，但值得关注的是，导师引领需要立足于新教师现有的知识和理论基础，使新教师的职前培养和职后培训联结起来。除了指导新教师的教学常规外，还应注重新教师教学思路的引导和养成。

（3）新教师的专业成长离不开实践。

新教师的首要工作是研修教材，把握教材，在学生认知发展水平和知识经验基础上设计教学活动。立足于教学实践的专业发展才是真正的发展。在实践的过程中，新教师要做到的是精心备课、关注学生学习工程和结果、关注学生学习情感与态度；积极反思，以教学为基础开展听课和评课，加深对教学活动规律的认识；加强学习，将读书学习与教学实践相结合。在教学实践的基础上，开展一些从自身角度出发的教学研究，包括自己的教学理念、教学方法、创新思路，一边实践一边总结，教学与研究紧密联系，使研究为课堂服务，为教学工作服务，为学生服务。

华东师范大学的叶澜教授曾说："我们坚信，没有教师的生命质量的提升，就很难有高的教育质量；没有教师精神的解放，就很难有学生精神的解放；没有教师的主动发展，就很难有学生的主动发展；没有教师的教育创造，就很难有学生的创造精神。"这些精辟的语言指出了教师专业化发展的价值和意义。教师只有走上专业化的发展道路，才能始终把握时代的脉搏，洞悉教育的走向，不断超越自我，才能成为中华民族"梦之队"的筑梦人！

第三章 教师专业成长与发展的建言

教育部、国家发展改革委、财政部、人力资源社会保障部、中央编办联合印发《教师教育振兴行动计划（2018—2022 年）》，明确了当前和今后一段时期教师教育振兴发展的目标任务和十大行动。2018 年 3 月 29 日，广东省教育工委书记、省教育厅党组书记、厅长景李虎在《中国教育报》发表了署名文章《大力振兴教师教育　激发教师队伍活力》。大力振兴教师教育，抓住了从源头上加强教师队伍建设的"牛鼻子"，抓住了培养高素质专业化创新型教师队伍的关键，是解决当前教师队伍建设发展不充分、不平衡问题的重要举措。广州市将积极主动把握好全面深化新时代教师队伍建设改革的历史机遇，写好广州教育"奋进之笔"，抓紧研究制定出广州市贯彻落实的配套政策措施，紧紧围绕"提高质量、优化结构、均衡配置"的工作重点，统筹谋划好教师培养、培训、使用、管理等工作。

（一）"点燃"教师，激活学校发展内生力

精神自由是让人保持蓬勃生长状态的动力和源泉，校长领导学校的核心就应是对心灵的触动和对精神的解放。点燃教师自强心，让力量薄弱的学校绝处重生；激发教师变革力，让优质学校绽放光彩；释放教师创造力，让新建学校共创共筹。

1. 与教师一起构建一个清晰而美好的愿景

要让所有教师知道，学校的发展愿景是什么，学校期待教师成为怎样的人，每位教师在学校发展过程中能发挥怎样的作用，如何实现自身和学校共同的价值提升。

2. 给他一个为之奋斗的充分理由

学校会站在教师个人成长的角度，帮助他们梳理个人发展规划，努力让个人规划和学校发展能够协调统一，达到组织带动教师成长、教师成就学校发展的最终效果。

3. 给他自由选择的机会和平台

学校可从课程建设、空间设计、学生活动设计等方面，给予所有教师自由选择、尝试、探索的空间，并从教师培养机制、学术引领机制、教育诊断机制、年级管理机制、后勤服务机制等方面给予大力支持。学校希望每位教师都能成为会统筹、懂谋划的项目运作者。

4. 让每个人都感到自己很重要

学校通过一对一的交流和沟通，为教师出主意、想办法，在"背后助他们成功"，再鼓励他们站到前台。当他们表现出色时，学校领导带头鼓掌，让教师获得成就感，也以其成长激励更多的人。

（二）加快提升教师教育专业性的培养

时代的变革与科技的发展推动教师教育进入新时期，如何提升教师的综合素养尤其是应对各种变革与挑战的能力，是摆在教师培训者前面的重要问题。

1. 教师教育理念的细化与升级

目前我市教师培训的重点还停留在知识和技能的提升之上，对教师的信念、态度、价值观等方面的引导还相对欠缺。好的教师培训应具备以下特点：首先，教师培训者对工作是充满热爱的他充分沉浸于工作的乐趣之中，自然能够真正地用心研究如何做好教师培训；其次，构建以参与者为中心的课堂形式，培训者应能够把握讲授的内容和时间，不只关注单一的知识讲授，而应以学习者的真正需求为中心，促进参与、互动、分享等学习体验过程的形成，打造积极活跃的课堂。

2. 教师专业成长的引导与促进

教师专业成长的动力在于重新发现价值。教师肩负着引领学生精神生长的神圣职责，不仅传承过去，更在创造未来，其职业价值在与学生共同相处的乐趣中以及学生对未来社会的贡献里得到彰显。但并不是所有教师都能从一开始就找到并且持续明晰自身的价值，因此，学校应为教师提供指引，搭建成长平台，创造激励机制，让他们能够清晰地看到自己的价值，让他们能够为使命而不是为利益工作。

3. 教师培训课程的依规推进

围绕教育部刚刚发布的《中小学幼儿园教师培训课程指导标准（义务教育语文、数学、化学学科教学）》（后文简称"《标准》"），各方要明确职责分工。教育行政部门应重视规范性文件的作用，监督培训机构的培训质量；培训机构应依据《标准》和实际情况，优化培训课程方案的整体设计；中小学校可以参考《标准》，提升校本研修的整体质量；中小学教师可以视《标准》为标尺，将其作为规划自身发展和进行自我分析的工具。

（三）切实为青年教师提供真实支持与专业引导

青年教师是教育发展的新生力量，是学校可持续发展的宝贵资源和不竭动力。当前，助力青年教师专业成长，提升青年教师专业自主发展能力越来越成为学校关注的重点。相对于外部力量为主导的"他主"模式（如接受教师培训），教师专业自主发展作为一种内源性发展模式，指向教师的自我更新和自我成长，更强调发展过程中的主动性、自觉性和独立性。我们通过对案例研究，了解影响其自主发展的关键要素，期待能对青年教师专业成长提供有益借鉴。青年教师普遍能意识到专业自主发展的重要性，且实现自主发展的需求和愿望比较强烈，但实施过程中面临的实际困难和问题也比较多，尤其是自主学习和课题研究，受客观条件的影响很大。

1. 引导青年教师正确认识"他主"和自主发展的关系

自主发展和以外部力量为主导的"他主"发展不是对立的，而是相辅相成、相得益彰的。即使在教师培训等"他主"活动中，教师也同样应该发挥自主意识，变被动为主动，使自己全身心地投入自主发展中。教师应始终注意保持一种开放的心态，主动、积极地寻求各种学习、交流和提高的机会，随时准备接受新的教育观念，博采众长，提高专业素养。

2. 为青年教师提供基于真实需求的专业支持和研究指导

教师在走向自主发展的过程中还存在许多困扰，需要学校和有关部门给予指导和支持。以课题研究为例，教师之所以对课题研究不够积极，缺乏自信，一方面，与教师自身研究能力的不足有关，另一方面，教师不能正确理解课题研究与教学之间的必要关系。

3. 引导青年教师用好关键人物和关键事件

关键事件、关键人物对青年教师的专业自主发展往往具有重大影响，是教师专业成长的重要契机。青年教师只有通过对这些关键事件和人物的切身体察、反思和回应，才能实现自我超越。许多教师受限于重复性的工作，对身边有助于自身专业发展的关键人物和事件并不能及时地发现，这时就需要学校层面的引导和点拨。

4. 营造适宜青年教师专业发展的外部环境

教师专业自主发展受教师个人努力程度、经历感受等内发性因素的影响，也受到如时间、工作量、发展平台等外部环境的影响。学校应该努力打造有利于青年教师专业发展的自由度高、支持性强的发展平台。

参考文献

[1] 熊焰. 校本教师专业发展研修手册［M］. 天津：天津教育出版社，2012.

[2] 汤立宏. 校本研修专论——中小学教师人力资源开发与专业发展研究［M］. 北京：海洋出版社，2006.

[3] 钟启泉，崔允漷. 新课程的理念与创新——师范生读本［M］. 北京：高等教育出版社，2003.

[4] 卢维兰. 中小学教师专业自主发展意识研究 [D]. 上海：华东师范大学，2009.

[5] 叶澜. 教师角色与教师发展新探 [M]. 北京：教育教学出版社，2001.

[6] 叶澜. 教育概论 [M]. 北京：人民教育出版社，2006.

[7] 朱小曼. 教育的问题与挑战——思想的回应 [M]. 南京：南京师范大学，2000.

[8] 于建川. 国外教师校本培训经验及其启示 [D]. 北京：华东师范大学，2003.

[9] 张云鹰. 教育智慧与学校创新：一名小学校长的教育践行 [M]. 北京：人民教育出版社，2008.

[10] 陈于清. 教师专业发展自主意识：一个小学女教师的叙事研究 [D]. 金华：浙江师范大学，2005.

[11] 董银银. 中小学教师专业发展的自主性研究 [D]. 开封：河南大学，2009.

[12] 齐凯丽. 农村中小学教师自主专业发展现状研究 [D]. 石家庄：河北师范大学，2013.

[13] 张立昌. 自我反思实践是教师成长的重要途径 [J]. 教育实践与研究，2001（7）：2-5.

[14] 陈立群，乔世伟，任奕奕. 构建学校自培体系 促进教师自主发展 [J]. 高等师范教育研究，2001（2）：53-59.

[15] 朱小曼，笪佐领. 走综合发展之路培养自主成长型教师 [J]. 课程·教材·教法，2002（1）：59-63.

[16] 王洁，顾泠沅. 行动教育：教师在职学习的范式革新 [M]. 上海：华东师范大学出版社，2007.

[17] 忞之. 学会正确归因，激发学习动机——面对成功或失败的归因原则 [J]. 青苹果，2004（12）：50-52.

[18] 何锋. 自主专业发展：教师专业发展新内涵 [J]. 师资培训研究，2005（3）：49-53.

[19] 姚安娣. 促进教师专业自主发展的策略研究 [J]. 中小学教师培训，2007（12）：11-13.

[20] 张民选. 专业知识显性化与教师专业发展 [J]. 教育研究，2002（1）：14-18.

[21] 国家中长期教育改革和发展规划纲要工作小组办公室. 国家中长期教育改革和发展规划纲要（2010—2020年）[EB/OL]. http://old.moe.gov.cn/publicfiles/business/htmlfiles/moe/info-list/201407/xxgk_171904.html? au-

thkey = gwbux.
[22] 陈灵玉. 浅谈调研反馈在学校教育教学管理中的作用——六中九年级教学调研及反馈给我们的启示[EB/OL]. http://www.zjtxedu.org/web/juky/jyxx/20111030/37717.aspx.
[23] 吴艳茹. 教师专业学习共同体的构建[J]. 教育评论, 2013 (1): 54-56.
[24] 蔡梅珍. 促进教师专业自主发展的策略研究[J]. 教育艺术, 2015 (1): 41.
[25] 石勇华. 试论教师专业化发展的途径[J]. 中国校外教育（中旬）, 2017 (8): 27.
[26] 寇晶. 新课改视阈下农村中小学教师专业发展的问题与对策研究[J]. 青年与社会, 2014 (9): 240.

探索城镇化进程中小学教师专业发展的有效途径

案例小组名单

小组负责人：唐　芬　广州市白云区同和小学
成　　　员：钟就辉　广州市黄埔区光远小学
　　　　　　刘汉昭　广州市增城区新塘镇天伦学校
　　　　　　温秀欢　广州市花都区狮岭镇冠华小学
　　　　　　曾祥志　广州市花都区花东镇九一小学
　　　　　　陈建英　清远市连州镇元潭小学
指 导 教 师：高慎英　黄泽纯

第一章 城镇化进程中小学教师专业发展的探索背景

 城镇化进程中小学教师专业水平提升是我国教育进一步发展的必然

《小学教师专业标准》（教育部文件教师〔2012〕1号，以下简称《专业标准》）是国家对小学合格教师专业素质的基本要求，是教师实施教育教学行为的基本规范，是引领教师专业发展的基本准则，是教师培养、准入、培训、考核等工作的重要依据。小学教师是履行小学教育教学工作职责的专业人员，需要经过严格的培养与培训，具有良好的职业道德，掌握系统的专业知识和专业技能。《专业标准》是国家对合格小学教师专业素质的基本要求，是小学教师实施教育教学行为的基本规范，是引领小学教师专业发展的基本准则，是小学教师培养、准入、培训、考核等工作的重要依据。

基础教育是国民素质养成的关键阶段，而基础教育阶段教师的水平和素质又决定着基础教育的质量。美国教育者厄内斯特·波伊尔曾经提出"归根结底，谁更了解课堂上的情况呢？谁更能鼓励学生呢？谁更能准确地评价每一个学生在学习方面所取得的进步呢？除了教师谁能创造一个真正的学习的大家庭呢？毫无疑问，教师是建设好一所学校的关键"。现今不断发展的教育实践对教师也提出了更高层次的要求，"教师只有在具有所需的知识和技能、个人素质、职业前景和工作动力的情况下，才能满足人们对他们的期望"。所有这些，都对教师工作提出了更高层次的要求，即教师专业化是未来教师教育和发展的方向。

教师专业化自20世纪中期开始逐渐成为世界教师发展的一个热点问题，也是世界各国政府在教师队伍建设方面的工作目标。联合国教科文组织在《关于教师地位的建议》（1966）中就指出"应把教育工作视为专门的职业，这种职业要求教师经过严格的、持续的学习，获得并保持专门的知识和特别的技术"。我国在1994年的教师法中也明确规定"教师是履行教育教学职责的专业人员，承担教书育人，培养社会主义事业建设者和接班人、提高民族素质的使命"，从而赋予了教师专业化的法律意义。

胡锦涛同志在党的十七次全国代表大会上曾经提出要"加强教师队伍建设，重点提高城镇化进程教师素质"。我国有一千多万普通中小学教师，其中，城镇化进程中的小学教师占了相当大的比例，城镇化进程中的小学教师的整体专业化水平提升就成为我国教师专业化进程中的重要环节。但在现实中，由于各种因素制约，我国城镇化进程中的小学教师专业化水平远落后于城市中小学教师。因此，加快城镇化进程中的小学教师专业发展步伐，对提升我国基础教育质量起着至关重要的作用。

城镇化进程中小学教师专业化发展面临的困境

教师专业发展强调的是教师自我成长和发展的历程，是一个教师专业知识、教育教学技能、教师品德等的全面发展，而不仅仅是传统简单的职前教师教育或者在职教育培训就可以结束的。教师专业发展是一个需要依托相关组织，并且需要激发自我发展意识、提升自我发展能力的过程。教师专业发展会受到来自外部客观方面因素的影响，如学校等组织因素、经济因素、培训机制等；同时，也会受到教师自我发展意识、发展层次及其自我发展规划等主观因素的制约。但从我国目前教师发展现状来看，传统教师教育相对封闭，注重的仅仅是对潜在教育工作者工作能力的培养，而忽视了对教师自我发展意识的激发及自我发展能力的塑造；教师在职发展也多是注重学历和教学技能提升。因此，教师专业发展不论是先天还是后天都存在问题。其中，广大城镇化进程中的小学教师的专业发展问题表现尤为突出。

（一）制度之困

目前，虽然教师专业发展已经成为各方面的共识，但就教师专业发展的实践方面来看，并没有建立起一整套行之有效的制度体系。虽然各地都在提要建立起完整的职前、入职和在职教师教育体系，激发教师自我发展意识，鼓励校本发展等，但具体到实施层面仍面临重重障碍。

首先，城镇化进程中的小学教师专业发展面临人事管理制度之困。目前，我国广大城镇化进程地区义务教育实行"在国务院领导下，由地方政府负责，分级管理，以区为主"的管理体制，而教师人事管理存在岗位、人事、工资等分头管理的现状，教师人事管理面临人权、事权和财权分离的局面，在实践中城镇化进程中小学师资队伍管理往往存在学校实际管教师、财政部门管工资的情况。此外，由于各地发展的存在种种差距，城镇化进程中的小学教师在晋升、收入和流动等方面存在区域差距较大和校际阻隔严重的情况，城镇化进程中的小学教师专业化发展也就缺少统一的标准和要求。

其次，城镇化进程中的小学教师专业发展面临人事考核悖论。人事考核虽然提到要对教师进行考核，要从德、能、勤、绩等方面进行综合全面的考核，专业化的教师考核自然也需要从多种方面对教师进行全面综合的标准要求，但在具体实践中，城镇化进程中的小学教师考核的指标却仍然主要是以学生考试成绩为主。

最后，城镇化进程中的小学教师在职专业发展存在缺陷。出于各种原因，城镇化进程中的小学教师的发展在很长一段时间内以学历补偿和提升教育为主。虽然近年来广大城镇化进程中的小学教师学历基本达标，但是在职培训仍然是以补偿式为主。在职教师的专业发展往往注重提升教师的具体教育教学技能，而忽视了教师自身专业发展意识、教学反思和教学研究能力等方面的提升。此外，当前城镇化进程中的小学教师专业发展往往是自上而下的外发性专业发展要求，主要以简单的命令式或者考核要求来推进，缺少对教师自身内在自发性发展动力的激发，教师专业发展较为被动。

（二）经济之困

"以区为主"的城镇化进程义务教育管理体制虽然充分保证了城镇化进程义务教育投入方面的区域均衡，但是我国区际之间发展差距存在较大差距。因此，许多贫困区区财政只能保证城镇化进程义务教育的基本教学发展投入，许多城镇化进程区区和学校存在教师培训经费严重不足情况，从而导致城镇化进程地区中小学教师很少有机会能够参加专门的校外培训。另外，城镇化进程中的小学教师，尤其是偏远地区城镇化进程中的小学教师，待遇相对较低，在政府投入不足的情况下指望教师自身将大量时间和金钱投入专业发展中也不现实。

（三）自我之困

首先，城镇化进程中的小学教师角色定位不足。"传道、授业、解惑"是我们在传统上对教师角色的定位，长期以来的师范教育也以培养教师的学科专业知识和基本教育教学能力为主，因此，我国教师在很长的历史时间里是以授业型教师角色存在的。但是，随着社会发展，传统的授业型教师已经远不能适应现代教育发展要求，因此，教师专业化便应运而生。教师专业化是指教师在整个专业生涯中，依托专业组织，通过终身专业训练，习得教育专业知识技能，实现专业自主，表现专业道德，逐步提高自身从教素质，成为一个良好的教育专业工作者的成长过程。与传统授业型教师相比，专业化在综合教育素养以及教学研究发展能力等方面对教师有着更高的标准要求，代表了教师发展的方向。但是，由于传统教师角色定位根深蒂固，许多城镇化进程中的小学教师角色仍然把自己定位于授业型教师，普遍缺乏专业发展意识。

其次，城镇化进程教师专业发展起点较低，发展动力普遍缺乏。和城市教师相比，不管是在先天学历水平方面，还是在后天发展环境方面，城镇化进程中的小学教师都存在较大差距。城镇化进程学校普遍面临优秀教师缺乏的状况，在职教师的学历水平、教育教学能力、自主发展意识等都不足，而后天的在职发展以学历继续教育和教学技能提升为主，也较少有专门的专业化发展。再加上前述制度、经济、教师角色定位等问题，城镇化进程学校和教师普遍缺少专业发展规划和诉求，也缺少发展的现实推动力。

（四）引领之困

成功的教师专业发展必须是持续进行的，包括培训、实践和反馈，应该提供给老师足够的时间和后续支持。因此，促进城镇化进程教师专业发展就需要综合考虑各方面资源，需要从校本教研、自我反思、团队成长等多方面来进行，需要从专业发展思想引领、专业发展方法生成等角度进行。但是在现实中，城镇化进程中的小学教师专业发展却普遍缺少这些方面的支持。尤其是在职培训方面，许多城镇化进程学校尽管提出了校本教研、团队发展等设想，但是由于缺少专家指导，很多仅仅是停留在计划阶段而难以落实。此外，当前教育教学改革实验学校也以城市学校参与为主，因此，专家引领和指导缺乏是城镇化进程中的小学教师专业发展面临的另一个重要问题。

第二章 城镇化进程中小学教师专业发展有效案例解析

随着城镇化进程的不断加快，各种原因导致还处在城镇化进程或城乡接合部的学校教师专业发展良莠不齐，整体水平不高，教师幸福感不强。目前，提高这一特殊群体的教师专业发展水平，是实现教育均衡发展，体现教育公平的重要举措，更是目前学校教育急需解决的问题。

根据广州市第五期卓越小学校长培训跟岗学习计划，在广东第二师范学院的组织和安排下，6名来自广州增城、黄埔、花都、白云和清远连州校长，满怀着期待，走进珠三角和长三角地区的24所名校，进行了为期1个月的跟岗实践活动。跟岗期间，小组成员重点围绕"城镇化进程中小学教师专业发展问题与对策的研究"的主题，选取了其中10所学校进行比较，深入剖析小组成员所在区域中教师专业发展存在的问题，结合省内外跟岗学校教师专业发展的成功经验，明确了影响城镇化进程中小学教师专业发展的主要因素有环境因素、学校因素、群体因素、个人因素等，并提出了引领城镇化进程中小学教师专业成长的策略：优化教师学科结构，创造条件，推动教师专业成长；着力教师能力结构建设，助力小学教师专业化发展；立足课堂，加强教研，促进教师专业成长；科研引领，彰显个性，成就教师专业发展；多元评价，挖掘潜力，激活教师专业发展的内驱力。

 优化教师学科结构，创造条件，推动教师专业成长

教师队伍结构合理是衡量教师队伍质量的重要标志，是形成高质量教师队伍整体素质的重要条件。《国家中长期教育改革和发展规划纲要（2010—2020年）》（以下简称《纲要》）中明确提出要努力造就一支"师德高尚、业务精湛、结构合理、充满活力"的高素质、专业化教师队伍。然而，通过对三所小学的教师学科结构对比发现，城镇化教师的师生比例过大，专业化教师严重不足，教师学科结构不合理，这影响了城镇化学校的发展。下面就发达地区南京、杭州某重点小学与广州增城区城乡接合部小学的教师学科结构进行分析比较，并提出一些个人的思考。

这项调查研究主要对从三所学校基本情况的五个系列二十一个相同项目进行比较分析，分别是师生比例比较、年龄大小比较、学历高低比较、职称高低比较、专职教师比例比较。三所学校所提供的教师任科数据都是以专职教师为标准，兼职教师不列入本次分析范围内。这样更能清晰、准确地比较出不同地区学校的教师学科结构。

（一）三所小学教师学科结构对比

三所小学教师学科结构对比见表6。

表6 课程结构分析

	项目	人数	比例	人数	比例	人数	比例
	学校	南京×小学		杭州×小学		广州增城区×小学	
01	学生人数	3484		1555		1342	
02	教职工人数、师生比	225	1:15.5	110	1:14	58	1:23
03	老师平均年龄	36		40		41	
04	专任教师数	219		109		54	
05	学历 研究生数	9	4%	7	6.4%	1	1.7%
06	学历 本科	180	78.95%	80	72.7%	46	79%
07	学历 专科	26	11.6%	20	18.2%	11	19%
08	职称 副高级	16	7%	10	9%	1	1.7%
09	职称 中小学一级	134	59.5%	97	89%	53	91%
10	职称 中小学二级	56	24.9%	1	0.9%	4	6.9%
11	职称 初级	13	5.7%	1	0.9%	1	1.7%
12	专职教师 语文科	70	31.9%	47	42.7%	22	40.7%
13	专职教师 数学科	49	22.4%	23	21%	11	20.3%
14	专职教师 英语科	25	11.4%	20	18.3%	6	11.1%
15	专职教师 美术科	10	4.6%	7	6.3%	2	3.7%
16	专职教师 音乐科	11	5%	8	7.3%	2	3.7%
17	专职教师 体育科	16	7.3%	5	4.5%	3	5.5%
18	专职教师 品德科	7	3.2%	0	0	0	0
19	专职教师 信息技术	7	3.2%	2	1.8%	1	1.8%
20	专职教师 综合实践	1	0.4%	1	0.9%	0	0
21	专职教师 科学科	7	3.2%	8	7.3%	1	1.8%

1. 南京×实验小学

南京×实验小学是江苏省首批省级实验小学，江苏省教育科学研究基地、江苏省心理教育实验学校、江苏省体育传统项目学校，现为江苏省教育科学研究基地，省心理教育实验学校、省现代教育技术实验学校、省体育传统项目学校、省美术教育科研基地、南京市艺术教育特色学校。学生3484人，教职工225人，师生比1∶15.5，教师平均年龄36岁，专任教师219人，研究生9人，占4%，本科生180人，占78.95%，专科生26人，占11.6%，副高级16人，占7%，中小学一级134人，占59.5%，中小学二级56人，占24.9%，初级13人，占5.7%。任教学科（以专职教师为标准）：语文70人，占31.9%，数学49人，占22.4%，英语25人，占11.4%，美术10人，占4.6%，音乐11人，占5%，体育16人，占7.3%，品德7人，占3.2%，信息技术7人，3.2%，综合实践1人，占0.4%，科学科7人，3.2%。

2. 杭州×小学

杭州×小学先后获得中国十佳艺术教育示范基地、全国关爱儿童阳光示范学校、省文明学校、省教育科研"百强学校"、省科研先进学校、省绿色学校、省现代教育技术实验学校、省示范性家长学校、省红十字示范学校、市文明单位、市劳模集体、市依法治校示范学校、市校本教研示范学校、市语言文字工作先进集体等多项荣誉称号。学生1555人，教职工110人，师生比1∶14；教师平均年龄40岁，专任教师109人；研究生7人，占6.4%，本科生80人，占72.7%，专科生20人，占18.2%；副高级10人，占9%，中小学一级97人，占89%，中小学二级1人，占0.9%，初级1人，占0.9%；任教学科（以专职教师为标准）：语文47人，占42.7%，数学23人，占21%，英语20人，占18.3%，美术7人，占6.3%，音乐8人，占7.3%，体育5人，占4.5%，品德0人，占0%，信息技术2人，占1.8%，综合实践1人，占0.9%，科学8人，占7.3%。

3. 广州市增城区×小学

广州市增城区×小学是广东省"百千万人才工程"培训基地学校，广东省中小学校长培训基地，广东省葫芦丝、巴乌中小学生培训基地，中国民族管弦乐学会单位会员，广州市义务教育阶段特色学校，广州市小公民道德建设实践基地，广州市中小学教师继续教育校本培训示范基地，广州市体育传统项目乒乓球训练学校，广州市安全文明学校，广州市依法治校示范学校，广州市规范汉字书写教育特色学校，广州市垃圾分类示范学校，增城区教育科研实验基地。学生1342人，教职工58人，师生比1∶23，教师平均年龄41岁，专任教师数54人；研究生1人，占1.7%，本科生46人，占79%，专科11人，占19%，副高级1人，占1.7%，中小学一级53人，占91%，中小学二级4人，占6.9%，初级1人，占1.7%；任教学科（以专职教师为标准）：语文22人，占40.7%，数学

11人，占20.3%，英语6人，占11.1%，美术2人，占3.7%，音乐2人，占3.7%，体育3人，占5.5%，品德0人，占0%，信息技术1人，占1.8%，综合实践0人，占0%，科学1人，占1.8%。

（二）对比分析

1. 合理的师生比例反映合理教师的工作量

从表6中的师生比来看，南京×小学（师生比1∶15.5）、杭州×小学（师生比1∶14）两所学校的专任教师非常充足，而且这两所学校的师生比区别不大，这个比例也可以说明他们教师每周授课节数不多，上课的工作量也不算很大。而广州市增城区×小学的师生比就相当大（师生比1∶23），这个数据说明该校的教师工作量非常大。1∶23的师生比基本能推算出增城区×小学的教师每周平均上课节数超过18，即平均每天上课3.8节，按照每天6节课计算，教师一天的工作时间中的大半花在了跟学生上课，再加上教师每天的备课、批改作业、处理日常事务，参加学校会议及业务培训，集体备课等的工作，增城区×小学的教师每天在忙碌、紧张的工作中度过，教师的压力非常大。一天下来，教师几乎是没有时间休息。这样不仅直接影响到教学工作质量、工作效率，也影响到教师的身体健康和工作情绪。

2. 年轻的教师队伍是学校的生命力

从年龄来看，南京×小学教师平均年龄36岁，杭州×小学教师平均年龄40岁，广州市增城区×小学教师平均年龄41岁，三所学校年龄最大的是广州市增城区×小学。教师年龄较低的学校，学校的精神面貌也较好，教师的工作活力较强，学校教师队伍就更有生气。教育的改革在高速发展，新的教育思想、观念会随着社会的变化而变化。年龄大的教师在接受新理念方面往往会比年轻的教师慢，从而影响到学校整体工作的进展。相反，年轻的教师的思想、意识、观念都比较前沿，接受新事物的能力强，改变自我的意识、观念高，在教育教学改革的过程容易达到预期的工作目标，实现预期的工作设想，为学校教育发展提供了有力的保障。

3. 高学历的教师队伍推动学校教育改革的发展

南京×小学、杭州×小学、广州市增城区×小学三所学校教师的本科学历人数、专科学历人数相差不大，但在研究生人数方面，前两所学校比广州市增城区×小学都明显地多出了几个百分点。教师队伍的质量直接影响学校教学质量。学校高学历教师人数多，教师学历水平高，使学校教师的整体素质相对较高，工作能力相对较强。高学历人群可以带动低学历人群开展工作，尤其是在开展一些研究性的教育教学工作中，因为前者的研究能力相对较强，有一定理论基础和实践研究经验。

4. 教师职称高低反映教师队伍的专业水平

从三所学校来看，南京×小学、杭州×小学的中小学高级教师（副高级教师）的比例比广州市增城区×小学高出几个百分点。学校教师高职称人数多也体现了这所学校的教师队伍质量高，因为高职称往往能够说明教师在教育教学工作上有一定的理论水平，专业能力较强。高职称教师多从一个侧面上也可以说明该校的教学质量高。高职称的教师队伍是学校教学工作的中流砥柱。他们是支撑整所学校开展教育教学改革的先锋，是一所学校教育教学改革的生命，是引领全校教师积极开展工作的精神动力。

5. 专科专教促进各学科教学质量均衡发展

从表6可以看出，三所学校除了语文、数学、英语三个学科的专职教师任课比例相差不大外，其他的学科，南京×小学、杭州×小学的专职任课教师比广州市增城区×小学高出几个百分点。学科教学专职化是新课程改革的提出的一个要求。过去，大家都认为除了语文、数学、英语是主科外，其他学科都是次要的学科，既然是次要的学科，那么在课程设置和教师任科安排上都不重要了。因此，在新课程标准还没出台之前，除语文、数学、英语三大学科的教学由专职教师上课外，其他学科都由语文、数学、英语教师兼任。新课程标准的实施明确地指出，义务教育阶段所有学科都一样重要，没有主次之分，没有先后之分，也就是小学阶段的所有学科都必须由专职教师来担任，这样避免了学校只重视语文、数学、英语的教学，忽视了音乐、体育、美术等其他学科的教学。义务教育阶段所有学科教学同步发展也符合学生素质教育全面发展的要求。南京×小学、杭州×小学两所学校的专职教师多，他们的学科教学就相对平衡，广州市增城区×小学的专职教师偏少，说明了增城区×小学的学科教学出现不平衡的现象。从语文、数学、英语三大学科来看，增城区×小学这三大学科的教学质量不会很差，因为这三大学科的任课教师充足，保证了教学质量，而其他学科的教学质量则难以保证，这使推进学校素质教育有一定的难度。

（三）启示与思考

这里说的"城镇化"，更多的是针对城乡接合部的地区。城乡接合部逐步走向城市化，既是一个地区区域的转型，也是一个地区教育工作的一个转型。城镇化进程中小学教师专业化在一些地区还十分欠缺，出现的问题也相当多，如教师年龄偏大、高学历教师少、专任教师严重不足、教师编制不足。面对这些问题，可以从以下三个方面来完善工作。

1. 建立机制，为城镇学校补充教师做保障

建立城镇教师长效补充机制，吸引优秀人才到城镇学校任教是优化城镇教师结构的主要渠道。国家、各级教育行政部门要积极采取切实有效的措施，建立城

镇教师长效补充机制：一是在深入推进部属师范大学师范生免费教育的基础上，鼓励各地区积极推进省、市属师范大学师范生免费教育。要紧紧围绕未来的教育需要什么样的教师、未来教师需要什么样的素质等问题，将部属师范大学师范生免费教育深入推进。同时，积极筹措资金，创新性建立省、市属师范大学师范生免费教育制度，培养造就优秀教师，更好地为城镇化进程基础教育服务。二是努力提高城镇教师的工资待遇，切实落实城镇教师的补贴政策，大力改善城镇教师的工作和生活条件，吸引高学历、高层次、高素质的师范毕业生到城镇教师队伍中，探索为城镇中小学培养补充高素质骨干教师的途径。三是实施"城镇义务教育学校教师特设岗位制度"，定向为城镇学校补充音乐、体育、美术、信息技术、科学、综合实践、品德等紧缺学科专任教师，优化城镇教师队伍的学科结构。

2. 实行城镇教师灵活的退出机制，优化城镇教师队伍的年龄结构

编制问题是制约教师队伍结构的症结所在。目前，在城镇教师队伍编制中有相当多的年龄偏大的民转公教师。这些民转公的教师学历较低，业务能力较差，他们在知识能力结构上已不能很好适应现代教育的要求，但由于年龄，他们在短时间内又不能退出教师队伍，而编制的限制又造成师范院校的毕业生无法进入教师队伍中。这种城镇教师总数超编与满足教学需要的教师缺编、师范院校毕业生难进、不合格教师难出的矛盾，成为城镇教师队伍的结构性困境。国家、地区可以将这部分教师退休年龄适当提前，形成对那些年龄偏大、不能很好适应新课程教学要求而且难以提高自身水平的城镇教师的弹性退出机制。教育行政部门根据各学校实际情况和学科教师缺编情况有计划、有步骤地补充招录高层次、高素质的专业教师，优化城镇化进程教师队伍的年龄结构。

3. 加大城镇学校人事制度改革力度，促进城镇教师学科结构和职称比例合理化

一是完善城镇教师聘任制。各级政府、教育行政部门要增强意识，充分认识到教育系统人事编制工作的特殊性以及目前教师编制多部门管理的状况对学校教育工作带来的限制，并果断采取措施，改变现在教师编制由各级编制办、教育行政主管部门和财政部门联合管理的现状，给学校更多的用人自主权，同时建立人事预警机制，为城镇学校教育工作创造良好的用人机制，从而优化城镇教师队伍的学科结构。二是在人事编制核定过程中，要充分考虑城镇人口居住分散、学校服务半径较大、学校学额较少等实际，在考虑师生比的同时，重点考虑编制能否满足新课程改革和提高教育质量的需要，可以由原有的按师生比方式配置教师改为按班师比或课时比给城镇学校配置教师。适当增加城镇学校必要的教师编制，足额配齐各门课程的专任教师，改变一名教师包教一个班、各门课程由一人承担的现状，促进城镇教师学科结构趋向合理。三是职称评定时，实行有差别的倾斜

政策。城镇教师与城市教师分开评定职称,实行城镇教师职称考核指标单列,并要适当为城镇学校增加高级职称指标,逐渐提高城镇学校高级教师的比例,优化城镇教师队伍的职称结构,推动城镇教师队伍专业化发展。

 着力教师能力结构建设,助力小学教师专业化发展

随着国家综合国力不断发展,经济日益富强,全国区域城镇化进程飞速进展,也随之需要国家的教育飞跃发展来匹配。《国家中长期教育改革和发展规划纲要(2010—2020年)》中第十七章《加强教师队伍建设》第五十一条提出:"建设高素质教师队伍。教育大计,教师为本。有好的教师,才有好的教育。保障教师地位,维护教师权益,提高教师待遇,使教师成为受人尊重的职业。严格教师资质,提升教师素质,努力造就一支师德高尚、业务精湛、结构合理、充满活力的高素质专业化教师队伍。"高素质专业化教师队伍是需要各方面综合来建设,教师专业成长中"教师能力结构"便是重要一环。下面就城镇化进程中小学教师专业化发展"教师能力结构",结合2015年11月到省外跟岗南京市×小学的所闻所思进行思考。

南京市×小学始建于1907年,坐落在风光旖旎的十里秦淮风光带中心,是江苏省省级实验小学。现有教学班26个,1330多名学生,教职工72人。学校占地6405平方米,建筑面积6975平方米。体育馆、图书馆、计算机室、语音室、电化教室及各专业教室一应俱全。整个校园呈明清建筑风格,雕梁花窗,飞檐出甍,闹中取静,古朴清幽,成为秦淮河畔的一朵奇葩。学校秉承伟大教育家孔子的教育思想,在弘扬儒家文化和教育思想精华的同时,在教育思想、教育内容、教育方法、学习方法、教育环境等方面的研究上取得了突破和进展。1989年起,学校以考试改革为突破口,改一次性卷面考试为分散的多种形式的考查,改变百分评定法,采用等级评分和无劣等考查,改革了传统的成绩报告单。考试改革针对应试型教育的弊端,创造了和谐愉快的学习氛围,让每一个学生在负担的减轻中感受到了成功的快乐。

多年来,学校致力于科研型教师的专业培养,用先进的教育理念引领教师的教育行为与专业能力发展,师德、业务两手抓、两手硬,在师资专业能力发展上取得了显著成效。学校是南京市首届师德先进群体,连续多年被评为区师德先进集体。学校有全国和省级优秀教师(教育工作者)十多名,江苏省特级教师三名,南京市名校长、名教师、学科带头人、优秀青年教师、优秀班主任十五人,秦淮区学科带头人、优秀青年教师、骨干教师二十多人,这为学校的发展提供了强大的智力支撑。多年来,学校以科研为先导,扎扎实实地实施素质教育,在教育目标、课程、评价等领域开展了广泛而深入的研究。在课题的研究过程中,探索素质教育的校本模式，走出了一条以"主体教育"为特色的素质教育新路。

（一）精妙的语言表达能力，激发学生奇思妙想

在跟岗南京市×小学的数天中，每天都能感受到教师们的课堂教学语言表达能力，以及正确表达、传递教学内容的高超技术。

印象最深的是南京市×小学二年级候老师的《纸船　风筝》这一课。这节课充分体现了老师为主导，学生为主体的原则。候老师的语言富有创造性，充满激情，让二年学生们听得津津有味，陶醉其中。候老师其实不是在"演"，而是在"导"。新的教学理念要求老师在课堂上扮演"导演"的角色，而不是扮演"演员"的角色。候老师在课堂上扮演的就是"导演"的角色。在她那行云流水般精妙语言和精准表达能力的调度下，所有学生时时刻刻扮演着学习课堂"我"作主的"演员"角色，读、写、说、思环环相扣。

（二）精细的班级管理能力，激扬学生个性无限潜能

在南京市×小学中，他们的班级管理工作有两个点引人注意：第一，班级管理蹲点办公。班主任的办公桌就设在班级里，日常班级管理与生活就在课室里，这使学生得到长时间的教育和无微不至的关爱，这对班级管理产生积极作用。但反过来，这种"保姆式"班级管理也有点不足，有时候留下一点儿空间给学生未必是坏事。第二，班主任都用"一颗平等的心"对待每位学生。南京市×小学的校长说："在小学阶段，班主任往往是学生心目中最完美的榜样，老师的一言一行、一举一动，以及处理班级事务的一些方法，都会对学生产生深远的影响。"因此，南京市×小学校长要求班主任平等对待每个同学，尤其是对学优生和学困生，让他们觉得老师对每个学生都公平。只有平等地爱每个学生，才能得到学生的尊重和爱。更要关爱那些被遗忘的学困生，用爱激发他们的上进动力，让他们努力学习，展示自我。

（三）温馨的亲和能力，激感师生仁爱之本

孔子曰："仁者爱人。"孟子说："老吾老以及人之老，幼吾幼以及人之幼。"西方思想也倡导人们要具有"博爱"之心。可见，东西方思想都认为：作为高尚的人，应该具有爱心。

师爱能使教师的形象变得高大。南京市×小学的教师用爱心来对待学生和处理学生问题，以说服教育为主，用诚恳的态度和学生谈心，分析问题，指出学生的不对之处，对学生进行思想教育。这种的教育方式可以收到意想不到的效果。

南京市×小学老师说："真诚地关怀每一个学生，用我们教师本身所具有的阅历和知识引导他们，以减轻他们的心理压力，使他们保持良好、健康的学习心

态。这既是一个教师义不容辞的责任，也可以建立亲密的师生关系。"

南京市×小学校长强调：良好的师生关系实际上也向学生提供了一种人际关系的榜样，成为学生今后建立人际关系的一种潜在的模式。从某种意义上说，师生关系在这方面的影响作用比对学生学习成绩的直接影响作用更为重要。它是一部最生动、最直观的道德教科书，能够唤醒学生积极健康的自我发展、自我实现的意识，能够满足学生基本的心理需要，如安全的需要、爱和归属的需要、尊重的需要等。在这样的环境中学生会渐渐形成信任、宽容、善良、同情、友爱、尊重他人、自尊、自信等品质。

（四）精湛的专业知识能力，激育学生全面发展

作为一名合格的教师，不仅要能深入浅出地讲解本学科的知识，还要有广博的学识，在课堂上灵活地运用这些知识进行穿插讲解，让学生能够徜徉在知识的海洋中，充分地汲取养分，以丰富他们的知识面，加深他们对知识的理解。

南京市×小学校长如是说："基于学校目前师资队伍现状，我们将依托'青年教师成长工作坊'阵地和'智慧讲坛'平台，通过'文化引领、名师辐射、课题带动、研修提高、读书夯实、课堂展示、多元评价'等有效途径推动教师队伍整体素质的提高。"

（五）精心的校本教材，激荡学生心灵乐趣

南京市×小学要求教师善用教材，具有全面掌握并正确处理教材的能力，能全面地了解教材体系，弄清教材的重点、难点和关键，对教材内容的理解和掌握达到懂、透、化的程度，分析教材内涵，并从实际出发，对教材内容进行增删等操作。在理清教材知识的基础上，要根据学生的思维特点、接受能力知识水平和年龄特点对教材进行科学的组织加工，选择和运用最佳的教学方法，采用学生易理解和感兴趣的形式来进行知识的传授，由此发展学生的智力，培养他们的能力。

在南京市×小学的教学活动中，教师与学生、教师与教材、学生与学生、学生与教材之间会产生紧密的交互作用，但有时也会产生各种冲突。这就要求教师具有随机应变的能力，即教育的智慧。

例如，南京市×小学活用《星星论语》校本教材。如何传承孔子教育思想，把传统文化与现代教育有机融合，深化小学素质教育实践，从而走出了一条充满民族文化和时代精神的教育探索之路，彰显出独有的办学特色和深厚的学校文化底蕴？学校通过"星星论语"校本课程群来让学生扎下优秀传统文化的根。

校本课程并不陌生，校本课程的重要作用我们都也知道。但是南京市×小学以课程群的形式将课程融入德育等常规教学活动中，给我们带来全新的思考。一

是以"亲仁""尚礼""志学""善艺"四大主题为主要课程框架建构起"星星论语"课程群，让优秀的传统文化元素融入童心。二是学校通过整合学科课程、活动课程、环境课程，逐渐形成了以"星星论语"为文化品牌的学校课程系统。三是注重仪式课程，让每个孩子经历和体验隆重的、难忘的"开笔礼""成童礼""状元礼"三大仪式，每一个仪式都是人生中难忘的一段经历，并让学生从浓厚的传统文化氛围中感悟学习和做人的道理。

南京市×小学的教师是"星星论语"课程编制的主要群体，他们提建议、审建议，收集资料，做研究，联系家长和其他非专业人员，在课程专家的指导下编写和创作课程资料，在课堂里实施课程，并从学生那里获取反馈，对课程进行评价。

南京市×小学用教师课程团队引领学校课程建设。"亲仁""尚礼""志学""善艺"四个主题都分别有各自的教师团队，在体现教师个性的"创想课程"里有三个颇具特色的教师团队的工作坊，即青年教师的"博学坊"、骨干教师的沙龙"思辨苑"、名特优教师的"聚星轩"。此外，还有一个专门为培养新入职教师的"星星工程"。这些都引导着教师以孔子教育智慧启迪自己，在专业化成长中不断创生课程、完善课程，提升课程建设的能力。

南京市×小学的校长说："教育是一项智慧性事业，教育是一门科学更是一门艺术。因而，教师应该以反思的态度对待一切教育教学活动，而不能以经验直觉的方式去简单地对待一切。"

（六）精巧的课堂调控能力，激励学生良好习惯养成

南京市×小学要求教师具有制订课堂教学计划的能力，确定适当教学内容的能力，灵活运用切合实际的教学方法的能力。作为信息源的教师，要懂得如何分析处理教材，如何备课、设计课型、选择教学方法；同时又要通过观察、提问、复习、考核等方法了解学生的情况，及时调整、改进教学工作，达到教学过程最优化的效果。

此外，南京市×小学校长还提出：教师还要关注学生的学习兴趣和学习经验，多途径、多角度培养学生的兴致爱好，挖掘他们的特长，激发他们的求知欲望，使其能力得到全方位发展。

（七）启示与建议

1. 教师要有深厚的教学能力

在理解学科课程目标的基础上，教师能够针对教学内容制定教学目的，能够根据学科课程标准选择教育内容、开发课程资源，进行教学设计、编写教案，理解所教学科的特点和教育意义，具有把握教材的基本能力，最终形成教学设计的

能力；能够依据教学目的合理选择和运用教学方法，能够有效开展教学活动，具备运用教育技术并将教育技术与学科课程内容进行整合的基本能力，最终形成教学实施的能力；能够评价学生的学，评价其他教师的教育行为，并提供相关的建议，能够对自己的教育决策、行为、能力和态度等方面进行评价与反思，具有教与学评价的基本技能与能力，以形成教学评价的能力。

2. 教师要有完善的组织和管理能力

教师应掌握现代管理理论和管理策略，具备组织课堂教学的能力，在教育过程中组织与管理各种形式的学习或探究活动，调节学生行为，保证教育活动顺利进行，保证学生的集体学习；教师应具备管理班级或其他学生团体的能力，如集体活动的组织、组织的常规管理等，形成一个有利于全体学生发展的集体，教学生依靠集体、参与集体、学会协作，保证学生的集体生活；教师应具有设计教育活动方案、组织课外活动的能力，能够组织协调好社会教育、家庭教育和学校教育的关系，形成教育的合力，保证学生的集体实践。

3. 教师要有严谨的创新科研能力

教师应学会在教学中研究，对自己的教学进行思考和探究，实现研究式的教学，在研究中教学；教师应具有善于观察教育实践中存在的问题和发生的现象，勤于反思这些问题及现象背后的实质性的东西，善于总结研究，形成从教育现象中提炼问题、分析问题、解决问题的能力；教师应具有对教育教学实践不断进行反思和改进的能力，具备有目的、有计划地进行专业学习、从事广泛学习及在实践中进行合作性、分享性学习的能力。

4. 教师要有实效性的专业实践能力

教师的专业实践是教师组织和指导学生的认知、达成教学目标的师生共同实践活动，是教师专业素质的外化形式。如果教师只有专业知识、专业精神和专业能力而没有开展专业实践的能力，就等于什么也做不了。

教师就有明确的教学行为，灵活多样的教学方法，能够有效地调动学生学习积极性；在课堂中能够围绕教学任务开展教学活动，努力工作以建立师生相互之间的和睦关系；对学生怀有积极的期望，意识到学生所关心、所需要的东西，高度关注学生的学习过程，让学生主动参与到教学活动中，并对自己的学习负责；能及时掌握学生的学习状况和课堂中出现的问题，并能据此调整自己的教学节奏和教学行为。

总之，每一位教师应针对自身不足制定相应的发展目标和改进措施，并不断加以改进。

三 立足课堂，加强教研，促进教师专业成长

2015年11月8—20日，我们卓越校长五期班有幸来到了南京和杭州一些名校跟岗学习。两周的学习锻炼在尽管时间短暂，但收获颇大。校方的热情接待和细致安排下完满结束。

教研工作可以分为学习型校本教研、教学型校本教研、课题型校本教研这三种形式。这些教研形式是促进教师专业成长的重要途径，这就要求学校要为教师提供良好的教研氛围，将学校建设成为学习型组织、教研型组织、课题型组织。只有在这样浓厚的教研氛围中，教师才能不断丰富自身的知识与研究技能，促进专业成长的步伐。

（一）杭州×小学案例分析

杭州×小学拥有一支团结、实干、高素质的具有开拓精神的教师队伍，曾培养和造就了一大批优秀教师，有全国优秀班主任、全国优秀体育教师、全国优秀教育工作者、浙江省优秀教师以及十名浙江省特级教师。教师们凭着开放的教育思想，以良好的素质、进取的态度、奉献的精神和踏实的作风培养了一批又一批优秀的学生。杭州×小学未来三年的发展需要教师向前迈出一小步，这一小步与每一位老师的专业发展是息息相关的，这也要求每一位老师应当把每一个孩子的发展背负在肩上。为了给教师的专业发展提供更加广阔的平台，杭州×小学的校长提出了有关教师专业发展的三条路径。

第一，学生个案跟踪研究。学校将引入专家的力量，为教师的个别化教育提供帮助，以提升教师的个别化教育水平。杭州×小学认为，只有做个案跟踪研究才能真正学会科学观察儿童，理解儿童；只有做好课程建设的研究才能在今后的课程及活动设计中提升这些课程和活动的价值，从而把学生的发展落到实处。用自己专业的提升来服务于每一位学生，学校未来发展的这一小步就在于做好这些细节上。

第二，做差异教育研究背景下的课程建设研究。学校将差异教育研究的培训与校本培训相结合，让学校的每位教师都真正地理解差异教育，从而在实践中进行相关的研究，并在研究中得以成长。

第三，学校将出台"私人定制"式的教师研修计划，每年保证有30人左右的教师能够根据自己的需求参与国际化研修、高校学术研修、跨岗学徒式研修，以真正促进教师的个性化成长。

第四，学校将出台相关的学历进修资助办法，鼓励老师们积极提升自己的学历水平、学术水平，从而提升个人的专业素养。

（二）杭州×小学案例分析与建议

1. 名师课例研讨

课例实质上是一个实际的教学例子，是对一个教学问题和教学决策的再现和描述。课例研究在校本教研中受到教师的欢迎和认可，是因为它既切合学校和教师的实际，又便于操作，是一个专业引领、知行统一、实践反思的过程。如何让名师的课例研讨不再是个走过场、应付任务的教研呢？我们的教师不缺工作热情，不缺工作能力，也不缺乏教研能力，缺乏的只是一个切入点，一个学习的突破口。所以我认为名师课例要做到"一课三听"。也就是说，对于一个名师范例，通过三次不同时间、不同目的的观看来体会到名师在教材处理、教师教学、学生学习这三个方面的魅力。

2. 骨干教师的培养

教师的骨干队伍是学校发展的关键力量，培养一支学风浓、教风正、业务精、有思想、有智慧的新型教师骨干队伍是每所学校的工作重点。

（1）学校重视，把骨干教师队伍建设作为学校重点工作来抓，纳入工作计划，纳入学校工作日程、纳入学校办学规划。营造氛围，提高全体教师思想政治素质和职业道德修养，通过整体水平的提高促进骨干教师队伍的形成。

（2）加大骨干教师培养力度，为骨干教师成长创造条件。①坚持每学年开展青年教师基本功竞赛活动，举办学科教学基本功竞赛活动，提高教师专业技能，加大压力，使骨干教师在实践中得到锻炼与提高。②创造条件，让骨干教师"走出去、带回来"。选派优秀教师参加区、市骨干教师培训班，并要求参加学习者把好经验带回校，写一篇学习心得体会，做一节汇报课或专题辅导。通过压担子促进骨干教师的成长。③为骨干教师搭设展示的平台。积极争取区、市级讲课机会，把专家请进学校为骨干教师做重点指导。通过名家指导，使教师变得更聪颖、更博慧，更激发他们强烈的进取心。④鼓励骨干教师著书立说，积极向各级各类报刊推荐教师优秀教育教学经验、研究成果，不定期将教师随笔、论文、教案、案例、反思等结集成册，指导教师总结经验、深入研究。⑤积极发挥骨干教师的示范作用，每学期安排骨干教师做展示课或进行教学辅导，使他们的先进理念和宝贵经验与全体教师共享。⑥指导青年教师学会做自我发展设计，教师根据自己的实际情况，制订"个人自我发展三年规划"及学年"自我发展计划"，转换教师心理视角，发挥教师的主体作用，使教师充分体验职业的价值、人生的价值。⑦发挥科研先导作用，强化课题意识、研究意识、行动意识、成果意识，指导教师在科研工作中"善于发现、敏于行动、勤于积累、长于分析、精于总结"，以科研促进骨干教师队伍的成长。

3. 立足课堂教学，促进教师专业成长

学校不仅仅是学生学习生活成长的摇篮，也是教师人生成长、专业发展、生命价值充分体现的家园。因此，要提高学校的教育教学质量，实现学校的可持续发展，根本的出路就在于立足课堂教学改革，促进教师专业成长。我们要帮助教师尽快树立专业意识，改进课堂教学方式，全身心地投入提高课堂教学效益，提高自身专业素质中去。

（1）实行"推门听课"，开展反思教学。

上课是为了学生有收获，而不是表演给他人看的，我们推崇推门听课：听常规课，所有的课堂对所有老师开放。听课一般听同年级同学科老师的课，每学期不少于十节。听课是为了探讨日常教学中存在的问题，而不是示范或专挑毛病，因此评课要实事求是，肯定优点，指出不足。教育评价的过程就是反思教学的过程，也是教师专业成长的过程。这是一种用来提高教师专业素养、改进课堂教学的有效途径。

（2）坚持集体备课，加强校本教研。

集体备课是提高课堂教学质量的有效办法之一。特别是教师人数较多的学校，集体备课有别于同备课组教师共同探讨，取长补短，资源共享。这要求教师"按个人备课——集体讨论——个人补充——教学实践——教后反思"的模式去实践教学工作。

每位教师在集体讨论前，都应先进行个人备课，从面上把握教材内容；然后备课组每周定期就某一课时教学目标的达成、教学策略的运用、教学难点的突破等方面进行集体探讨；教师根据各自的教法和学情，进行个人补充，设计可行、有效的教学个案；教学实践后及时反馈总结，重点研讨课堂实施过程中暴露出的新问题。

实践证明，集体备课是提高教师课堂能力、促进教师专业成长和学校可持续发展的有效平台。教师专业能力就是在这种互助式的教研过程中得到共同的提高。

（3）不断总结经验，反思教训。

要求老师每个学期都要写一篇教学反思。反思一学期来自己在课堂教学改革中都做了哪些工作，课堂教学是否落实有效教学理念；总结积累成功的经验，反思分析失败的教训；思考在下阶段教学工作中如何进一步优化课堂教学方式，提高课堂教学效益。教师在有效教学阶段小结会上都要就自己的情况与备课老师进行交流，探讨课堂教学改革中碰到的问题。

每一篇教学反思由教导处统一收集，从中挑选一些有待改进课堂教学方式、提高教学质量的老师进行单独谈话，帮助其明确努力方向，立志改革课堂教学。事实证明，经过深刻反思和校长谈话的老师，大多数人的教学成绩进步明显。

新课程改革实施得如火如荼，小学生的成长受到了越来越多的重视。作为启蒙老师，小学教师必须树立终身学习的理念，形成自我教育和自我发展的意识，保持开放的心态，通过工作与学习的结合，对自己的知识与经验进行重组，努力解决自身在教育教学中遇到的问题，在不断学习与探究的历程中完善自己，以进一步提高专业水平，促进专业成长，这样才能突破自身的发展瓶颈，获取更大的发展。

四　科研引领，彰显个性，成就教师专业发展

教师团队的思想素质和专业化发展水平，决定着一所学校的发展。教师的专业个性是教师专业智慧、才华与个人品质、气质的集中表达。给教师更多专业个性表达的自由，给教师更多的学术空间，是培养"个性教师"最好的方式。2015年11月9—22日，我们奔赴南京、杭州等地的名校开展教育研习活动。每天的学习生活都过得非常充实，听课、访学、团队活动，每一样都很精彩，令人难以忘怀。根据学习任务，我尤其关注教师专业化发展方面的内容。我认为一所好学校不仅要有好校长，更要有好教师。教育部在2012年颁布的《小学教师专业标准》中提出：小学教师是履行小学教育教学工作职责的专业人员，需要经过严格的培养与培训，具有良好的职业道德，掌握系统的专业知识和专业技能。如何通过科研引领，促进教师专业化个性发展？南京×小学重视鼓励教师专业化发展，期待通过多渠道的方式，培养和造就一支师德高尚、具有现代教育思想、掌握现代教育手段、富有创新实践能力、适应素质教育要求的高素质的教师队伍。

（一）坚持内涵发展模式，促进教师专业发展

南京×小学坚持"求真教育"的内涵发展模式，传承、践行和弘扬陶行知教育思想，鼓励教师的内在发展，提升教师的人文素养，促进教师的教学水平的提升。该校以党的十八大精神为行动指南，以《国家中长期教育改革和发展规划纲要（2010—2020年）》为重要依据，以校长室提出的"构建高效课堂、推动均衡发展，打造幸福教育"为工作中心，本着"自主申报、私人订制，定向培养；问诊课堂，持续跟踪，孕育主张；校际交流，亮出主张，助推成长"的研修原则，以内驱力强，渴望发展的教师搭建适宜的平台，提供适度的帮助，提高不同层次教师的教育教学竞争力，锻造一支追求理想、业务精良，自动自发、和谐发展的育人队伍。

1. 做好内涵发展项目的课题研究工作

在南京×小学，重视做好小学内涵发展项目"基于网的校本课程体系建设"

课题的研究工作，联合信息办，用一到两年的时间将学校课程图谱可视化，重点建设"E学智慧课程"。

2. 启动不同级别的个人课题申报工作

学期开学初，南京×小学召开课题申报专题会议，布置课题申报的准备工作，做好课题研究的调研工作、理论研究和顶层设计。以区、市个人申报课题研究标准为起点，在全校范围内广泛开展以"智慧校园"研究为主的校级个人课题研究工作，结合个人课题研究成果情况，学校将校级个人课题中的优秀课题选拔到区级、市级进行立项研究，以科研引领促进教师的专业化发展。

（二）搭建专业发展平台，提升教师专业素养

鼓励教师专业化发展，关键是搭建教师成长平台，提高教师队伍建设。近几年，随着面向全国招聘教师的政策推广和中学教师到小学援教，小学教师的来源比较广泛，素质也参差不齐。南京×小学重视创造条件，提供机会，鼓励和支持教师参加各种继续教育和业务进修，提高业务素质和技能；加快青年教师成长，重视培养、大胆使用，让青年教师在实践中锻炼成长，着力打造青年教师的品牌；启动"名师工程"，加大形象宣传，搭建成长平台，使骨干教师、学科带头人的队伍日益壮大，努力造就更多的品牌教师。

1. 开展读书沙龙活动，提高教师专业素养

南京×小学以"以点带面，形成氛围，自主参与，长期坚持"为原则，坚持开展"行知读书沙龙活动"。读书沙龙活动采取"自主参加，项目申报"的机制，不定期进行三四次活动，每次活动设立一个"主题项目"，学校年轻教师根据自己的实际情况自主申报参加，人数不限。鼓励教师多读书、读好书，逐步提升教师专业素养。

2. 启动"春华秋实研修班"，促进教师快速成长

南京×小学领导非常重视教师的学习和锻炼，以多形式为教师提供成长成才的平台。启动"春华秋实研修班"，制定研修目标，促进教师快速成长。一是春华雏鹰班，为1～5年内新手期教师提供与帮扶，助其站稳讲坛，熟悉业务，适应教师岗位，快乐成长；二是秋实拔尖班，为6～15年成熟期教师提供适切的服务，挖掘潜能，培育主张，特色发展，提升职业幸福感。

3. 同伴互助，共赢成长

南京×小学除了启动春华秋实研修班，还注重同伴互助的专业引领，鼓励培训班教师结合组内课、教研展示课、校际展示等教学展示的机会，向同伴学习。学习后以"一图一评"的形式，将观课的收获发布在校园网站上。要求每学期提交5篇，计25分；有主动发展的教师，每多提交一篇同伴学习观后作业加5分，10篇封顶。

4. 搭建平台，高位发展

佛山×小学以"重视教师专业化发展，打造高素质教师团队"的理念，不断优化教师队伍，努力打造一支研究型的教师团队。结合学校实际，搭建教师成长的三大平台，引领教师高位发展。平台一：教育科研引领教师高位发展。通过科研引领，构建和谐的团队文化、资源共享的教研文化、乐学善思的学习文化、追求卓越的发展文化。平台二：六级名师模式推动名师发展。六级名师是指国家级、省级、市级、区级、镇级、校级。搭建成长快车道：名家讲堂、名师面对面、师徒结对、"梦之队"建设、教育沙龙、学校发展论坛。平台三：开放联运机制，促进教师内涵发展。一是发挥广东省中小学校长实践培训基地作用；二是开展广东省"千校扶千校"、佛山市"百校结对"等活动；三是开展与四川省"结对子"活动；四是发挥广东省名校长工作室作用。

（三）立足教育科研板块，促进教师专业发展

不同阶段的教师群体有着不同的差异特征，对于个人的专业发展有着不同层次的关注点和需求。预备生涯阶段的教师所关注的主要是那些能维持教学正常进行的基本技术；专家生涯阶段的教师表现出强烈的形成个人教学风格、品悟教学艺术的发展需求。杭州×小学鼓励一部分教师立足于教育科研，引导他们专业发展方面走得更远、走得更快，让每一个人做最好的自己。在教师自主研修的基础上，要求教师善于积累教育成果，撰写教学论文，邀请专家进行面对面的指导，力争每年发表一篇文章。同时，学校依据教师的课题研究组的要求，邀请区市教研专家持续指导，形成团队物化成果。制定《教育科研考核办法》，对参与教育科研工作的教师团队或个人给予奖励，调动教师工作积极性，促进教师专业化发展。

（四）启动开放联运机制，促进教师内涵发展

杭州×小学每年都需要补充大量的新教师，如何才能更快让他们成长，成为优秀教师？学校重视把好招聘关，选择精英分子，更重视对他们的培养工作。给他们充足的阳光、雨露，给他们肥沃的土壤，逐步建立一套完善的培训和激励机制，重视搭建名师建设舞台，全力构建绿色人际关系；坚持落实教育教学资源的高度共享，充分利用学校的优质教育资源；让骨干教师"传、帮、带"，定期开展教师教育教学沙龙活动，开展"名师与你面对面"活动，深入了解名师成长的心路历程，发挥他们的示范和辐射作用；组织教师参加省级或全国的培训、交流、观摩活动，让教师及时掌握最先进的教育动向，全面、系统地提高教师的思维方式和理论水平，让教师走专业成长的道路，真正实现教师与学生、学校一起发展，共同成长。

（五）启示与思考

以上所列的三所学校都十分重视教师专业化发展，重视科研引领、彰显个性，打造专业个性化教师。教师专业化发展是学校发展的源动力，一所好的学校首先要拥有好老师。何为好老师？2014年教师节时，习近平总书记在北京师范大学的讲话提出了好教师的"四有"：有理想信念，有道德情操，有扎实知识，有仁爱之心。一个人遇到好老师是人生的幸运，一个学校拥有好老师是学校的光荣，一个民族源源不断涌现出一批又一批好老师则是民族的希望。

1. 挖掘教师最大潜能，促进教师专业发展

当一个又一个年轻的教师走进学校，我们总会规划他们如何发展，描绘着他们成长的轨迹，让他们尽快成长。以南京×小学为例，其对刚入校的青年教师提出明确的奋斗目标："一年入门，两年上路，三年成熟，五年成才"，成为一名研究型的教师。刚进学校的新教师是有差异的，拥有不同性格特点和个人优势的他们，自然对自己将要从事的教师职业有一份最初的憧憬与规划。学校要求每位青年教师必须完成《新任教师个人专业发展规划》，就是要让青年教师看到自己的发展前景，用可以预见的目标来引导自我发展、激励自我发展，使其找到自己的成长坐标。该校的青年教师通过认真分析与思考，精益求精地制订自己的发展规划，一年间的自我剖析、深入反思、同伴互观、目标定位、路径选择等经历，这有意义。通过《教师专业发展规划》，让教师都拥有清晰的成长坐标，将在教师追求自主发展、自我实现的过程中体现珍贵的价值。

2. 营造教学自由氛围，尊重教师专业个性

人生来都有个性，如果强制每个人都按照统一的模式去处理问题，那么每个人的思维都将充满程式化的定型，毫无创意。在教师的个性化中，佛山×小学最重视教师的专业个性。他们认为这是教师专业智慧、才华及个人品质、气质的集中表达。而专业发展得怎么样，对教师的职业状态起着决定性的作用，自然也就影响到教育的质量。

（1）在构建研修话题方面，让教师拥有表达思想的自由。

学校的课题组、年级组、备课组的每一次主题学术沙龙活动总能引起一场自由而热烈的研讨。针对一些热点、难点、焦点问题，教师们热情高涨，畅所欲言主，萌生了新方案、新设计、新创意。在这些有趣、有效的教学沙龙活动中，教师们各抒己见，有的一语中的。"有趣"是一个教学过程的体现，"有效"是教学目标的达成，要做到有趣、有效，关键在于"趣"。只有处理好这个结合点，才能让更多的孩子在课堂上真正得到体验。在民主、平等的研究氛围中，教师们的思维火花不断被点燃，情感时时被激活，智慧不停在碰撞。

（2）赋予设计权力，让教师拥有"创意课程"的自由。

人生最大的幸福莫过于在自己追求的事业中进入自由王国的境界。杭州×小学教师的"课"是教师的"作品",课如其人。学校在两种"课"上为教师松绑,一种课是新教师从教六年后的创新课,另一种课是公开课。学校也有特别的要求,五年就是一个成长期,教师在第六年时,每人都要上一节创新课。在这里,并没有什么评课标准,也没有繁文缛节的束缚,教师可以尽情创新,表达个性。

教师的成长离不开读书学习、离不开学校适心的栽培。校长要注重培养教师的教育素养和教学素养,要求老师始终处于学习状态,站在知识发展前沿,刻苦钻研、严谨笃学。尊重教师专业个性发展,让每一个人做适合自己的事。独特的个性,才是教师成长过程中最深刻的印迹。只有寻找到自己的教学个性,我们才不会在纷繁复杂的教育思潮中迷失自己,我们才能培养出更多的有创造力的学生。

五 多元评价,挖掘潜力,激活教师发展的内驱力

我国在 2001 年颁布的《基础教育课程改革纲要(试行)》中强调建立促进教师不断提高的评价体系、建立以教师自评为主的评价制度,这表明教师评价与教师自主评价在教师专业发展中的重要作用。教师评价是教育评价领域的重要组成部分,与学校评价、课程评价、学生评价一样,直接关系到学校的质量和教师的专业发展。"百年大计,教师为本。"许多学校管理者深知教师评价的重要性,为开展教师评价想尽办法,尤其是处在城镇化进程中的学校,非常害怕实施"吃力不讨好"的教师评价。教师评价的可行性、操作性和有效性是我们长期关注的重点。非常有幸参加卓越校长跟岗培训,一个月的时间,我们怀揣着期望与梦想走进佛山、东莞、南京、杭州的名校,感受名校的教师评价方面的创新举措与成功经验。有的以奖惩性教师评价为主;有的以发展性教师评价为主;有的奖惩性、发展性有机结合;还有的综合运用多种评价机制来促进教师专业成长。

在跟岗的众多名校中,有一个地方深深吸引着我们——这个地方在寸土寸金的东莞市,在美丽的松山湖。坐落在这里的×小学是一道美丽的景观,蕴含着人文与自然的和谐共融。×小学 2006 年开办,短短几年间,远近闻名。该校追求"教育生态平衡",秉承"自主、和谐、共同发展"的办学理念,创建了独具特色的课程体系,让学生健康快乐地成长,让教师开心幸福地工作。我们禁不住要问,×小学成功的秘诀何在?我想就我所关注的"教师评价与教师专业发展"这个主题展开对×小学成功秘诀之一的深度剖析。

(一)"争先创优"是×小学教师专业成长的"魂"

历经六年,×小学的课程理想基本实现了:从"基础型课程"到"拓展型

课程"乃至"隐性课程",已经建立了一个洋溢着生命活力的课程体系。目前正迈入新的发展阶段：走近教学理想，以生态取向下教师群体发展为工作抓手，课程教学是核心。基于此，×小学拟建立校级有效的教师群体发展平台评价体系——"争先创优"评选和管理办法机制。这类似于广东省的南粤优秀教师、东莞市的学科带头人等评比，以此强化教师群体发展评价体系中的"脚手架"功能，以"争先创优"评选促进教师群体发展。

1. ×小学"争先创优"的评选原则

公平、公开、公正；个人申报与学校评议相结合；申报相关课程的业绩和其他方面的业绩相结合，以申报课程的业绩为主，其他方面为辅；教师群体发展和课程的均衡发展相结合。

2. ×小学"争先创优"的评选内容

评选称号有学科带头人、骨干教师、优秀教师（优秀教师特为青年教师而设）三种，各项称号的指标分配分别是3人、6人、9人；"争先创优"评选不按学科类别而按课程类别划分，设置评选指标，基础型课程、拓展型课程、班队精神家园建设当选人数比例为3∶2∶1；评选校级学科带头人、骨干教师、优秀教师，实行量化评选，省市的通用评聘内容与学校的教师发展平台"脚手架"评价体系中的指标各占50%。

3. ×小学"争先创优"的评选对象及条件

评选对象为学校在岗教师，申报优秀教师的教龄在8年以内，申报其他称号的教师教龄在8年以上，业绩特别突出者可适当放宽。评比参考条件如下：具有先进的教育思想和高尚的师德，有强烈的事业心和责任感，有积极钻研、开拓创新、不断进取的工作精神和良好的合作意识，有明确的个人专业发展目标；具有先进的教育理念，具备系统、扎实的基础理论和优秀的专业分析研究能力，深刻理解课程标准，创造性使用教材，积极实施素质教育，促进学生全面发展；教学组织能力强，能够充分发挥学生的主体性，能够熟练运用现代教学手段，形成自己的教学风格和特色；积极参与教师继续教育工作，带头参加业务进修，主动承担促进教师专业发展的相关工作，指导青年教师的教育实践，为青年教师的成长做出显著贡献，或积极参加相关的活动；教科研效果显著，所任教学科成绩突出。

4. ×小学"争先创优"的有效教师群体发展平台评价体系量化标准

（1）积极参与教育教学理论学习，提高理论水平。在学校组织的相关课程教材教法及相关理论考评中荣获优秀等次。

（2）积极参与学习，提升专业技能，在学科素养考评中获优秀等次。

（3）参加学校的磨课俱乐部、教学开放日、优质课竞赛、德育主题活动研修等，并进行课堂教学展示。

（4）申报期间，任教该课程，并进行课堂教学研究，教学效果好。在期末测评中荣获优秀等次。

5．×小学"争先创优"的评选办法及程序

东莞×小学争先创优评选活动每两年一次，2012年放假前先组织第一届（成绩计算时间为2006—2012年，以后三年成绩为主），五周年（2015年）之前组织第二届，形成传统。评选程序为：个人申报，个人对照评选范围和条件，向学校提出申报；组织评选，学校成立评审小组，组织评审；颁发聘书。学校将评审结果进行公示，并颁发聘书和奖金；授予称号，聘期两年，到期后，学校组织考核小组进行考核，合格后，颁发荣誉称号证书。

6．×小学"争先创优"教师的职责

学科带头人、骨干教师、优秀教师要模范地履行教师职责，不断钻研教育教学理论，积极思考教育教学中普遍存在的问题，积极主动地提出改进方法，在工作中起积极带头作用，积极主动参与相关活动的研修学习、网站建设。指导学生参加学科竞赛或各类专业实践活动，并取得显著成绩；每学年在校内承担相关的培训或专题讲座一次；每学年在校级及以上相关教研活动中上1节示范课（科组常态的教研活动不在此范围内）；每学年至少有1篇论文、教学随笔、案例等在市级以上刊物发表或参加市级及以上论文、教学设计等比赛获奖；充分发挥作用，开展同伴互助、师徒结对等活动。学科带头人带徒弟1～2人，骨干教师带徒弟1人，优秀教师结同伴互助1人，指导青年教师成长，使他们在教育教学中取得较好成绩；被聘为学科带头人、骨干教师、优秀教师的老师，根据学校有效教师群体发展的平台的评价体系内容，承担研修项目1个，并组织开展活动。优秀教师可适当放宽，参与研修项目，并成为研修项目组的成员，协助项目主持人开展活动。

7．×小学"争先创优"教师的待遇

考核后，由学校授予"学科带头人""骨干教师""优秀教师"称号，并颁发校级"学科带头人""骨干教师""优秀教师"称号的荣誉证书；聘期内，学科带头人、骨干教师、优秀教师分别由学校每年发2000元、1500元、1000元的专项津贴；优先安排参加各级教育部门组织的培训、进修或外出学术研修，地点自选，学校提供一定的经费支持；优先审批校级以上教育科研课题立项或吸纳参加学校级别以上的课题项目，成为课题项目组的成员；学校优先推荐校级学科带头人、骨干教师、优秀教师参加省市评选活动，已经获得省市同类称号的老师，不再参加校级评选，学校给予相应权利。

8．×小学"争先创优"教师的管理

学校"学科带头人、骨干教师、优秀教师"聘任期为二年，可连选连任；学校档案室负责建立学科带头人、骨干教师、优秀教师档案，教导处负责具体的业务管理；学校成立考核小组，每学年对学科带头人、骨干教师、优秀教师的履职情况进行考核，经考核被评为不称职的，将撤销其"校级学科带头人、骨干教师、优秀教师"称号；学科带头人、骨干教师、优秀教师调离本校，其称号自行取消。取消、撤销称号后，与称号相关的待遇自行中止。

9．×小学给教师们搭建的"争先创优"脚手架

不按学科类别而按课程类别划分，设置评选指标。学科带头人：基础型课程2人、拓展型课程1人、体验型课程1人；教学能手：基础型课程2人、拓展型课程2人、体验型课程2人；教坛新秀：基础型课程2人、拓展型课程2人、体验型课程2人。这提供了一个发展平台，从三个方面引领教师自主选择项目进行研修，自主发展，自主攀升。通过参加"争先创优"活动，教师们逐步从单一型教师向复合型教师发展，从只能胜任一门学科到既可以胜任基础型课程，又可以胜任拓展型课程，还可以胜任体验型课程，实现"一专多能"，让日常工作得心应手。

（二）"模糊评价"是×小学教师专业成长的"魄"

如果说"创优争先"是×小学教师专业成长的"魂"，那么"模糊评价"可以说是×小学教师专业成长的"魄"，两者相互依存、相互相配合。这也许就是×小学教师专业发展成功的秘诀。

1．×小学"模糊评价"的主体

×小学教师"模糊评价"的主体不是领导，也不是行政，而是教师本身。

2．×小学"模糊评价"的方法与内容

评价方法：教师评价教师，领导、行政职工只需对日常巡视（抽查）的记录进行及时的整理、反馈，老师们在规定的时间对照过程巡查记录核实统计，并在每月和期末民主投票时把握自己对同伴教师的评价尺度。

评价内容：学校教育教学的全部内容（科组工作、级组工作、班级工作、后勤工作等），只要是老师们做过的，都会有相应的巡查、抽查方案与记录。

（三）反思与建议

东莞×小学的"创优争先"通过奖励优秀教师，有效地激发了教师专业成长的内在动力和活力；"模糊评价"则是×小学把教师发展的需求与学校的发展需求相结合，全方位、多角度地教师评价模式，两种评价形态在×小学都被发挥得淋漓尽致，每一位×小学教师都在这里获得最大的专业发展。反思当前许多学校，尤其是城镇化进程中的学校，为什么我们的老师越来越没有幸福感，为什么职业倦怠越来越严重，为什么同样的评价模式达到的效果有时是适得其反呢？从×小学这里，我们获得了深刻的启示。

1. 扬长避短，多驾齐驱，构建促进教师专业发展的长效评价机制

一个人的成长是外在因素和内在因素相互作用的结果，教师的成长也是如此。教师评价制度是一个连续统一体，类以于东莞×小学的"奖惩性教师评价"与"发展性评价"是两个极端，大多数学校的教师评价模式处在这两个极端之间，它们或多或少地促进了教师的专业发展，当然也有个别学校因走极端而严重阻碍教师的专业发展。因此，学校必须结合自身的实际，合理地把握评价的目的、功能、主体、特点等，充分发挥各种评价制度的优势，有针对性地选择教师评价模式与方法，扬长避短，多驾齐驱，一方面实施奖惩性教师评价制度，旨在加强教师绩效管理，使之成为一项长效机制；另一方面实施多元发展性教师评价制度，旨在促进教师专业发展，使之成为一项长期任务。

2. 基于教师的核心职责，制定切实可行的教师评价标准

教师评价标准应该包括哪些内容？长期以来，国内外教育学者对此做了不懈的研究。其中，斯克里温的研究结果得到了各国教育学者的认可。他认为，教师评价标准应该基于教师的核心职责，即教师在法律上必须承担的职责或必须具备的"应知应会"。

学校管理者在制定教师评价标准时，要依据学校性质、办学方向、社会期望、办学条件、教学要求、师资水平、学生状况、评价目的等变化因素，因人、因事、因地、因时制定本土的、本校的教师评价标准。一方面要体现教师工作的共性，另一方面还应体现学校、学科、年级的特殊性，"一刀切"的教师评价标准是很难在实际中操作的。

3. 构建动态化的教师评价过程，实现教师专业自主发展

学校管理者只有清楚培养怎样的教师，才能明确教师评价模式的使用目的，目的明确了，才能选择正确的教师评价模式。我们都清楚，绩效考评、末位淘汰、增值评价比较适用于奖惩教师，而教学档案袋评价、听课评价、同伴评价、目标合同评价、自我评价等比较适用于教师专业发展。因此，学校管理者应根据教师评价的目的、教师评价模式的特点，有针对性地选择教师评价模式，以便充分发挥它们的作用。

以教师专业发展为目的的多元化教师评价是一个动态的、不断发展调整的过程。基本流程为：一是评价者协助被评价者制定合理的发展目标。二是通过平时观察、随堂听课、口头交流以及教师互评等全方位获取评价信息，指出被评教师的优点与不足。三是结合教师自我分析与反思材料，写出总结性评价，并提出合理化建议，共同制定下一步发展目标。如此循环往复，促使评价双方的专业水平不断提高。比如，建立教师成长档案。内容包括："我的发展规划""我的教育名言""我的学习心得""我最满意的一堂课实录""教学日志""教育教学成果"等。教师档案袋，能够提供其他评价手段所无法提供的有关教师教学与专

业发展的重要信息，能够为我们展示一个动态的、完整的、立体的教师发展的"轨迹"。

4. 解析教师评价结果，驱动教师专业发展

解析教师评价结果及形成的原因是学校管理者改善教师工作和学校管理的重要依据，具有非常重要的价值。在解析过程中，通常可采用归因理论和因素分析法。首先，对教师评价结果做出实事求是的归因分析，然后制定相应的改进措施。把教师的成功归结为教师个人因素，如努力、能力等，会使教师感到满意和自豪；把教师的成功归结为学校内部或外部因素，如提供学习机会、改善工作条件，会使老师心存感恩之情；把教师的失职归结为教师个人因素，会提高教师的自我认识，进一步激发教师工作的积极性；把教师的失职归结为学校内部或外部的因素，会使老师感受到学校管理者的宽容和大度，这对于改善教师的工作情绪、工作态度和工作表现具有很大影响。当然，这是理想的解析状态，事实上，很多学校在解析教师评价结果的过程中存在着各种各样的问题，有的是轻奖惩、重发展，有的是重奖惩、轻发展，有的是走形式……最终导致教师评价的结果不能最大效能地推动教师专业发展。因此，学校管理者不仅要重视教师评价的结果，还要结合学校的实际，让评价结果的解析成为教师专业发展路上的有力推手。

第三章　城镇化进程中小学教师专业发展的实践与反思

带着跟岗学习名校教师专业发展案例的有效做法，本案例小组的成员在回到所在的学校后进行了近两年时间的实践与探索，对于如何加快城镇化进程中小学教师专业发展又有了进一步的认识与思考。

 引领教师成长，校长是教师专业发展的第一责任人

《义务教育学校校长专业标准》在校长的专业职责第32条中有这样的内容："引领教师成长，校长是教师专业发展的第一责任人，将学校作为教师实现专业发展的主阵地。"这句话就是要求校长以专业精神、专业知识、专业能力引领教师专业成长。校长对教师的专业引领不是靠行政权威去实现的，而是依靠校长的人格魅力、正确的办学思路、高超的管理艺术、真才实学和真知来引领教师走上专业化发展道路。因此，引领教师成长，校长是教师专业发展的第一责任人。在为期一个月的跟岗实践过程中，我们亲身感受了很多教师专业化发展的成功案例，有的曾经是处在城镇化进程中的学校，有的是正处在镇镇化进程中的学校，有的是已经走出了城镇化进程中的学校，他们用行动告诉我们，不管在哪里，不管是谁，不管条件如何，只要我们清楚我们是教育人，我们就没有理由抱怨环境，抱怨体制，更不能天真地以为只要体制变了，我的学校就能办好；只要我们真心想为教育尽心尽力，我们就得用行动定义自己的教育理想。我们很庆幸，国家给我们如此宁静的天空与足够的时间，让我们走出来学习，我们理当不遗憾余力地用自己所学、所思，从容应对教育的各种挑战，为我们的教育事业交上一份满意的答卷。

 加快城镇化进程中小学教师专业发展的有效对策

（一）精心规划，明确教师专业发展的方向

跟岗小组成员所在学校的实践做法见表7。

表7 跟岗小组成员所在学校的实践做法

学年	目标	主要措施
2017—2021学年	以提高老师的整体素质为目的，以培养名师、骨干教师为重点，提升教师的专业水平。经过5年的努力，建设一支数量结构合理、师德高尚、业务精良、善于从事教育事业并具有现代科学文化素质和创新精神的教师队伍。 1. 合格教师队伍。对象：见习期新教师。主要标志：基本熟悉本校教育教学常规工作，有教育责任感，热爱学校，热爱学生。 2. 成熟教师队伍。对象：教龄2~10年的青年教师。主要标志：掌握各年级教材内容和教学要求，学科专业知识扎实，能用心理学、教育学的基础理论来去指导教育、教学实践。 3. 校级骨干教师队伍。对象：教龄6~15年的青年教师。主要标志：学科教学和班主任工作形成自己风格，实绩明显；有较强的教科研能力和相应的研究成果；有较强的带教青年教师能力，被带教者成长迅速。 4. 资深老师。对象：教龄15年以上的中老年教师。主要标志：教学思想和教学风格在青年教师身上得到延续，留下一批宝贵的资料（课堂教学实录、教育教学论文或总结等）	1. 建立"××小学教师专业发展领导小组"。主要工作职能是宣传、推广教师专业发展的先进思想和成功经验，评估学校师资的发展经验和突出问题，审议重大的行动计划和实施策略，对学校的师资建设提供政策咨询建议，对教师自培工作提供专业指导。成立"××小学专家顾问团"，由学校聘请的教育专家组成。主要工作职能是指导学校的学科建设、教研组建设和名师培养。 2. 完善全员培训制度和骨干教师选拔、培养、管理、考核机制。建立并实施《××小学校本研修工作条例》《××小学骨干教师选拔培养制度》《××小学骨干教师管理及考核试行办法》《××小学师徒结对协议》。 3. 加强师德平台建设，积极开展师德沙龙、教育论坛、与名师对话等师德建设活动；加强学习培训平台建设，每学期推荐学习材料10篇，理论专著1~2本；聘请校外各界知名人士举办讲座，每学期开设2~3个有关教育改革和发展的专题讲座，提升教师理论水平，拓宽教师视野。鼓励教师积极参加继教教育。 4. 加强教学研究平台建设。结合学科课题研究，积极开展课程与教学改革实践。积极开展跨学科的合作和研究。轮流由学科教研组举办专题讲座或专题研讨会议。 5. 改进教师的考核评价制度，坚持并完善全员聘用合同制、岗位责任制，完善教师发展的评价指标体系，对教师的师德素养、德育工作、教学能力、教科研成果、培训情况、培养特长生及合作互助品质等进行全面的考核，逐步形成评价与奖惩、评价与任用相结合的发展性评价体系，用评价来促进教师水平的整体提高。建立个性化的"教师学习和发展档案"。充分依托课程教学中心，对每一位教师制订课堂教学改进和完善计划，明确每学期重点突破的薄弱环节，从而全面深入教改核心，全面推进课程教学改革，着力提升课堂改革效能。 6. 学校设立奖励制度，加大以团队为单位的集体评比奖励力度，以此促进教师团队的共同成长

（二）完善制度，促进教师专业健康有序发展

针对城镇化进程中的小学教师专业发展面临的制度困境，要从教师人事管理、考核、流动和培训等方面进一步完善管理制度。

（1）要完善城镇化进程中的小学教师人事管理，保证城镇化进程中的小学教师队伍建设。在城镇化进程中的小学教师岗位设置、工资福利等方面理顺管理关系，在工作考核、职称和岗位评聘、工作环境改善和福利待遇提升等方面加大政策倾斜力度，吸引更多高素质人才加入城镇化进程中的小学教师队伍。

（2）完善在职培训制度建设，就城镇化进程中的小学教师在职培训设定区域或者省域标准，从制度层面规范和引领城镇化进程中的小学教师在职培训。今天，我国城镇化进程中的小学教师学历补偿教育已经基本完成，下一步就需要把各地、各校工作的重点全面转到专业化建设。政府应该考虑制定区域、省域统一的在职培训制度，从而使在职培训不仅仅是教师自己的权利和义务，也是学校的义务，更是政府职能部门的义务，也使城镇化进程中的小学教师专业发展有章可循，有所规范。

（3）完善交流轮岗制度，让教师能够在一定范围一定条件下进行流动。交流轮岗可以使教师在不同层次、不同办学条件的学校工作中提升自己的专业发展水平。传统的教师管理制度往往决定了教师工作流动性较低，但是在专业化发展的今天，教师流动是激活学校办学活力、提升教育质量、激发教师工作和专业发展积极性的有力手段。因此，有必要就教师的交流轮岗出台一系列政策，从而规范和指导教师流动岗位设置、流动范围和条件，流动时限等。

（二）点亮心灯，激发教师专业发展"源动力"

教师为什么需要专业发展？著名特级教师于漪认为："教育的力量在于教师，而教师成长的根本在于深度的内心自觉。"笔者认为"内心自觉"恰恰是探视教师专业成长的人性视角，是城镇化进程中的小学教师专业成长的"源动力"之所在。

马斯洛需求层次理论是解释人格的重要理论，也是解释动机的重要理论。广东省已于2015年年底颁布《乡村教师支持计划（2015—2020）》，这可以在很大程度上解决包括城镇化进程中的小学教师"下不去、留不住"的后顾之忧，满足教师的安全需求。在教师队伍建设中，当前各级教育部门和学校要通过师德教育和专业培训，充分激发其追求专业发展的内在动机。鼓励广大教师树立爱岗敬业的精神，坚定自己的职业认同感，提升自身政治素养和专业水平，立德树人，自觉将教学工作同教育均衡发展、精准扶贫等工作结合起来。

要"教得好"，就要不断更新自己的教育教学理念，提高教育教学能力和水

平，特别是在新课改背景下，更应与时俱进，终身学习。这既是教育事业的要求，也是提升自身生活幸福感的重要途径。正如有人所说的"专业的高度等于生活的高度"，城镇化进程中的小学教师的生活幸福指数是和自己的专业水准相一致的。

（三）回归原点，从提升教学基本功开始

《小学教师专业标准》明确规定，教师要"较好使用口头语言、肢体语言与书面语言，使用普通话教学，规范书写钢笔字、粉笔字、毛笔字"。这就是师范教育中一以贯之强调的教学基本功。然而，随着现代社会的发展、教育信息技术与课堂的深度融合，各种新的教学设备和手段使不少教师淡化乃至放弃对这些基本功的追求。在边远城镇化进程中的小学从事教育教学工作，由于教学设备的匮乏，这些基本功更显重要。同时，城镇化进程中的小学是乡村文化场所，城镇化进程中的小学教师只有掌握了过硬的基本功，才能在偏远乡村承担起以文化人的重任，教书育人，传承文明薪火。教学基本功除了语言运用和"三笔"字外，还要严格执行教学常规，包括备课、上课、作业布置与批改、课外辅导、考试与评价、课后反思等，这是稳定教学秩序、提高教学质量、全面推行素质教育的重要保证，也是教师教育教学的基本能力。为此，在促进城镇化进程中的小学教师专业发展培训中，要把《小学教师专业标准》作为必修内容，既强调理念观念的培训，又要有操作基本功培训，回归教师专业发展的原点。

（四）善用网络资源，激活城镇化进程中小学"僵尸"课程

城镇化进程中的小学学生少，教师更少。因此，在不少的城镇化进程中的小学，除了语文、数学外，其余课程几乎处于"冬眠"状态，成为"僵尸"课程。随着区域教育均衡发展成为各级政府的自觉行动，加大教育教学信息化的投入已形成共识，依托"互联网+"办教育，借助信息手段建设教育教学网络资源库，成为助推义务教育均衡发展的显性手段。为用好数字资源，根据教育部国家级教师培训计划，广州市专门对城镇化进程中的小学教师启动了教育信息技术应用能力提升工程，推行网络研修与现场实践相结合的混合式培训，有效引领广大教师学习和应用信息技术，使城镇化进程中的小学教师熟练掌握运用数字资源，开足、开齐、开好课程。在"互联网+"的有效带动下，城镇化进程中的小学学生将逐渐享受到与城市中心学生一样的优质教育。

（五）因地制宜，创建绿色生态校园文化

校园文化是学校制度文化、物质文化和精神文化的总和，核心是全校师生员工共同的价值追求。校园文化与教师的专业成长有着密切关系。但是，当前不少

学校却没有因地制宜做好自己的校园文化设计。例如，跟风"国学热"，在校园内贴满诗文警句，而没有考虑学生的年龄特征和心理特点等，凡此种种，在城镇化进程中的小学造就了千人一面、千校一品的同质化。事实上，城镇化进程中的小学贵在立足于本地实际，因地制宜，创建富有本地特色的绿色生态校园文化，开发出具有城镇化进程中学校特色的校本课程，让课程引领教师的专业发展。百年大计，教育为本；有好的教师，才有好的教育。办好城镇化进程中的小学，为教育均衡发展贡献力量，就要着力提高城镇化进程中的小学教师的专业水平。

参考文献

[1] 波伊尔. 基础学校——一个学习化的社区大家庭［M］. 王晓平，等，译. 北京：人民教育出版社，1998：33.

[2] 联合国教科文组织总部中文科. 教育——财富蕴藏其中：国际21世纪教育委员会报告［M］. 北京：教育科学出版社，1996：135.

[3] 刘捷. 专业化：挑战21世纪的教师［M］. 北京：教育科学出版社，2002：43.

[4] 刘静. 农村教师专业发展支持体系——发展中国家的实践［J］. 比较教育研究，2014（1）：27-32.

当代公办小学教师团队建设的实践探索和启示

案例小组名单

小组负责人：汤　洁　广州市越秀区桂花岗小学
成　　　员：黄海铭　广州市白云区加禾小学
　　　　　　霍泽棠　广州市南沙区横沥小学
　　　　　　林　雁　广州市天河区体育西小学
　　　　　　俞小玲　广州市增城区新塘镇第二小学
指 导 教 师：赵　敏　周　洁

第一章　当代公办小学教师团队建设探析

 当代公办小学教师团队建设的意义

雅思贝尔斯说："教育是人们灵魂的教育，而非理智知识和认识的堆积。"教师之于学校的重要早已是不容置疑的事实，一所好学校，高素质的教师团队向来居于众办学条件之首。

在满是鲜活生命的学校，教师个体必然会经历特定的教师团队文化洗礼，逐渐适应成长，成为拥有因校而异的教师团队文化特征中的一员。相较于学校的显性文化而言，这种以价值、信仰等为核心的深层次文化特征，更接近教师真实的精神面貌，更能成为教师实现专业成长的助力，更是学校办学质量深层次保障。

从历史的角度考察，教师个体专业发展经历了"经验化——技术化——专业化"的发展阶段。20世纪80年代之后，"教师作为一个人"这一原始观点重新得到关注，成为教师专业发展的首要因素，这标志着当代的教育已经从"专业化"进一步向前迈进，标志着教育者在教育过程中思维方式、价值观念、精神人格的等人文性因素的传递作用被重新重视。

因此，教师团队建设应是当代学校的立校之本，作为基础教育的公办小学更应主动聚焦教师团队建设，以此保障学校文明传递的质量。

 当代公办小学教师团队建设的内涵

（一）合作，教师团队建设的内涵

国外研究表明，"教师团队"被认为是促进教师专业发展的一种重要的方式。20世纪60年代，国际教育界提出"教师成为研究者"观点，提倡教师共同工作，形成"同伴互助"，通过共同研习、示范教学，以及有系统的教学练习与回馈等方式，彼此学习和改进教学策略，提升教学质量。国际上对"同伴互助"这种教师合作的主张，是将教师的专业成长重心从以往关注教师自治和个人发展，转向强调教师专业的互助和合作文化。这不仅仅是一种教师合作的方式，同时也是学校促进教学的有效内部组织方式。

1957年1月21日，我国教育部颁布《关于中学教师教学研究组工作条例

（草案）》，其中对教研组的主要工作任务进行了明确，即"要对教师的教学工作、研究工作进行组织，鼓励他们进行教学经验交流，以便于提高教师的业务水平和教育思想，以促进教育质量的提高"。自此，我国中小学逐步建立纵向的学科教学研讨和横向的年级小组等教师团队。从20世纪90年代末到现在，在我国中小学范围内，"年级组"的管理模式被广泛应用，成为学校大规模管理的主要方式。通常，学校实施的是宏观的层面管理，年级组实施的是具体的各类事务管理。

可见，无论基于研究还是基于实践，合作始终是教师团队建设内涵。

（二）关于"教师团队"的合作

美国学者李特尔对教师间的合作文化的研究很有成果，他基于美国的现实，指出教师合作文化主要出现在以下场合：关于教学的日常交谈，协同进行教学设计，教材开发、教育方法开发，观察同事的教学，同事间就新想法、实践方法等相互交流。可以说，真正意义上的教师合作研究是在教学领域中的研究基础上发展起来的。英国学者通过参与性研究的方式对教师合作进行了深入研究，他认为在这些合作共同体内，教师可以分享他们在教学和课程开发方面的成功与失败。可见，教师团队的合作不仅能优化人际关系，还能促进教师发展。

从20世纪50年代开始，我国的中小学教师就开始了合作模式。同学科集体备课制度以及同年级集体会议制度被要求落实，这与全国统一的教学大纲、教学计划相匹配，有力保证了国家课程在千千万万个课堂上得到落实，以保证教师们的教学基本维持在一个水平之上。这种合作是相当行政化的，关注的是教学行为的一致。可见，若在此基础上鼓励一种基于教师内需的、去行政化的教师合作文化，将能更好地促进教师专业化成长。

 当代公办小学教师团队建设的价值

就社会而言，作为社会分工的一种，"教师"这份职业具有"关系型价值"。只有教师主动地发挥自身的创造性，才能唤醒生命，陶冶人格，塑造灵魂。教师作为"教师"和"人"双重角色的统一体，处于同侪之间相互坦诚、相互开放、相互支持的自然的合作文化中，这不仅有助于自身的专业的发展，也有助于团队合作文化的形成。教师团队的合作文化，是教师专业发展的助力。

就学校而言，教师文化是学校文化中的一部分，是教师群体在共同的学校教育环境中，在教育教学过程中创造出来的物质成果和精神成果的总和。教师文化由教学理念、专业精神、专业尊严以及人际关系规范等要素构成，涉及教师团队间的教师合作。在该语境下，教师合作与其说是一种行为，不如说是一种主动自发的精神文化取向，能使教师之间实现智慧与情感的共鸣，提升彼此的生命质量。

当代的教师必须面向未来而教，因此不能丧失人文精神，不能丧失对人生意义与价值的追寻，不能丧失对自我的探究，不能丧失反思批判的意识和能力。教师团队的合作文化，就是对人文精神的坚守。

第二章 当代公办小学教师团队建设的经典实践案例解析

 从细致化顶层设计出发的教师团队建设（成都市成华小学案例）

成都市成华小学创建于1991年，曾被中国教育学会授予"以美育人的摇篮"称号。得益于对"以美育人"的执着坚守，学校20余年来保持快速发展，形成了鲜明的"尚美"文化特色，找到了优化师生生命成长的教育路径——做好教师团队理念的顶层设计和建设。

成华小学教师团队建设理念先进。学校认为好的教师团队建设必须是：能够让教师深感被尊重的；能够不断地释放和展示教师潜在的才能的；能促进教师坦诚交流的；能展示岗位之间最佳配搭的；能为了共同目标自觉担责并奉献的。为此，学校针对教师团队建设做了细致的顶层设计。

（一）办学定位类

办学理念：美浸生活美润人生。

办学目标：办一所"用科学启迪智慧，用情感润泽心灵，用艺术陶冶情操"的小学。

教师发展目标：有智慧，有理想，有对爱和美的追求。

学校校训：爱相伴，美相随。

（二）规章制度类

1. 有力促进教师团队建设的主要规章制度

《成华小学尚美教师专业自主发展目标》

《成华小学"一人一标"学业质量考核管理制度》

《成华小学最具影响力班主任和学科教师评选方案》

《成华小学一年级教师培训课程》

《成华小学毕业班教师培训课程》

《成华小学新进教师成长课程》

2. 有力促进教师专业成长的主要规章制度

《成华小学课堂教学"五法"》

《成华小学教师观课"五要"》

《成华小学教研组"三轮流"团队建设与考评制度》
《成华小学驱动非主动参与学生的课堂教学策略》
《成华小学毕业班后期工作管理制度》
《教学常规月查制度》
《校本教研制度》
《教学常规管理制度》

3. 明确教师参与团队建设的要求

（1）爱学校。表现为教师对学校的强烈归属感，教师把学校当成"家"，把自己的前途与学校的命运联系在一起，愿意为集体的利益与目标奋斗。

（2）爱同事。表现为教师之间的相互协作，相互宽容，彼此信任，在生活上彼此关怀，和谐相处，追求团队的整体绩效。学校成员之间没有根本利益冲突，只有理念的碰撞。

（3）爱学生。表现为教师平等地、爱心地对待每一个学生。

（4）爱工作。表现为教师对学校工作的全身心投入。

（三）实践指导类

1. 用"两会"正思想

通过每周"教师例会"、每日"后勤例会"，让教职工积极参与学校管理（参与是最大的尊重），高度认同学校办学理念，每个人都树立起"与爱相伴，与美相随"的理念，将学校的事当成自家的事，"家"中成员齐心协力营造和维护美的校园。

2. 用"流程"强规范

为优化方式、统一标准、节省成本，学校梳理了各式的工作流程，如"教师责任区工作流程"，分管行政巡视，发现问题不过夜，第一时间就可反馈到责任人。

3. 用"激励"促主动

这样做有以下好处：一是让教师"自主"，树立主人翁意识；二是"以培代学""以赛代学"等教师培训的表彰让教师享受职业的尊严。

4. 用"反思"显评价

言传不如身教，学校在每项工作结束后都落实"回头看"，分管行政的领导及时召集教职工开会，引导反思，凸显评价对工作的后续推动。

5. 用"感悟"渗透美

全体师生都投入"美浸生活，美润人生"的校园建设中，参与、体验、传播，把爱和美的感受不断扩散，影响他人。

（二）教师队伍建设顶层设计的落实

1. 人人参与构建和谐校园

人人参与构建和谐校园，是教师团队建设的首要任务。学校注重思想政治工作，特别是对市场经济中出现的个人主义、拜金主义等消极因素对学校可能产生的消极影响做了充分防范，引导教职工明晰现时代学校存在的价值，告知大家齐心协力的队伍才有战斗力，要生存就必须努力增强自身的竞争实力，旗帜鲜明地反对任何形式的内部耗损，从精神层面强大了教师团队建设，构建和谐校园。

2. 明确学校发展目标

明确学校发展目标，是教师团队建设的核心。让每一位教师都明白学校的发展愿景。共同规划、齐心奋斗是成华小学教师团队建设的成功的法宝。一个没有期望，没有目标的团队，是没有凝聚力和战斗力的。成华小学的校长善于捕捉教师间不同的心态，理解他们的需求，不断帮助他们求同存异，追求学校倡导的共同奋斗目标，从而做到了让教师同心同德。

3. 行政领导率先垂范

行政领导率先垂范，是教师团队建设的关键。一位好校长就是一所好学校。校长的素质决定了教师团队的战斗力。拿破仑曾经说过："绵羊统帅的狮子军团永远无法战胜狮子统帅的绵羊军团！"成华小学的校长以身作则，身体力行，用实际行动落实"上行下效"，感召力强，一呼百应。教师们高度信赖校长，乐意跟随。

4. 规范的规章制度

规范的规章制度，是教师团队建设的保证。俗话说："无规矩不成方圆。"一切按章办事，领导教师都在制度的管理和约束之下，对于不合格不达标的，"对症开处方"，要求按期整改。在这样的制度管理下，教师们意识到再不能用以前的标准来要求自己了。有了这样的导向，连以前比较涣散的教师都一改旧貌，扎实进行常规教学的意识深入整个教师群体。规范的制度，严格的执行，将团队规则内化为个人的行为，既发挥了教师的主观能动性，又实现集体的目标。

5. 创建公平的竞争机制

创建公平的竞争机制，是教师团队建设的最大动力。教师团队中每一个成员都有被公平对待的需要。经济学家詹姆斯在他的《公正是最大的动力》一书中提及：公正是人类社会发展进步的保证和目标。公正是对人格的尊重，可以使一个人最大限度地释放自己的能量。不公正则是对心灵的一种践踏，是对文明的一种挑战，是对社会的一种罪行。成华小学始终坚持公正的处事原则，尤其是在关系到每位教职工的用人、晋级、评优、奖励、处罚等敏感问题上，力求保护教职工的积极性，凝集团队合力。

6. 搭建教师交流沟通平台

搭建教师交流沟通平台，是教师团队建设的催化剂。没有爱就没有教育。成华小学对"爱"的理解较为全面，他们认为，教师对学生有爱，老师也需要学校的关爱。因此，校长关心教师的子女入学问题、教师家庭的困难、教师的家属的情况等，并利用学校的所有资源去帮助他们。教师感受到学校的关怀，对学校的工作乐意做、用心做、主动做，干群关系和谐。在教师之间，学校倡导多种形式的交流合作，师带徒、老带新、新促老，实现优势互补、扬长避短、共同促进。教师在相互间及时的沟通中，达成共识，这促进教师团队合作意识的形成和发展。全体教师拧成一股绳，个体智慧汇成集体力量，学校迅猛发展是必然的。

成华小学将"有智慧，有理想，有对爱和美的追求"的教师队伍建设目标作为统领学校全面工作的重心，精心做好顶层设计，扎实顶层设计的落实，高位求进，让学校不仅在省市取得较强影响力，在业内也受到高度认同，很成功。

 与学校文化交融共生的教师团队建设（常州局前街小学案例）

常州市局前街小学的前身是隆庆六年（1572年）由常州知府施观民创建的龙城书院，是当时常州城区规模最大、最为著名的书院。光绪二十八年（1902年）龙城书院改名为"武阳公立两等小学堂"。抗日战争爆发前，学校有学生1400人左右，是当时武进县立小学中规模最大的一所学校。中华人民共和国成立后，学校更名为"常州市局前街小学"，并率先成为常州市实验小学。1982年，学校被确定为省、市重点小学。1996年被评为首批省级模范学校。21世纪以来，在江苏省特级教师李伟平校长的带领下，局前街小学成为常州市教育局实施的"学校主动发展工程"首批试点学校之一。2005年正式加入华东师范大学叶澜教授主持的"新基础教育"研究。可以说，常州市局前街小学一路走来，不断更新变革，与时俱进，已经成为被常州人民高度认可的好学校，更成为常州文化的一个亮眼的代表符号。

局前街小学的教师团队相当优秀。206人的教师团队中有179人学历是本科，约占教师总数的87%。硕士学历教师11人，占比5%，即每20位学校教师当中有1人是硕士学历。这在目前小学教师普遍是在职进修后获得的本科或大专学历的背景下，是相当难得的。局前街小学的硕士和本科学历的教师集中出现在未满40岁的群体中，约占在职教师的1/2，实属罕见。同时，局前街小学的教学骨干极多，206人的教师团队中有97人已经从学校脱颖而出，成为省区市的业务骨干，约占学校教师总人数的1/2。其中，省级业务能手就有7位。可见，这是一支具有强大的新生及中坚力量，实力雄厚的教师团队（详见表8）。

表8 局前街学校人员数据

学校教师编制数	206人	实际在岗教师数	206人	学生数	3609人	师生人数比	1:18
教师学历情况		29岁以下教师		硕士8人，本科32人			
		30～39岁教师		硕士3人，本科56人			
		40～49岁教师		本科69人，大专2人			
		50～59岁教师		本科22人，大专10人，中专4人			
骨干教师情况（97人）		省级		人民教育家培养对象2人，江苏省特级教师5人			
		市级		常州市特级教师后备人才3人 常州市学科带头人28人 常州市骨干教师31人 常州市教学能手12人 常州市教坛新秀7人			
		区级		区带头人、骨干9人			

这样一支极为优秀的教师团队是怎样形成的，又将怎样实现基于高水准之上实现可持续发展的？笔者就曾就此话题，访谈了李伟平校长（学校法人）、姜明红副校长（主管教师团队）、周志华副校长（主管教学）、许嫣娜副校长（主管德育）、李娜副校长（主管龙城分校）、杜英姿副校长（主管华润分校）、蒋敏杰主任（教科室主任）、王燕副主任（办公室主任）、杨宏磊教师（四年级数学教师），实地参与了学校的常态教研活动之"青年教师课堂教学展评"，现场观课8节。笔者得出的结论是：局前街小学的教师团队建设依托着厚重的学校文化传承，一路走来，有根有源，已潜移默化地成为教师主动成长的基石；每一位"局小人"都主动以学校文化的代言人和传承人自居，在每天务实的教育教学工作中书写着学校的精神文化；更难得的是，每位教师都被学校视作学校文化的重要的传承人，学校想方设法帮助每位教师在专业方面成长，真的做到了让教师成长在"局小"、成才在"局小"，成就在"局小"，用真抓实干打造出了一条局前街小学特有且精彩的文化传承之路。

（一）团队文化之念

"我们是局小！"这句简单朴素的话是局前街小学教师们的口头禅，是全体局小教师坚定的信念，更是他们引以为豪的坚定文化信仰。

早在明朝时期，"局小"（龙城书院）已经是当地最大最著名的书院。清朝时的"局小"有学生400人，是当地规模最大的。中华人民共和国成立后的"局小"是省市的龙头学校，总率先成为实验小学，省市重点小学、首批省级模范校。现在"局小"更是"新基础教育"基地学校，在全国知名的教育专家叶澜教授的指导下办学。这样厚实的学校背景，怎能不让老师们有着无上的荣光和骄傲？因此，局小人总是不自觉地自豪说出"我们是局小！"这句话。

不仅如此，"我们是局小！"更是一句无往而不利的话，历久弥新。当新进入学校的年轻教师工作不扎实之时，老教师们严格"传帮带"之余，一句不客气的"我们是局小！"就言简意赅地框定了新教师必须进步这唯一路径；当教师们对教育改革之路产生怀疑犹豫，矛盾纷纷的时候，李伟平校长的一句"我们是局小！"就清晰了教师团队的前进路径。可见"我们是局小！"是一个明确的要求，一个高标准的精神价值取向。

局小教师团队的日常就是建立在"我们是局小！"这句话的基础上的。日常教研，执教教师的常态课虽有瑕疵但总体出彩，可学科组内的教师们就是针对不足反复纠细节，不断引导执教教师找出更科学的教学路径。会上，科组负责人毫不客气地当众直接指出执教老师的缺点，会下，又毫不吝啬地用了自己的休息时间细致帮扶。学科组里的教师参加校外赛，同科的老师都主动地忙里忙外，全力扶持，直至通宵达旦。因为大家清楚，在同行竞技的舞台上，艺高者得"天下"，精益求精，追求最佳状态下的自己才是"局小人"。

"我们是局小！"就是鞭策和激励，是局前街小学人人皆知，人人追求，人人为之奋斗的教师团队文化价值观。

（二）团队文化之实：落实到行动的共同价值追求

如何让精神层面的"价值追求"成为现实中教师团队的行动追求？李伟平校长将局小共性的价值追求全部形象化，一一落实在教师的共同价值追求的实践中。

李伟平校长积极地带领着大家，坚定不移地紧跟叶澜教授"新基础教育"革新的步伐，请专家到真实的课堂中找不足。他鼓励行政突破常规，指导教师们展开能解决实际教学问题的教研。他要求老师不断自我挑战，一步步走上更高一级的专业平台，成为区、市、省的教学骨干，成为高级教师，成为特级教师。

李伟平校长常常召开"名师专题思想研讨会"，让名师的思想可视可学，让"局小"名师精神得以倡导和承传。他创新设置多种评价奖励机制，让教师们在工作中不断体现自我的价值，在工作中不断实现自我价值，在工作中不断追求更高的自我价值……

这一个又一个的行动，都是局前街小学教师团队文化实化传承的根本，都是靠行动落实的价值追求，这些行动覆盖了整个教师团队，实现了共性价值追求的高度统一。206位教师团队中有97人是区级以上的业务骨干,庞大的骨干教师团队力证了局前街小学的教师团队文化的真实存在,真实传承。

(三) 团队文化之根:多渠道促使教师自我成长

局前街小学一直倡导叶澜教授的理念——"生命关怀"。学校认为只有唤醒学校中每一个教师的变革需要,激发变革力量,才能实现百年局小的文化超越。因此,他们实施"项目管理",变革学校组织结构,给有能力的教师提供更多机遇;他们用引导代替管理,出台一系列激励性制度,变革管理制度,如《教师外出学习、休学术假制度》《教育教学成果奖励办法》等,不断拓宽教师自我成长的空间;他们还重磅推出"'感动局小'系列评选",传承学校精神。

如果说,一个人成长的关键在于个人主动不断学习,那么局前街小学教师们的专业成长的主动性就是在学校不断地激励中被不断地催生的。一位又一位教师对自己提要求,强要求,迈着坚定步伐走向更高、更专业的道路。"局小"的周校长、蒋主任、杨老师等就是真实鲜活的典型例子。可见,促个人主动成长,是局前街小学教师团队建设的文化之根!

今天的常州局前街小学就仿如一株参天的大树,根扎在百年老校的源远流长的团队文化深层,在"我们是局小!"共同价值追求滋养下,日新月异地迅猛生长着,因为根深所以叶茂,因为枝繁,所以花红。

建立体型教研团队,助力教师自主成长(杭州市学军小学案例)

杭州市学军小学是一所集团化办学式学校,拥有7个校区,采用统一领导下的多校区差异发展式管理。教师队伍庞大,青年教师占了大部分。学校管理井井有条,教师各司其职,每部门的行政对学校的办学历史如数家珍,对如何结合自己的分管工作落实学校的办学核心追求"童心教育"介绍得头头是道。在学军小学,教师成长是非常迅猛的:五年在城区站住脚,十年在城区具有影响力。在学军小学有这样一句话:"在'学军'只要熬过前五年,必能成为优秀教师!"这就是学军小学在教师队伍建设上值得引以为傲的成果。这一切,均有赖于学军小学独有见地的教师团队建设。

学军的教师团队,是一个"点线面体"一体的立体型专业团队。在学校的专业团队中,不仅有活跃的点(教师个体),有点和点之间连成的线(各层面的师徒结对),还有线织成的面(各年级的备课组),更有由面铺成的体(学科教研组)。因为结构丰富,所以智慧能够汇聚,人才能够成长。

（一）卓越的教研组——让研究成为常态

学军小学的教研组采用的是主题化、课题化教研。这种有固定主题的合作方式，高效地让更多教师参与到由学校倡导的高质量的教研中，有效引领了教师个人从平凡走向优秀，从优秀追求卓越，推动着教师团队建设的进程。学军小学的操作总结如下：

1. 将"研究"纳入规划

每一个教研组在学期初制订教研计划时，便要求将课题研究写入学期规划中。各教研组根据组内的现状与学科教改的前沿信息，制定切实可行具有推广意义的课题，以科研促教研，真正实现教学、教研、科研一体化的功能，从而拓宽教研组教师的教学视野。

2. 让团队"研究"成为系列

让团队"研究"成为系列，实现课题化教研活动的系列化、一体化的发展。

3. 以制度保障"研究"的参与度

学军小学的教研制度包括：①"四定"，即定时间、定地点、定主讲人、定主讲；②专题"四有"，即有主题、有课例、有预热材料、有反思小结；③"四到位"，即组织形式到位、述评剖析到位、反思研讨到位、诊断总结到位；④听课形式主题式听课、诊断式听课、联动式听课、自选菜单式听课；⑤研讨形式深度会谈、头脑风暴、问题会诊、主题沙龙、个性论坛、合作论坛；⑥组织"碰撞性""实践性""点评式"后续活动。

（二）合作的备课组——让差异推动进取

在学军小学，教师差异化发展也是一种团队财富，这体现在"轮流坐庄"的备课组教研活动中。

1. 常态备课

学军小学让每个备课组在教研组的大课题下，结合本组特色选择子课题，"轮流坐庄"开展研究和交流。每个备课组的展示，主题统一，内容各异，形式创新，精彩纷呈。备课组长们把一个个极具思考价值的问题抛向参与教师，各种观点汇聚交流，碰撞的是理念，沟通的是思想，讨论的热烈气氛将每一场专题展示升华成了激扬智慧的平台。

2. 协助式教研

（1）问题会诊式。一个单元做一次，将自己在备课中发现的问题提出来供大家讨论。

（2）智慧共享式。将自己或他人备课中的一些独到的想法展示出来，供大家分享。

（3）单元课例式。每个单元选择一篇典型课例作为集体备课的载体，充分展示大家的才能，突出单元特点。

（4）主题备课式。分主题进行集体备课，突出教师的特长和个性。

（5）学科论坛。学军小学的每一位教师均可参与其中，在虚拟的网络世界建立了一种平等、诚恳的对话氛围。

（三）幸福的师徒结对——让独舞成为双赢

每年教师节，学军小学都会举行一个令人难忘的结对仪式。让新教师不是孤单前行，而是充满幸福感地前行，因为他们时时被师傅关注着。

学校会定时安排师傅与徒弟的结对研讨活动，让师傅和徒弟有更多面对面研讨的机会，小结收获。不但徒弟随时获得帮助，成长很快，徒弟的进步也在提醒着师傅，只有与时俱进，才能与徒弟一起在教学成长之路上常教常新。师傅与徒弟教学相长，收获共同成长的快乐。

在"师徒结对"这一团队精神感召下，学军小学的教师之间亦师亦友，建立了一种互助互学的校园关系。师徒结对所构建的，不仅仅是一种仪式，一个平台，更是一个团队，一种文化。

基于教学实际的立体型教研团队建设，让学军小学的教师们有着不同个性与风格，以自己无可替代的独特性汇成精彩的学校气质。人人精彩，团队精彩，"学军"精彩已经被教师们高度认同、接纳，成为他们的价值观和追求。

（四）如何保障教师团队可持续发展

1. 以学校文化滋养了教师团队，以教师团队成就学校文化

镜头1：学军小学校区很多，教师队伍庞大，但却让笔者感到学校管理井井有条，行政齐心有追求，教师们各司其职，整间学校拥有清晰的共同愿景，教师团队呈现了价值观的和谐统一。

反思：行政、教师对学校的办学理念、办学追求的了解和认同，就是教师团队作为实践共同体存在的根本。有了共同愿景，教师的日常工作与自身发展规划就不会呈现出杂乱和无序，自然高效。

解读：蔡元培先生认为："教育者，非为以往，非为现在，专为未来。"不同的成员有对未来不同的希冀，能把大家的心聚拢在一起，力往一处使，对学校的发展无往不利。学军小学实施"童心教育"，其办学思想是：让儿童成为儿童。围绕"以儿童文化为视角，以评价改革为导向，以童心课程为重点，以童心家园为载体，以学科工程建设为抓手"的改革推进思路，最大限度地为每个孩子创造最佳的发展空间。这是全体教职工的共同愿景，已深入每一位教职工的心中，因此，全校上下，大家拥有共同的发展追求，拥有一致的核心价值取向。

这样的教师团队才是坚不可摧的，具有核心战斗力的团队，在面对困难时互相扶持，共同进退。

实践：共同愿景会改变教师与学校间的关系，使"他们的学校"变成"我们的学校"，从而激发出无限的创造力。有了共同的目标，组织就有了前进的方向和激情，个人有了专业追求的内驱力。笔者所负责的学校在"六韵教育"特色文化的提炼与建设中，秉持"每一个人都很重要"核心价值观，让每一位学校成员都参与其中，甚至还把全体退休老师都邀请到校，对学校的办学历史进行全面梳理，从教育发展的不同领域进行深度访谈，敞开每个参与访谈人的内心，从而开掘每个个人愿景的闪光点，这样，为建立学校发展的共同目标奠定了基础。另外，共同愿景的建立也基于个人愿景。我们学校在确立学校清晰的办学愿景后，持续不断地鼓励每一位学校成员朝着学校的目标发展自己的个人愿景，通过引导每一位学校成员建立符合学校发展方向的个人愿景，从而汇集成学校共同的愿景。

2. 系统化的教研规划，聚焦于问题解决的有针对性主题式研讨

镜头2：学军小学为了提升教研团队的研究效率，将"研究"纳入规划，每一个教研组在学期初制订教研计划时，便要求将课题研究写入学期规划中。每个备课组在教研组的大课题下，结合本组特色选择子课题开展研究交流。保障了研究的系统性与纵深性。

镜头3：学军小学的教师团队建设方法并没有太多的与众不同，有的是扎扎实实，不断观察、不断反思，寻找问题，分析原因，聚焦于问题解决，不断变革组织管理方式，着力于服务教师，帮助教师团队获得实实在在的成长。例如，教师的听课，并不仅仅是单一的听一节研讨课，而是聚焦研究主题，分为：主题式听课、诊断式听课、联动式听课、自选菜单式听课。这让听课更有针对性，让教师们聚焦重点，带着具体的任务听课，这样的听课更有所得。另外，在听课的要求上，不只是忙碌于在听课本上记录，还有人手一张的听课"互动思考题"要完成，这就让教师要边听边思考，听完后还要针对关键点深入思考研究，沟通交流，这样的听课，调动了听课教师的积极参与。

反思：一般的学校对于教师培养工作都会比较重视，会采用各种方式，开展各种内容的培训，但总感觉教学实践中运用不畅，问题也无法得到很好解决。其实，原因在于培训过于零散与随意化，没有形成体系，教师们只是停留在蜻蜓点水式的浅层次学习，知其然不知其所以然，也就无法很好地运用到教学实践中。

解读：学军小学把教师培训课程系列化，根据不同的教师群体的不同发展需求安排课程，考虑到教师成长的不同阶段，立体化地设置培训的内容，并且充分发挥团队共有的资源优势，使整个团队实现最优化发展。这样的教师团队建设，让每一成员都很清晰自己与伙伴所处的发展阶段与成长路径，利于团队成员间的互帮互学，也能形成一种你追我赶、积极求上进的自主成长氛围。每一位团队成员身处其中，都能得到恰适的指导，都能获得实实在在的成长。

实践：笔者所在的学校开展了研修活动课程化的实践尝试。在校本研修开展前对研修课程的设计与实施进行系统思考，如达成什么样的培养目标，依托什么样的课程内容，通过什么样的组织方式，如何测评课程实施效果以及提供什么样的课程资源保障课程有效实施等。采用了"目标制定—主题确立—内容设计—组织实施—效果评价—反思总结"的实践模式。目前，虽然学校的校本研修课程化实践尚在路上，但已初见成效，教研活动更系统，教师专业发展目标清晰，研修成果更能有效服务于教学变革，教师自主参与研修的热情提升。

3. 确保教师在教研中的主体地位，唤醒教师自主成长的动力

镜头4：学军小学让教师们"轮流坐庄"式的备课组专题展示教研活动。每个备课组的展示，主题统一，内容各异，形式创新，精彩纷呈。

镜头5：学军小学备课组内，每一个老师轮番进行着交流分享，有的就自己的研究成果做介绍，有的就自己的学习所得做分享，有的有感而发，有的深度剖析……

镜头6：夜深了，学校校园网上设立的"学科论坛"依然一番热火朝天景象。围绕某位教师上传的一份教学实例，论坛上的教师们纷纷发言，鼓励打气的有之，建议的有之，探讨的有之；学科内教师的研讨，跨学科教师的留言均有。

镜头7：在师傅与徒弟的结对研讨活动中，师傅和徒弟面对面研讨。师傅的专业引领让徒弟收获颇丰，随着徒弟的不断成长，研究逐渐深入，徒弟不断提出的新问题也在提醒着师傅，师傅的内涵每年需要不断充实，只有与时俱进，才能与徒弟一起在教学成长之路上常教常新。师傅与徒弟教学相长，收获共同成长的快乐。

反思：一般学校在常态的教研活动中，往往会出现以下几种情况：主讲者一腔情愿地讲，聆听者囫囵吞枣地听；专家高瞻远瞩地阐述新的教育理念，教师在实践中却无法落实，只能依然故我地坚持"时间加汗水"的教育观念；学校想方设法坚持每周一次的学科集中教研活动，教师却认为占用了自己宝贵时间，要不应付了事，要不借口不参加。

解读：现代教育理念认为，"教"只是实现"学"的一种服务手段，学生的"学"才是教学的出发点和归宿，因而主张"以学定教"。把此理念迁移到引领教师成长方面，我们首先要改变关注的视角，要确保教师在教研中的主体地位，要因应教师的实际需要去规划教研。这就要求我们要对教师有全面的了解及对教师不同成长阶段的综合把握；要在引领教师成长的过程上多花心思，多去发现，多做研究，及时调整。

实践：要确保教师在教研中的主体地位，就要保障每一位教师在教研中的知

情权、参与权、话语权、选择权。笔者所在的学校让每一位老师根据自己的发展需求自主确立研究主题并自由组建研究团队，营造求真、合作的教研文化，教师团队根据教学需要确定研修方向，通过理论学习、磨课、听课、教学展示、讲座、案例研讨等形式，帮助教师实现专业成长。在此过程中，引导团队成员合理分工、各尽其责，研修中讲真话、做真事，以实现团队文化的发展对教师专业发展的积极影响。在研修活动中创设更多的机会与平台，让每一位教师都能积极参与其中，都能在教研中找到自己的生长点，享受到成长的乐趣。

四 基于小课题，引领研究型教师专业成长（常州牛塘中心小学案例）

在"科研强校"被普遍认知的今天，常州牛塘中心小学经历多年的小课题研究中提出，小课题研究的价值和魅力在于通过研究来提高教师自身能力、个人专业素养。让教师在实际工作中捕捉具体问题，进行研究，能够有效避免目前课题研究中的"假、大、空"的现象，指向实践问题的解决，有效促进教师的自身理论水平提高，一支科研型的教师团队将就此成型。

近年来，笔者借鉴了常州牛塘中心小学科研团队建设的先进经验，在笔者负责的学校进行了通过小课题科研引领教师专业发展的六大策略尝试，教师团队建设取得了明显的成效。

（一）把小课题科研能力与科研创新纳入教师全员的核心素养发展规划

科研是枯燥的理论与艰难的实践的循环反复，再加上很难在短期内见到成效，极易导致教师望"研"却步。为激发老师们的科研热情，常州牛塘中心小学将课题的研究工作以加分形式计入"绩效工作考核"中，并纳入学校"1358青年教师培养计划""名师工作室"等青年教师专业成长规划中，以制度督促，以奖励鼓励，有效增强了课题研究的动力。

同样，我校将科研能力与科研创新定位为我校教师的核心素养。确立了具体的素养内容：第一，具有教育科研工作的热情和积极性；第二，具有一定的理论修养和文字表达能力；第三，具有较高的教育教学水平的学校教学骨干；第四，具有一定的组织管理能力和团队合作精神。在实施中，我们将小课题研究列入青年教师专业成长规划中，要求教师立足于学校办学理念和育人目标，从每个级组的实际问题入手，设计规划自己的研究课题。在研究中通过小课题研究实现大目标的落地开花。这样的课题研究点子细，研究过程实，既丰富、夯实了学校教育过程，也真正使教师在课题研究迅速成长。

（二）创新机制，为小课题研究提供保障

第一，健全机制，成立由校长任组长、分管教科研的副校长为副组长、教导主任和各学科教研组长为成员的课题研究领导小组，具体负责课题研究的领导、指导、实施、评审等工作。

第二，制定"小课题"研究的组织、实施、评定、奖励等制度，建立有效的运作和激励机制，特别是评价制度，保证课题研究扎实有序地开展。没有评价就没有真正的研究，我们实行"全程评价"与"重点评价"相结合、"能力评价"与"态度评价"相结合、"定量评价"与"定性评价"相结合。一是在课题研究中，要求每个青年教师要有研究方案，教导处制定《课题研究跟踪调查表》，加强对课题研究的检查、指导，及时发现问题，调整研究思路，让课题研究真正落到实处；二是加强对参加课题研究青年教师的考核，学期末对参加培训、赛课、网上论坛等活动进行全面考核，将考核与评优等挂钩，并制定青年教师成长档案制度，记录青年教师的成长轨迹；三是教师个人研究情况以分值形式加入"教科研先进个人"以及"优秀教科研小组"考核与评比中。

第三，充实学校的图书室、阅览室，为老师征订充足的报刊；在每个办公室配足电脑，每人一本《课题研究手册》《听课笔记》；大力支持教师外出参观学习。从人力、物力、财力等方面为教师开展"小课题"研究提供切实保障，确保研究取得成效。

（三）把小课题研究团队建设成科研型、学习型组织

我们借鉴常州牛塘中心小学的经验做法，学校以教研组为单位，组成研究小组展开共同研究。这样的教研能发挥群体研究的优势，让课题研究省时、高效。我校把参与课题研究的老师按学科组分成了5个小课题研究团队，团队有课题组长，组长围绕学校课题研究计划，制订出团队研究计划，带领团队教师按照计划有步骤、有计划地开展课题研究工作，组长对团队研究情况进行及时的记录，结合每月典型课例开展研讨、交流，明确下一步改进方向，使课题研究有量的保证和质的突破。

教研组对学科组负责，由学校教师发展中心管理，这样的层级管理方式，既利于教师之间在交流中成长，在合作中共赢，也促进了学校整体科研水平的提升。

（四）以学生为主体、以课堂为载体进行小课题研究

我校明确"科研即工作，工作即科研"的工作思路，要求全体教师研究工作中的问题，研究教育教学中的问题，日常的课堂教学过程即研究过程。

"小课题"的研究，一是需要把握"度"。小课题既不是纵观的，更不是宏观的；它的视域、论域和切口都要小，要有利于实践和操作。二是需要落实一个"实"。小课题研究的应能由点及面，推而广之，实现"类型化"。因此，我们将整个年级中最突出的问题或最需要解决的问题确定为教研组的"小课题"。三是需要突出一个"点"。研究必须追求研究的深度，实现从实践到经验循环上升的梯度。

我校在开展"育星教育"特色的大课题研究下，要求所有科组确立自身的研究课题，人人有参与，人人有研究，人人有成果。教师收集相关材料及他人的实践经验进行学习，思考和规划自己在教育教学实践中解决该问题的措施和行动，制定出研究方案，开展研究实践，以小课题组为单位进行集体攻关，整合团队智慧，发挥群体优势，细化研究内容，注意分工合作，各自承担一定的研究任务，进行深入探究。教师在探究中合作和互助。学校既关注教师的研究能力，又关注教师研究团队的形成，定期组织经验交流会来推广部分教师较成熟的做法，开展课题阶段成果交流、研究课展示活动，促进各课题组

（五）以解决问题、提升能力为核心进行小课题研究

第一，帮助教师提高解决问题的能力。课题研究切实解决了教师教育教学中诸多实际问题，如学困生问题、班级管理问题、课堂教学有效性问题等。这不仅提高了教师们的教育信念，坚定了教育理想，也找到了教育智慧。

第二，提高教师个体的设计能力。对于课堂教学、班级文化、班级活动等模块，能进行精心、创新设计，每一节课、每一个专题、每一次活动，每一类学生，都能有完善的方案，从而做到因材施教、有的放矢，使教育教学质量从源头抓起，提高了教师工作的主动性。

第三，促进教师个体的思考能力。对于同一个问题、同一节课、同一种现象，不同教师的认识程度显然是不一样的。比如，观完一节课后，大家在交流过程中，就会发现部分教师的点评是鞭辟入里、条理清晰的，其实这就是一种能力的体现。做课题研究，就是要培养教师的思考能力。只有在研究中持续不断思考，才会使我们的思考更敏捷、更敏锐、更深邃。

第四，提升教师个体的经验总结能力。在平时的工作或生活中，问题需要总结，成功也需要总结；他人的好经验需要总结，自己的失败经历也需要总结。这些经验总结就是个人思维不断系统化、缜密化、严谨化的过程。课题研究的过程，就是要不断培养教师个人的经验总结能力，进而提升个人专业素养。

（六）明晰小课题研究步骤与责任人，以过程保障小课题研究的成果

根据牛塘小学的经验，课题管理的实施必须步步落实，我校是这样操作的：

1. 准备阶段

以学科组为单位开展教师交流，具体负责人为学科组组长，主要交流在"课堂与教学"中遇到的问题与困惑，以确定自己的研究方向。

教师个人申报课题，各学科组组成若干小课题组，学校教导处进行审核并批准。学科组以学年为单位组织集中开题。

2. 实施阶段

具体负责人：教导处——学科组——小课题组——个人。各小课题组开展实践研究：分析问题、寻找对策、实践应用、解决问题、总结反思（包括查找相关的理论文献与资料、收集他人成功的经验与案例、记录自己的教学体验与反思）。

学科组进行问题跟踪，组织教学观摩和主题研讨。教导处组织中期检查与交流。开展优秀青年教师沙龙活动，让青年教师进行交流，通过思想碰撞，点燃他们的求知欲望，促进青年教师的成长。

3. 总结阶段

具体负责人：各小课题组组长。组织本组教师总结研究的成果，撰写结题报告。教导处做好结题鉴定工作，评选出优秀课题，并做好经验介绍。

通过借鉴常州牛塘中心小学的经验，我们充分发挥科研团队的辐射和引领作用，以小课题研究为载体，使学校教科研工作在不同的研究领域、不同的研究层次得到均衡，持久的发展，不仅打造了具有学校特色的科研文化，还凝聚教师团队合作力量，实现教育的最大效益。实践证明，通过构建小课题科研团队引领教师的成长是促进教师专业发展的有效途径，它可以通过团队内部的优势互补，资源共享实现教师个体和学校整体的共同进步。

 "校内教学视导"的教研新模式下的教师团队建设（杭州卖鱼桥小学案例）

杭州卖鱼桥小学建校有80多年。在80多年的发展中，该所小学从一所教会办的小学成长为有良好社会声誉和百姓口碑的名校。该校小学高级教师4名，省名校长培养对象1名，特级教师1名，省名师培养对象9名，省教坛新秀2名，市级教坛新秀45名，区级教坛新秀39名。教师队伍可谓人才辈出，教师团队建设成效显著。

2016年11月，我们有幸来到这所名校跟岗学习。跟岗期间，我们有幸跟随着该校由王校长、学校科研室全体成员及骨干教师组成的调研团队对二年级的语文和数学学科进行教学调研视导活动。这次活动围绕该校的课改"任务导学"课堂教学实施情况展开，主要采取听课和座谈的形式开展。活动的方向性非常强。

（一）活动的现场观察、记录和思考

1. 调研视导活动之"会议"

王校长召开了教学调研视导团队会议，给每一位成员发放了资料。资料内明确了本次教学调研视导的具体要求，要求关注上课教师的课时目标、前置任务设计、随堂任务设计、练习内容等；要关注教学过程教师是否体现"学为中心"的任务型课堂；要求观察教师是否围绕"学、说、评、讲、练"进行有效的任务设计；要求观察教师是否采用小组合作的方式进行教学活动。

2. 调研视导活动之"听课"

教学调研视导团队共对十四节二年级同课异构或同课同构的语文及数学课进行了调研视导。每位成员分别听了七节同课异构或同课同构的语文及数学课。

3. 调研视导活动之"座谈"

王校长分别跟上课教师及教学调研视导成员开展座谈，座谈围绕以下三个问题展开：

（1）任务导学的意义。

（2）实施任务导学的难点及其克服与改进的方法。

（3）在实施任务导学的过程中，上课教师及教学调研视导成员希望学校给予哪些方面的支持。

参与座谈的教师围绕王校长提出的三个问题畅谈了自己见解，各有收获。

4. 调研视导活动之"汇报"

在听课和座谈后，学校还组织了一次汇报活动。每个成员反馈听课情况，再由该团队的组长总结上课教师们的整体优点和存在的问题，并对今后实施任务导学教学提出建议。王校长还结合大家的反馈意见和自己观察到的任务导学教学情况，对课堂上学生学习小组和管理小组的建设与运行、课堂的任务设计等方面提出今后努力的方向，对今后实施任务导学教学工作做了整体部署。从每个教学调研视导成员的发言中我们感受到他们的专业知识非常扎实，对课堂实施任务导学的理解到位，都是业务专家。

（二）教学调研视导活动的优势

纵观整个教学调研视导活动，笔者认为，这种创新的教研形式好处多，不仅解决了卖鱼桥小学教师在实施该校的课改"任务导学课堂教学"中遇到的困惑，还为管理层与普通教师搭建了沟通平台，为教师提供了良好的教研氛围，而且还有效地促进了教师专业成长的步伐，利于科研型教师的培养，更有以下优势：

1. 能全面准确地了解学校的教学现状，有利于学校教育教学的整体规划

学校的主要任务是教育教学，因此，如何准确知道学校的教育教学现状是很重要的。许多学校采取的办法是检查备课笔记，看批改情况，但是脱离了课堂教学的调研，这一切工作只能片面地展示一些情况，不能很真实地反映教师的教育教学实际情况。卖鱼桥小学通过由校长带领学科带头人从课堂教学调研视导开始，结合与教师、与管理层的座谈等一系列活动，既掌握了教师的基本功，又了解了学校推进课改实施的进展情况，以及了解教师工作状态，这对于学校教育教学诊断和教育教学活动的整体规划能起到很好的作用。其一，对优秀教师的闪光点及时收集，并作为案例发扬光大，帮助学校的课堂教育教学整体的提高。其二，在对能力或者工作态度欠佳的老师及时全方位的诊断后，给出建议，促进相关教师和相关班级在对学生小组合作情况和课堂任务设计等方面及时做出调整，及时解决班级小组管理、课堂教学中出现的问题。其三，在后面的一系列的教研教学活动中，特别重视优秀教师和较差教师群体，为他们搭建平台，通过优秀教师展示课、后进教师诊断课，让优秀带动后进，后进学习先进，尽可能均衡并发展教师素质。

2. 有利于规范教师教学行为，在教师成长中起到监督作用

开展教学调研视导反馈，听课教师可以全面深入地发现教师的课堂现状，很全面地对教师教育教学现状进行掌握。通过分析，将结果与教师进行交流，对教师的课堂教学及教学管理工作是一种监督，也是一种帮助。通过监督，可以让教师花更多的精力来准备课堂教学、把握课堂教学、落实课堂教学效果，使教师不会产生侥幸心理，而是踏踏实实地进行教育教学管理。听课教师将全面教学调研视导结果进行分析，对教师课堂课后存在的问题进行反馈交流，提出切实可行的改进办法，从而规范教师教学行为，有利于教师专业成长。卖鱼桥小学很好地利用教学调研视导的反馈活动，充分利用这种监督作用，正确引领，为教师规范任务导学课堂教学行为，提高教师科研能力和课堂教学水平。

3. 培养学校管理层的教研能力，促进学校管理层成为专家型教师

学校管理层有出色的教育教学能力能在管理中起到很好的引领作用。如果学校管理层没有很高的教育教学能力，就不能给教师很好的帮助，所有的检查及管理就变得空洞，一切只能是走过场，学校也不能得到很好的发展。为此，学校要尽可能给管理层学习机会。提高他们的业务能力，在学校管理中也就显得尤为重要。卖鱼桥小学的调研团队是由学校科研室成员及骨干教师组成的，这些人员基本上是由学校的副校长、主任、学科组组长、年级级长等学校管理层的人员担

任，都在学校各个管理工作中起着举足轻重的作用。该校通过教学调研视导活动搭建平台，给学校管理层学习机会，让他们深入课堂，通过听不同教师的课堂和开展座谈等，学习每个教师的优点，避开教师们在课堂教育教学中的缺点，扬长避短，将所学技能与知识在自己的教育教学中实践并不断升华，提高自己的课堂教学效能。

学校管理层除了具有过硬的教育教学能力外，还应在教研评价、反馈能力上都具有很强的能力。如果他们在管理工作中不善于总结出现的问题，那么学校的所有的活动只能是一些过眼云烟，对后面的教育教学没有帮助，对学校的发展也不利，会致使学校的教育教学管理将永远停留于现状，得不到提高，更谈不上升华。因此，学校管理层的教研评价能力对学校的教育教学管理也起着重要的指引作用。卖鱼桥小学让学校的管理层参与到教学调研反馈活动，很好地武装了他们，让他们对学校的任务导学课堂实施情况进行充分把握，有利于培养他们的科研能力。同时他们准确把握所听教师的课堂闪光点及不足之处，知道从哪几个方面去评价一堂课，并能给教师的课堂提出合理的意见，这样既促进教师专业成长，又提高自身的教研评价能力，促进自身成为教育教学评价专家。

（三）高素质专业化教师队伍的打造

我校教师年龄普遍偏大，平均年龄四十多岁，每年都有年轻教师进入教师队伍当中。面对这样的教师结构，该如何造就一支师德高尚、业务精湛、结构合理、充满活力的高素质专业化教师队伍呢？这是值得我们深思的问题。我认为，应该像卖鱼桥小学那样通过创新教研渠道，尽最大可能给教师专业发展创造空间、创设条件、搭建平台，要通过教师团队帮扶给予教师提供适度的帮助，提高不同层次教师的教育教学竞争力。具体可从以下三个方面入手：

1. 校本管理

校本管理为教师赋权营造了一个适宜的环境，提供了一个可实行的平台。学校正确理解规范教学秩序与创新教学形式的关系，让教师根据学生实际和课程需要灵活组织教学。通过课程设计与教学方式的赋权，赋予教师自我管理、自我控制的责任，使教师明确自身专业发展中的问题，规划设计解决问题的目标、计划，积极调动各种资源来促进自身专业发展。

2. 营造教师团队协助氛围

首先应加强教研组合作化建设，发挥学科教研组的团队智慧，营造合作型组织文化。完善优秀教师传帮带的团队协作机制，让教师在专业文化氛围中自主地实现个人的专业成长。其次加强年级组教师团队建设。要求年级组每周组织多次集体备课。年级组组长作为整个年级组的领头人，和老们共同讨论如何制定主题，怎么把所有学科融合在一起，改变原先从教导处到科组到年级备课组的方式，采用学校课程组提出总思路，各个年级组围绕这个思路来设计课程，以年级组为单位，打破班级的界限来实施课程。

3. 改善学校"高原期"教师教学现状，提供教师展示及监督平台

学校一些中老年教师缺乏动力，进入了毫无所求的"高原期"。为此，学校的教育管理工作必须创新教研渠道，改变原有的评价方式，从而改变这种"高原期"现象。而改变这种"高原期"现象，教学调研视导活动是一种很好的途径。从人的心理角度出发，每个人不可能没有心理需要，而表现在教育教学上的心理需求是一个良好的展示平台。通过教学调研反馈中老年教师课堂，发现他们课堂中的闪光点，让教师骨干团队参与到中老年教师的课堂教学中，让这些中老年教师感受成功，同时感到在团队的监督下有一定的紧迫意识，这有利于调节"高原期"教师的状态，激发他们的源动力，促进他们的发展。

第三章 启示与反思

一 当代公办小学教师团队建设的着力点及思路

将上述五个典型的教师团队建设成功案例进行横向比对分析，我们不难发现当代公办小学高素质教师团队建设的着力点是人，从校长到教师，从教师到受教育者，环环紧扣，息息相关，交缠互动，共同发展。一言蔽之，就是教师的发展即学生的发展，教师和学生的发展即学校的发展。这就是学校文化育人的力量。

（一）选具领导力的校长，奠教师团队建设的基石

上述案例告诉我们，每所学校的教师团队的成型、发展、成熟无不凝聚着学校一代，甚至几代校长的智慧和心血。作为领航者的校长，必然是校外校内、师生家长关注的焦点，他的个性人品、能力素质必然要经历多维度、多层次的考核验证，成为事实上大家愿意主动追随的榜样。

在多项校长必备的能力中，优秀的教师团队建设者的"领导力"肯定是出类拔萃的。他们能通过准确的时代定位，精细的校情分析，让大局意识、协作精神、服务精神等优质的团队理念在教师团队中凝聚，汇向教师个体利益与学校团体利益共赢共生的学校发展轨道上，让学校成为教师成长的沃土，变学校这一地域场所为教师的精神成长家园，并不断推动教师们自主地生根、拔节、成长，进而实现"让学生有生命质量地成长"这一办学目标的。

（二）唤醒教师的价值认同，树教师团队建设的精神支柱

学校是育人的场所，学校文化是其育人的力量所在、灵魂所在。成功的教师团队建设都是以学校文化建设为根基的。成功的教师团队文化建设的特征是：能最大限度汲取学校原有文化的优势，在学校的每位教师中发挥积极的作用，使教师认同并主动追随，进而产生更优秀的学校文化潮流，推动学校文化进一步的纵深发展。

教师对学校文化的价值认同，就是教师真实的教育教学行为的取向，学校文化的优劣就是教师教育教学行为的天然分水岭。同时，教师作为学校教师团队中的一员，有认同团队价值，以及被团队认可自身存在价值的真实需求，这也是教师在团队生活中很重要的精神支柱。因此，如何汲取学校原有的文化优

势,唤醒教师对学校文化的价值认同并主动追随。形成教师团队的精神凝聚力至关重要,因为有了教师对学校文化的认同,才会有教师对学校制度的认同,这就是学校的文化引领。

(三)搭建有针对性的研修体系,铺就教师团队建设的发展路径

在上述的案例中,优秀的学校管理者们总能因势利导,想方设法创新,通过设计适合本校教师团队发展的团队研修课程,凝聚团队实力,引领团队内的教师实现专业发展。他们有的通过扎实的顶层设计,落实学校制度课程实施;有的通过无处不在的学校文化推进各项校内研修,百尺竿头,精益求精;有的建立体型教研团队展开研修,助力教师自主成长;有的通过学校的小课题科研团队建设,触动团队内部的优势互补进行研修;有的通过创新教学调研视导模式,通过教师团队实现对教师个体的帮助研修……适合就是最好的,从上述学校都展现出教师团队蓬勃发展的态势来看,他们的教师团队研修课程无疑是非常成功,可以借鉴的。

值得关注的是,在搭建研修体系,铺就教师团队建设发展路径的过程中,优秀的学校管理者们先把教师看作能自主发展的人,而不仅仅是完成教育教学的执行者,他们更看重教师个体的专业发展,更关注教师的精神成长。

对广州地区公办小学教师团队建设建议

他山之石,可以攻玉。我们广州地区公办学校教师团队的建设可以从苏、浙、川这三地名校的成功个案中找到借鉴,沿着他们成功的经验走出我们广州的特色来。我们的建议是:公办小学的建制决定了校长教师的身份从属,如何变学校、教师的单独发展为区域内的学校、教师共发展,我们教育行政部门的操作空间仍是很大的。具体包括:

(1)系统化设计区域教师、学校发展的规划,整合人力资源,做好顶层设计。

(2)组建专家团队,一校一案,落实高位导向互和帮扶。

(3)定期由第三方教育评估机构对学校的教师团队建设进行考核,借此同时完成政府督导。

(4)依照循序渐进的人才成长规律,通过实地考察,现场评估,公选出具领导力的校长。

(5)依照循序渐进的人才成长规律,落实教师按职称流动制度,落实教师的成长考评。

参考文献

[1] 赵敏,韩绮芸. 教师团队自省、团队学习力与专业发展的互惠效应研究——以广州市5区14所中小学为例[J]. 教育研究与实验,2015(6):40-46.

[2] 李清臣. 教师精神文化:涵义、价值取向与建设策略[J]. 河北师范大学学报(教育科学版),2010(2):15-19.

[3] 刘志桥,朱文军. 教师成长共同体建议的思考与实践[J]. 中学物理,2014(14):7-8.

[4] 张千帆,李晓艳,刘妞. 教师团队合作行为的影响因素[J]. 高等工程教育研究,2016(1).

[5] 朱正平. 基于团队合作的教师专业发展[J]. 职业技术教育,2009(7):55-59.

[6] 王艳蓉. 基于团队建设的高职教师校本培训研讨[J]. 继续教育研究,2015(2):33-35.